中宣部2024年主题出版重点出版物

辛向阳 著

THE CONTRIBUTION OF
CHINESE
MODERNIZATION TO MANKIND

中国式现代化的
人类贡献

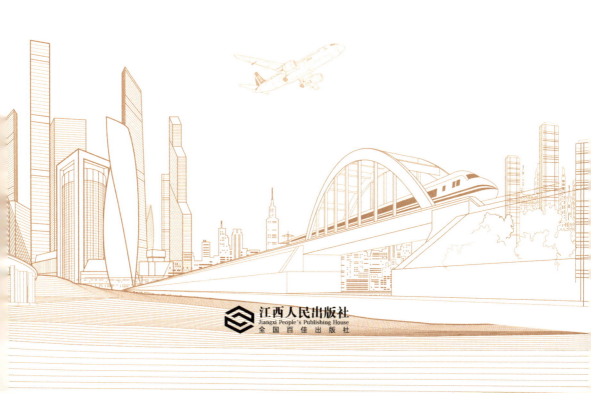

江西人民出版社
Jiangxi People's Publishing House
全国百佳出版社

图书在版编目（CIP）数据

中国式现代化的人类贡献 / 辛向阳著. -- 南昌：江西
人民出版社, 2024. 11. -- ISBN 978-7-210-15770-0

Ⅰ. D61

中国国家版本馆CIP数据核字第2024GW3388号

中国式现代化的人类贡献　　　　　　　　　　　　　辛向阳　著
ZHONGGUOSHI XIANDAIHUA DE RENLEI GONGXIAN

出　版　人：梁　菁
策 划 编 辑：王一木　于　珊
责 任 编 辑：章　虹　王园园
责 任 校 对：张志刚　赖健平
封 面 设 计：远平

江西人民出版社　出版发行
Jiangxi People's Publishing House
全国百佳出版社

地　　　　址：江西省南昌市三经路 47 号附 1 号
网　　　　址：www.jxpph.com
电 子 信 箱：jxpph@tom.com
编辑部电话：0791-86891201
发行部电话：0791-86898815
承　印　厂：长沙超峰印刷有限公司
经　　　销：各地新华书店

开　　　本：787 毫米 × 1092 毫米　1/16
印　　　张：19.75
字　　　数：274 千字
版　　　次：2024 年 11 月第 1 版
印　　　次：2024 年 11 月第 1 次印刷
书　　　号：ISBN 978-7-210-15770-0
定　　　价：128.00 元
赣版权登字-01-2024-616

CONTENTS
目录

引　言 ⋯⋯⋯⋯⋯⋯⋯⋯⋯⋯⋯⋯⋯⋯⋯⋯⋯⋯⋯⋯⋯⋯ 001

一、人类现代化的性质与目标 ⋯⋯⋯⋯⋯⋯⋯⋯⋯⋯ 001

二、中国式现代化科学解答了人类现代化的"哥德巴赫猜想" ⋯⋯ 006

三、中国式现代化是以构建人类命运共同体来创造人类文明新形态的
世界性现代化 ⋯⋯⋯⋯⋯⋯⋯⋯⋯⋯⋯⋯⋯⋯⋯⋯ 012

四、中国式现代化极大地促进了世界马克思主义的发展 ⋯⋯⋯⋯ 016

第一章　中国式现代化理论体系是对世界现代化理论的重大创新 ⋯⋯ 019

一、深刻把握了人类现代化的共同特征 ⋯⋯⋯⋯⋯⋯ 020

二、反映了人类现代化的一般规律 ⋯⋯⋯⋯⋯⋯⋯⋯ 030

三、初步构建了逻辑严密的思想体系 ⋯⋯⋯⋯⋯⋯⋯ 034

四、深刻回答了人类现代化之问 ⋯⋯⋯⋯⋯⋯⋯⋯⋯ 044

第二章　中国式现代化蕴含着丰富的人类智慧 ················ 049

一、蕴含的世界观及其人类智慧 ·············· 049

二、蕴含的价值观及其人类智慧 ·············· 054

三、蕴含的历史观及其人类智慧 ·············· 059

四、蕴含的文明观及其人类智慧 ·············· 063

五、蕴含的民主观及其人类智慧 ·············· 068

六、蕴含的生态观及其人类智慧 ·············· 073

第三章　中国式现代化特色鲜明的人类贡献 ··············· 078

一、人口规模巨大改写人类现代化版图 ············ 079

二、共同富裕改变两极分化的现代化方向 ··········· 084

三、物质文明与精神文明相协调遏制了物质主义膨胀的趋势 ······· 088

四、人与自然和谐共生使人类生态文明绿色化 ········· 093

五、走和平发展道路使人类现代化和平化 ··········· 099

第四章　中国式现代化破解人类现代化难题 ··············· 108

一、破解了兼顾活力与秩序的世界难题 ············ 108

二、破解了主权独立与现代化难以兼容的悖论 ········· 119

三、避免了"福利主义陷阱"和"中等收入陷阱" ········ 130

第五章　中国式现代化创造了人类文明新形态 ················ 138

一、创造了人类物质文明新形态 ·················· 139

二、创造了人类政治文明新形态 ·················· 145

三、创造了人类精神文明新形态 ·················· 150

四、创造了人类社会文明新形态 ·················· 158

五、创造了人类生态文明新形态 ·················· 165

第六章　中国式现代化重塑世界现代化发展格局 ·········· 171

一、打破了"现代化=西方化"的迷思 ··············· 171

二、勾勒了世界现代化的新图景 ·················· 181

三、加快了全球治理体系的大变革 ················ 192

第七章　中国式现代化拓展了发展中国家走向现代化的路径选择 ······ 208

一、发展中国家走向现代化充满艰辛 ··············· 208

二、中国式现代化为发展中国家走向现代化提供了重要机遇 ········ 214

三、中国式现代化为发展中国家走向现代化提供了新的路径 ········ 223

四、中国式现代化为发展中国家走向现代化提供了丰富经验 ········ 231

第八章　中国式现代化推动世界社会主义运动新发展 ·············· 239

　　一、宣告"历史终结论"等错误思潮破产 ············· 240

　　二、推动人类社会发生重大转变 ············· 248

　　三、引领世界社会主义走向复兴 ············· 263

第九章　中国式现代化推动构建人类命运共同体 ·············· 272

　　一、中国式现代化推动"东升西降" ············· 273

　　二、中国式现代化弘扬全人类共同价值 ············· 281

　　三、中国式现代化推动构建美好新世界 ············· 291

主要参考文献 ············· 301

后　记 ············· 307

引　言

在 2023 年的中国共产党与世界政党高层对话会上的主旨讲话中，习近平总书记提出了"人类现代化之问"这一重大命题。这一命题涉及人与社会关系的问题，涉及人自身的问题，涉及人与自然和谐共生的问题，涉及国家与国家关系的问题，涉及一个国家如何选择现代化发展道路的问题。这一问题群归根到底就是要回答我们究竟需要什么样的现代化，怎样才能实现现代化，对此中国式现代化给出了明确的答案。

一、人类现代化的性质与目标

在 2023 年 3 月中国共产党与世界政党高层对话会上的主旨讲话中，习近平总书记不仅提出了人类现代化之问，而且科学回答了这些难题。

第一，我们建设的是物质富裕、政治清明、精神富足、社会安定、生态宜人的人民性现代化。人民是历史的创造者，也是现代化的创造者，是推进现代化最坚实的根基、最强大的力量。离开了人民的现代化不是真正的现代化，不可能顺利实现自身的目标。现代化道路最终能否走得通、行得稳，能否走得久、走得远，关键要看是否坚持以人民为中心，是否把人民利益放在第一位，是否把人民作为主体力量。习近平总书记指出："现代化不仅要看纸面上的指标数据，更要看人民的幸福安康。"① 这就道出了现代化的本质。现代化的本质是人的现代化，是为了人并且能够实现人的全面发展。这样的本质就要求：其一，有全面发展的社会制度。这种制度不仅能够促进物质技术的不断进步，创造出更多真正造福民众的物质产品，而且能够广泛实现人的政治权利、社会权利、文化权利和生态权利。所以，现代化就是要解决生产力发展、政治民主化和法治化、精神生活富有、社会文明进步以及生态环境改善等问题。其二，有人民当家作主的政治制度。在现代化进程中，人民如果没有发言权，没有对制定重大经济社会政策的影响力和广泛参与，现代化是无法顺利推进的，甚至会出现各种挫折。其三，能够给广大民众提供创业的舞台和发展的机会。现代化就是通过制度供给、政策供给等，为民众创造实现自身发展的最广阔的空间和平台。

第二，我们建设的是把国家发展进步的命运牢牢掌握在自己手中的独立自主的现代化。人民性现代化就是要实现独立自主的现代化，这既是人民性现代化的要求，也是其必然趋势。这就要求我们打破已有的思维模式和定式，如"现代化＝西方化""现代化＝西欧化""现代化＝美国化"等，也要打破现代化就是要照抄照搬西方模式的观念囚笼，要走出西方国家制造的"发展—依附""贫困—独立"的抽象二元论，在实践中创造出"发展—独立"型的现代化之路。习近平总书记指出："现代化不是少数国家的'专利品'，也不是非此即彼的'单选题'，不能搞简单的千篇一律、'复制粘贴'。"② 在这个资本主义国家主导的国际体系中，后发现代化国家一直受霸权势力、强权政治的制

---

① 习近平：《携手同行现代化之路——在中国共产党与世界政党高层对话会上的主旨讲话》，《人民日报》2023 年 3 月 16 日。

② 习近平：《携手同行现代化之路——在中国共产党与世界政党高层对话会上的主旨讲话》，《人民日报》2023 年 3 月 16 日。

约和影响。这体现在：霸权国家以强大的经济科技势力为基础，形成所谓的层级结构的经济贸易关系，发达国家提供高端高附加值产品，发展中国家提供初级产品、资源和市场；构建西方国家主导的国际经济金融规则，用这些规则来规制后发国家的发展，符合其规则要求的给予支持，反之则进行制裁，使发展中国家被迫进入发达国家的现代化轨道，形成路径依赖；不断向后发国家输出自己的价值观，如宪政民主、三权分立、多党轮替等等，使这些国家在多党竞争中陷入社会动荡的泥沼，实现其火中取栗的目的。中国式现代化理论体系坚决反对这种陈旧的殖民主义、霸权主义思维，强调"什么样的现代化最适合自己，本国人民最有发言权。发展中国家有权利也有能力基于自身国情自主探索各具特色的现代化之路"[1]。发展中国家有权利探索自己的现代化道路，因为这一权利是各国人民自身的权利，其他任何国家都不能剥夺。发展中国家有能力走好自己的现代化道路，因为每一个国家的人民都有伟大智慧，都有自己的辉煌历史。

第三，我们建设的是不断促进权利公平、机会公平、规则公平的公平性现代化。自现代化以降，资本主义主导的现代化体系呈现出来的是不公平、不正义。列宁曾经说："自由是个伟大的字眼，但正是在工业自由的旗帜下进行过最具有掠夺性的战争，在劳动自由的旗帜下掠夺过劳动者。"[2] 以工业自由为名，1818—1836 年，英国输往印度的棉纱增加了5200 倍。1850 年，英国对印度的棉纺织品输出占英国棉纺织品输出总值的 65%。殖民当局规定，英国输入印度的货物只收极低的税，甚至免税，印度纺织品在本国销售却要交极高的内地税。在英国控制下，印度

---

① 习近平：《携手同行现代化之路——在中国共产党与世界政党高层对话会上的主旨讲话》，《人民日报》2023 年 3 月 16 日。

② 《列宁选集》第 1 卷，人民出版社 1995 年版，第 297 页。

棉纺织工业急速衰败，无数手工业者因此破产，挣扎在死亡线上。西方现代化就是一个肥了自己、瘦了别人的掠夺式现代化。著名经济学家阿马蒂亚·森在2021年出版的回忆录《四海为家》中引用了历史学家威廉·达尔林普尔所讲的一段话：经济数据有目共睹。在1600年东印度公司成立时，英国创造了世界生产总值的1.8%，而印度则创造了22.5%。到英国统治印度的巅峰时期（1921年前后），这些数据几乎被颠倒了：印度从世界名列前茅的制造业国家沦为饥荒与贫困的象征。以贸易自由为名，西方发达国家数个世纪以来，从后发国家掠夺了无数财富，既为自身实现现代化奠定了基础，又使后发国家掉入贫困的陷阱。以金融自由为名，西方发达国家第二次世界大战以来对发展中国家的财富进行了多次搜刮式掠夺，使这些国家的人民变得一贫如洗。21世纪的现代化应该是公平性现代化，不能造成一极世界极大富裕，另一极世界极其贫困，因此，"要携手推进全球治理体系改革和建设，推动国际秩序朝着更加公正合理的方向发展，在不断促进权利公平、机会公平、规则公平的努力中推进人类社会现代化"[1]。这就强调了现代化的公平性，所有国家都能够在权利、机会、规则公平的条件下推进自身的现代化，使现代化造福各国人民而不是极少数国家。

第四，我们建设的是坚持共享机遇、共创未来、共同做大"蛋糕"的分享式现代化。独享式现代化还是分享式现代化，这是摆在人类面前的一道必答题。中国的回答是："要坚持共享机遇、共创未来，共同做大人类社会现代化的'蛋糕'，努力让现代化成果更多更公平惠及各国人民，坚决反对通过打压遏制别国现代化来维护自身发展'特

---

[1] 习近平：《携手同行现代化之路——在中国共产党与世界政党高层对话会上的主旨讲话》，《人民日报》2023年3月16日。

权'。"① 要实现分享式现代化是十分艰难的事情。一方面，西方现代化已经在很多领域占据了制高点，获得了一系列维护自身利益的"特权"，用技术壁垒阻碍其他国家发展，用军事打击威胁其他国家发展，用金融海啸豪夺其他国家人民的财富等；另一方面，输出自己的政治制度、价值观念，使后发国家自觉不自觉地接受这种不平等的国际规则，从心态上成为这些国家的附庸。推进分享式现代化是各国人民共同的心声，是历史的大趋势。推进分享式现代化就要从以下方面着力：构建人类命运共同体，使各国人民的命运更加紧密地联系在一起；坚决反对各种形式的"小院高墙"、脱钩断链、价值观贸易等新的贸易保护主义，推进经济全球化向着有利于各国的方向发展；各国在制定现代化目标时，应当学习和借鉴其他国家的现代化，形成一种互动合作的态势。中国式现代化就是推动这种分享式现代化发展的最重要的力量，它能够为很多国家发展带来福祉，愿意让更多的国家"搭便车""搭顺风车"，更愿意共同建造通往现代化的高速列车。

第五，我们建设的是有信心、有意志、有能力应对好时代挑战，回答好时代命题的创造性现代化。走向现代化是全世界各个国家的目标，但又是艰难无比的事业，需要应对的时代挑战和回答的时代问题错综复杂。这里既涉及第一波、第二波甚至第三波现代化国家的相互关系问题，又涉及刚刚进入现代化的国家的资金原始积累问题，还有踏入现代化国家门槛之后发生倒退而又重新起步问题；既有现代化过程中稳定与活力关系问题，又有现代与传统之间的衔接与对冲问题；既有自身现代化与其他国家现代化的相互作用问题，又有一个国家内部各个社会阶层之间的利益分配问题。可以说，现代化过程就是不断应对时代重大挑战

---

① 习近平：《携手同行现代化之路——在中国共产党与世界政党高层对话会上的主旨讲话》，《人民日报》2023 年 3 月 16 日。

与解决时代重大问题的过程。创造性现代化需要各国政党的引领，习近平总书记指出："作为现代化事业的引领和推动力量，政党的价值理念、领导水平、治理能力、精神风貌、意志品质直接关系国家现代化的前途命运。"① 这就抓住了问题的本质。中国式现代化之所以能够顺利推进，一个重要原因就是中国共产党有人民至上的价值理念，有世界一流的领导水平，有现代化的治理能力，有以伟大建党精神为源头的精神谱系，更有钢铁般的意志品质。没有强有力的政党领导，没有一以贯之的现代化蓝图与路线图，实现现代化是不可能的。

二、中国式现代化科学解答了人类现代化的"哥德巴赫猜想"

面对种种难题，中国式现代化给出了答案。习近平总书记明确指出："我们将始终把自身命运同各国人民的命运紧紧联系在一起，努力以中国式现代化新成就为世界发展提供新机遇，为人类对现代化道路的探索提供新助力，为人类社会现代化理论和实践创新作出新贡献。"② 中国式现代化理论体系作为人类现代化理论的重大创新，解开了很多谜团，化解了很多矛盾。

第一，辩证全面地解开了人类现代化进程中的"戈尔迪之结"。现代化的历史进程是涉及经济政治文化社会生态等方方面面的巨系统，也是涉及历史现实未来的长时段，更是涉及国内国际的大空间，其中牵涉的重大关系极为复杂。这里既有法治与人治的关系，又有市场与政府的关系；既有活力与秩序的关系，又有公平与效率的关系；既有主权与治权的关系，又有发展与安全的关系。中国式现代化始终关注这些关系的

---

① 习近平：《携手同行现代化之路——在中国共产党与世界政党高层对话会上的主旨讲话》，《人民日报》2023 年 3 月 16 日。
② 习近平：《携手同行现代化之路——在中国共产党与世界政党高层对话会上的主旨讲话》，《人民日报》2023 年 3 月 16 日。

处理。早在 1956 年，毛泽东就提出了社会主义建设中要处理好的十大关系：重工业和轻工业、农业的关系，沿海工业和内地工业的关系，经济建设和国防建设的关系，国家、生产单位和生产者个人的关系，中央和地方的关系，汉族和少数民族的关系，党和非党的关系，革命和反革命的关系，是非关系，中国和外国的关系。毛泽东的《论十大关系》成为中国社会主义现代化建设的重要遵循，也开辟了处理现代化重大关系的道路。1995 年 9 月，江泽民在党的十四届五中全会上发表了题为《正确处理社会主义现代化建设中的若干重大关系》（后来被称作"论十二大关系"）的讲话，站在时代的高度来把握我们国家改革开放和社会主义现代化建设的全局，对社会主义现代化建设中的若干重大关系作出了极有针对性的阐述。这十二大关系是：改革、发展、稳定的关系，速度和效益的关系，经济建设和人口、资源、环境的关系，第一、第二、第三产业的关系，东部地区和中西部地区的关系，市场机制和宏观调控的关系，公有制经济和其他经济成分的关系，收入分配中国家、企业和个人的关系，扩大对外开放和坚持自力更生的关系，中央和地方的关系，国防建设和经济建设的关系，物质文明建设和精神文明建设的关系。这十二大关系的论断至今仍有十分重要的现实指导意义。

2023 年 2 月，习近平总书记在新进中央委员会的委员、候补委员和省部级主要领导干部学习贯彻习近平新时代中国特色社会主义思想和党的二十大精神研讨班上的讲话中集中阐述了推进中国式现代化需要处理好的六大关系，即顶层设计与实践探索的关系、战略与策略的关系、守正与创新的关系、效率与公平的关系、活力与秩序的关系、自立自强与对外开放的关系。这六大关系的论断是对毛泽东十大关系、江泽民十二大关系理论的丰富与发展，是哲学层面的概括与总结。这六大关系是对现代化规律的深刻总结，是对人类现代化难题的深度思考，具有十分重要的实践价值。中国式现代化不仅回答了如何进行顶层设计，也回答了解决新矛盾新问题的思路和办法；不仅回答了准确把握事物发展的必然趋势与未来方向的战略问题，也回答了为战略实施提供科学方法的策略如何确定的问题；不仅回答了如何守好中国式现代化的本和源、根和魂，也回答了解决重大理论和实践问题的创新之法；不仅回答了创造比资本主义更高效率的路径，也回答了更有效地维护社会公平的制度安排；不仅回答了如何解决发展活力的问题，也回答了如何实现秩序的问题；不仅回答了独立自主、自立自强之道，也回答了如何拓展发展的国际空间。除了这六大关系，中国式现代化理论体系还强调物质文明与精神文明的关系、中央与地方的关系、人与自然的关系、发展与安全的关系、中华文明与世界文明的关系等。这些"体用结合"的重大关系是中国式现代化理论体系给人类现代化事业提供的宝贵财富。

第二，创造性地回击了西方一些学者和政要制造的"民主和威权""自由和专制"的二元对立。这种二元对立思维在西方历史中是根深蒂固的，是从宗教的排他性和资本主义固有的意识形态弊端中发展起来的，什么异教、异端，什么宗教裁判所、宗教法官等，都是在制造各种对立。这种思维也是为了制造出"假想敌"以转移国内民众视线的一种政治策略，一旦国内出现政治动荡，就立即找出"专制主义国家"进行攻讦。习近平主席在2023年金砖国家工商论坛闭幕式上明确指出："蓄意鼓噪所谓'民主和威权'、'自由和专制'的二元对立，只能造成世界割裂、文明冲突。"①西方有的人之所以鼓噪"民主和威权""自由和专制""自由和邪恶"的二元对立，原因在于：这是西方中心主义思维在作祟，把西方看作民主的源头，把东方国家看作专制主义的代表，于是有了西方民主主义与东方专制主义的对抗，西方是"德谟克拉

---

① 中共中央党史和文献研究院：《习近平关于中国式现代化论述摘编》，中央文献出版社2023年版，第306页。

西"（democracy，民主），东方是"奥托克拉西"（autocracy，专制）或者"德谟克拉东"（威权主义）；这是西方殖民主义行径的表现，西方国家把自己装扮成自由文明的化身，把发展中国家看作需要文明教化、自由灌溉的国家；这是霸权主义行径的体现，西方国家经常罔顾事实，视自己为民主自由人权国家，把体制与他们不一样的国家都列为"流氓国家""无赖国家""失败国家"等等。有一种观点认为，中国式现代化就是东亚威权主义的一个变种。中国式现代化从来不会这样标签化其他国家，都是强调每一个国家都有自己选择发展道路的权利，都有根据国情建构与自身历史发展相一致的经济、政治、社会制度的权利。中国式现代化始终强调每一个国家都有自身的民主传统，有适合自身发展的政治道路，既不去定义其他国家是专制国家还是民主国家，也不去描画"威权主义国家"或者"人治国家"等等。我们始终强调，现代化之路是所有国家共同探索出来的，民主之路是所有国家的人民共同智慧的结晶，不是少数国家搞出来给其他国家照亮前路的"神灯"。

人类现代化之路已经走过了 200 多年的历程，历经坎坎坷坷，出现了很多奇迹，也产生了很多苦难。今天，整个人类处于现代化的十字路口，遇到的难题比以往任何一个时期都要多、都要大。解决这些难题，没有别的办法，只有一个途径，那就是全人类团结起来，用共同的智慧来凝聚最大力量。

第三，中国式现代化是以加大社会流动性防止阶层固化的活力性现代化，实现了活力与秩序的有机统一。从世界范围来看，现代化的过程是一个产生新的社会阶层和社会群体的分化过程，也是原有社会阶层和社会群体不断产生新诉求和新需要的裂化过程。在这个过程中，会出现一系列对现代化产生消极和负面影响的问题，包括：其一，新的社会阶层和社会群体的需求在已有的体制和组织架构下无法满足，就会在体制外溢出，产生一股冲击已有制度堤坝的暗流。换句话说，就会产生大量的街头政治行为。其二，已有社会阶层和社会群体的新需求与新阶层新群体的新需求会发生利益冲突，同一时间段内只能满足一部分阶层和群体的需求，甚至是以牺牲其中一个或者几个阶层和群体的需求为代价。这就造成阶层之间的不相容性。其三，一些社会阶层和社会群体具有很强的社会资源占有能力，有可能阻断其他社会阶层和社会群体的向上流动性。中国式现代化如何破解这一难题？

首先，中国式现代化的过程是不断催生新的社会阶层和社会群体的过程。2013 年 11 月 19 日，时任中共中央政治局常委、中央书记处书记的刘云山在《人民日报》发表了《加强和改善党对全面深化改革的领导》一文，文章指出："认真研究工人、农民、干部、知识分子等不同群体的利益诉求和政策诉求，包括注意关注蚁族、北漂、海归、海待、散户等社会上新出现的人群，分析哪些是共性需求、哪些是个性需求，有的放矢地开展工作。"[①] 由于城市化推进、市场经济深入发展、产业结构调整、新技术应用、对外开放等因素的影响，社会变迁速度加快，出现了许许多多新的社会阶层和社会群体。截至 2020 年底，全行业卡车司机达到 1728 万人；截至 2021 年底，全国保安队伍达到了 640 万人；截至 2022 年 7 月底，全国有 300 万快递员和 1500 万外卖平台注册的外卖员，也就是说，快递员和外卖员一共 1800 万人；截至 2023 年底，全国网约车司机已突破 650 万人。除此之外，我们还有很多新的社会群体出现。2013 年 12 月的中央农村工作会议指出，要重视农村"三留守"问题，健全农村留守儿童、留守妇女、留守老年人关爱服务体系。2022 年 3 月，习近平总书记在看望参加全国政协会议的农业界、社会福利和社会保障界委员时指出，要补齐农村社会福利短板，加强对农村老年人、儿童、"三留守"人员等特殊和困难群体的关心关爱。2015 年 6 月，民

---

① 刘云山：《加强和改善党对全面深化改革的领导》，《人民日报》2013 年 11 月 19 日。

政部基层政权和社区建设司副司长朱耀垠指出：据推算，中国农村的留守儿童已超过6000万，留守妇女达到了4700多万，留守老人约有5000万，这部分人在生产或者生活当中都会存在这样或者那样的困难，维护好这一群体的合法权益是一件大事，加强对空心化的留守人员的关爱服务是农村社区建设的一项重点任务。我们不仅有农村"三留守"人员，还有众多新的社会阶层人士。新经济组织、新社会组织中的知识分子，如律师、会计师、评估师、税务师等专业人士，是改革开放以来快速成长起来的社会群体。2015年5月18日，在中央统战工作会议上的讲话中，习近平总书记指出："随着互联网快速发展，包括新媒体从业人员和网络'意见领袖'在内的网络人士大量涌现。在这两个群体中，有些经营网络、是'搭台'的，有些网上发声、是'唱戏'的，往往能左右互联网的议题，能量不可小觑。"[1]这些新的群体的出现是现代化进程中的必然结果，也是推动现代化发展的重要力量。

其次，中国式现代化在其发展中要把新出现的社会群体特别是那些弱势群体包容进来，而不是把他们甩出现代化列车之外。我们强调中国式现代化是14亿多人整体迈入现代化，一个民族、一个人都不能少。我们坚持发展社会主义民主政治，把各个社会群体的诉求通过人民代表大会制度等人民当家作主的途径加以实现。我们不断扩大人民有序政治参与，人民实现了内容广泛、层次丰富的当家作主，各个阶层和群体的利益要求都能够得到及时有效的反映。我们坚持发展最广泛的爱国统一战线，发展独具特色的社会主义协商民主，有效凝聚了各党派、各团体、各民族、各阶层、各界人士的智慧和力量，各个社会阶层和社会群体之间都能够进行充分协商，能够相互配合，形成整体力量。我们努力建设了解民情、反映民意、集中民智、珍惜民力的决策机制，增

---

[1] 《习近平谈治国理政》第2卷，外文出版社2017年版，第325页。

强决策透明度和公众参与度，保证了决策符合包括各个阶层和群体在内的人民的利益和愿望。

三、中国式现代化是以构建人类命运共同体来创造人类文明新形态的世界性现代化

2023 年 2 月 7 日，习近平总书记在学习贯彻党的二十大精神研讨班开班式上发表重要讲话强调："中国式现代化，深深植根于中华优秀传统文化，体现科学社会主义的先进本质，借鉴吸收一切人类优秀文明成果，代表人类文明进步的发展方向，展现了不同于西方现代化模式的新图景，是一种全新的人类文明形态。"[1] 中国式现代化创造了怎样的人类文明新形态？

第一，创造了人类政党新文明。这是一种能够靠自身力量、靠自我革命消除各种腐败的纯洁性的政党文明。如何实现权力的自我监督是世界难题，是国家治理的"哥德巴赫猜想"，也是各国现代化进程中遇到的大难题。自我革命锻造了我们党强有力的筋骨。强大的政党是在自我革命中锻造出来的，敢于直面问题、勇于修正错误，是我们党的显著特点和优势。我们党在自我革命中进行的锻造是人类政党史上绝无仅有的，"自我革命就是补钙壮骨、排毒杀菌、壮士断腕、去腐生肌，不断清除侵蚀党的健康肌体的病毒，不断提高自身免疫力，防止人亡政息"[2]。这是一种没有自身特殊利益的纯洁性的政党文明。我们党特别警惕政党亡党的利益集团因素，苏联解体、苏共亡党，很重要的原因就是产生了利益集团。2021 年 1 月 11 日，习近平总书记在省部级主要领导干部学习贯彻党的十九届五中全会精神专题研讨班上的讲话中指出："苏联是

---

① 《习近平在学习贯彻党的二十大精神研讨班开班式上发表重要讲话强调　正确理解和大力推进中国式现代化》，《人民日报》2023 年 2 月 8 日。

② 《习近平著作选读》第 2 卷，人民出版社 2023 年版，第 588 页。

世界上第一个社会主义国家，取得过辉煌成就，但后来失败了、解体了，其中一个重要原因是苏联共产党脱离了人民，成为一个只维护自身利益的特权官僚集团。"① 我们一直强调坚决防止党内形成利益集团，防止领导干部成为利益集团的代理人、代言人。我们依靠彻底的自我革命精神，摆脱一切利益集团、权势团体、特权阶层的"围猎"腐蚀，并向党内成为这些集团、团体、阶层同伙的人开刀。可以说，从来不代表任何利益集团、任何权势团体、任何特权阶层的利益，使我们党形成了一种独到的政党新文明：其一，能够消除西方政党的公司化倾向。2006年，英国议会政党资金特别委员会对西方政党的变化发出了如下警告：维持了过去一个世纪之久的政党体系已经崩溃。党员资格不再有任何意义，政党越来越依赖私人捐款进行竞选。国际著名财经专家、意大利学者纳波利奥尼甚至认为，西方的政党已经成为政党有限公司，谁捐款就为谁服务。其二，能够真正做到为人类谋进步、为世界谋大同，推进世界和平与发展的崇高事业。

第二，创造了人类政治新文明。这个文明新形态体现为人民代表大会制度。人民代表大会制度是符合我国国情和实际、体现社会主义国家性质、保证人民当家作主、保障实现中华民族伟大复兴的好制度，是中国人民在人类政治制度史上的伟大创造，是在我国政治发展史乃至世界政治发展史上具有重大意义的全新政治制度。这个文明新形态体现为社会主义协商民主和中国共产党领导的多党合作和政治协商制度。社会主义协商民主在我国有根、有源、有生命力，是中国共产党和中国人民对人类政治文明的伟大创造，既尊重多数人的意愿，又照顾少数人的合理要求。中国共产党领导的多党合作和政治协商制度作为我国的一项基本政治制度，是从中国土壤中生长出来的新型政党制度，是中国共产党、

---

① 《习近平著作选读》第2卷，人民出版社2023年版，第407页。

中国人民和各民主党派、无党派人士的伟大政治创造，"它不仅符合当代中国实际，而且符合中华民族一贯倡导的天下为公、兼容并蓄、求同存异等优秀传统文化，是对人类政治文明的重大贡献"①。确立了衡量国家政治文明的新标准。一个标准是"八个能否"：评价一个国家政治制度是不是民主的、有效的，主要看国家领导层能否依法有序更替，全体人民能否依法管理国家事务和社会事务、管理经济和文化事业，人民群众能否畅通表达利益要求，社会各方面能否有效参与国家政治生活，国家决策能否实现科学化、民主化，各方面人才能否通过公平竞争进入国家领导和管理体系，执政党能否依照宪法法律规定实现对国家事务的领导，权力运用能否得到有效制约和监督。②"八个能否"涵盖了政治建设的主要内容。另外一个标准是"四个要看更要看"：一个国家民主不民主，关键在于是不是真正做到了人民当家作主，要看人民有没有投票权，更要看人民有没有广泛参与权；要看人民在选举过程中得到了什么口头许诺，更要看选举后这些承诺实现了多少；要看制度和法律规定了什么样的政治程序和政治规则，更要看这些制度和法律是不是真正得到了执行；要看权力运行规则和程序是否民主，更要看权力是否真正受到人民监督和制约。③"四个要看更要看"则是强调了政治权力运行全过程的判断问题。这两个标准是有机统一的，为评判人类政治文明提供了新的科学标准。

第三，创造了人类城市新文明。在40多年中，中国有近8亿农民进城生活，这种城市化是人类历史上从未有过的，而且这种城市化既没有出现大规模社会动荡，也没有出现城市贫民窟，甚至已经没有城市流

---

① 习近平：《加强和改进人民政协工作　全面发展协商民主》，《求是》2024年第5期。

② 参见习近平《在庆祝全国人民代表大会成立六十周年大会上的讲话》，《求是》2019年第18期。

③ 参见习近平《在中央人大工作会议上的讲话》，《求是》2022年第5期。

浪乞讨人员了。我们对农民的利益进行了严格保护。党的二十届三中全会通过的《中共中央关于进一步全面深化改革　推进中国式现代化的决定》明确指出："推行由常住地登记户口提供基本公共服务制度，推动符合条件的农业转移人口社会保险、住房保障、随迁子女义务教育等享有同迁入地户籍人口同等权利，加快农业转移人口市民化。保障进城落户农民合法土地权益，依法维护进城落户农民的土地承包权、宅基地使用权、集体收益分配权，探索建立自愿有偿退出的办法。"①

第四，创造了和平的文明新形态。中国式现代化是走和平发展道路的现代化，是以强大的现代化力量不断制止战争的现代化。这一现代化把中华文明突出的包容性和和平性发扬光大了。中华文明具有突出的包容性。习近平总书记指出："自古以来，中华民族就以'天下大同'、'协和万邦'的宽广胸怀，自信而又大度地开展同域外民族交往和文化交流，曾经谱写了万里驼铃万里波的浩浩丝路长歌，也曾经创造了万国衣冠会长安的盛唐气象。"②他还说："中国唐代是中国历史上对外交流的活跃期。据史料记载，唐代中国通使交好的国家多达70多个，那时候的首都长安里来自各国的使臣、商人、留学生云集成群。这个大交流促进了中华文化远播世界，也促进了各国文化和物产传入中国。"③美国学者薛爱华在《撒马尔罕的金桃》一书中就指出："唐朝人追求外来物品的风气渗透了唐朝社会的各个阶层和日常生活的各个方面：在各式各样的家庭用具上，都出现了伊朗、印度以及突厥人的画像和装饰式样。"④日本著名历史学家森安孝夫在2007年出版的《丝绸之路与唐帝国》一书中说，

---

① 《中共中央关于进一步全面深化改革　推进中国式现代化的决定》，人民出版社2024年版，第22页。

② 习近平：《在庆祝改革开放40周年大会上的讲话》，《人民日报》2018年12月19日。

③ 习近平：《在联合国教科文组织总部的演讲》，《人民日报》2014年3月28日。

④ ［美］薛爱华：《撒马尔罕的金桃》，吴玉贵译，社会科学文献出版社2016年版，第93页。

正是由于唐帝国将华夷融合视为理所当然，所以世界上最大的都会长安才云集了来自世界上几乎所有地区的各色各类的人群，以至于当时只要在欧亚大陆流行的东西在长安就可以看见。这种开放性和包容性进一步造就了和平性。意大利传教士利玛窦曾经讲："如果我们停下来想一想，就会觉得非常值得注意的是，在这样一个几乎具有无数人口和无限幅员的国家，而各种物产又极为丰富，虽然他们有装备精良的陆军和海军，很容易征服邻近的国家，但他们的皇上和人民却从未想过要发动侵略战争。……在这方面，他们和欧洲人很不相同……我仔细研究了中国长达4000多年的历史，我不得不承认我从未见到有这类征服的记载，也没听说过他们扩张国界。"[1]习近平总书记指出："中华文明具有突出的和平性。和平、和睦、和谐是中华文明五千多年来一直传承的理念，主张以道德秩序构造一个群己合一的世界，在人己关系中以他人为重。倡导交通成和，反对隔绝闭塞；倡导共生并进，反对强人从己；倡导保合太和，反对丛林法则。"[2]中国是世界和平最大的维护力量，中国式现代化每前进一步，世界和平力量就会增加一分。

四、中国式现代化极大地促进了世界马克思主义的发展

中国式现代化是以马克思主义为指导的现代化，中国式现代化的不断成功，不仅证明了马克思主义的科学性、真理性，而且会推动世界马克思主义大发展。在推进中国式现代化进程中，马克思主义中国化时代化不断取得成功，使马克思主义以崭新形象展现在世人面前，使世界范围内社会主义和资本主义两种意识形态、两种社会制度的历史演进及其较量发生了有利于社会主义的重大转变。这个转变体现在世界上相信马

---

① 周武、乔兆红：《中国学》第8辑，上海人民出版社2020年版，第9—10页。
② 习近平：《在文化传承发展座谈会上的讲话》，《求是》2023年第17期。

克思主义的人越来越多，正如加拿大约克大学政治学系教授马塞罗·默斯托在《马克思的〈大纲〉——〈政治经济学批判大纲〉150年》一书中所言："迄今为止，[《大纲》]的写作已经有 150 年的历史了。今天，它向我们证明了马克思解释当代世界的持久能力。它将对资本主义历史作用的概述——即资本主义比它之前的任何社会都创造了更加先进和更加国际化的社会——与对阻碍了社会和个人更加全面发展的它的内在矛盾的批判结合了起来。与那些认为 1989 年后马克思已经被人遗忘的预言相反，最近几年来，马克思再次成为令人关注的话题，当前的国际金融危机更是重新发现他的时代紧迫性。果真如此的话，那么，以[《大纲》]著称的这一珍贵手稿将证明对于进一步开展对资本主义的批判是有益的。同时它也将会重新点燃人们对马克思在创作这一著作时就明白自己要献身的人类解放事业的信念和希望。"①这一转变还体现在：马克思主义指导下的中国特色社会主义事业兴旺发达。

伴随着中国式现代化的发展，马克思主义在回答中国和世界重大实践问题的基础上不断丰富与完善，马克思主义中国化时代化会不断实现新飞跃，作为 21 世纪马克思主义的习近平新时代中国特色社会主义思想会推动世界马克思主义大发展。2018 年 4 月，十九届中央政治局举行第五次集体学习，学习内容是《共产党宣言》及其时代意义。习近平总书记在主持学习时强调："再过 30 年，也就是到 2048 年《共产党宣言》发表 200 周年之时，正是我们全面建成社会主义现代化强国、实现中华民族伟大复兴之际。届时，中国共产党人和中国人民将以自己的壮举进一步证明马克思主义的科学性、真理性、预见性，让我们以实际行动迎接这个伟大时刻的到来吧！"②习近平总书记这段激荡人心的讲话为我们未

① ［意］马塞罗·默斯托：《马克思的〈大纲〉——〈政治经济学批判大纲〉150 年》，闫月梅等译，中国人民大学出版社 2010 年版，第 26 页。
② 习近平：《学习马克思主义基本理论是共产党人的必修课》，《求是》2019 年第 22 期。

来指明了方向，也预见了世界马克思主义的前途命运。历史特别是中国特色社会主义的发展史、中国式现代化的历史终将证明：马克思主义是不可战胜的，拥有其他思想所没有的影响力和穿透力。

习近平总书记指出："中国式现代化，是我们为如何唤醒'睡狮'、实现民族复兴这个重大历史课题所给出的答案，是选择自己的道路、做自己的事情。我们无意也没有输出中国式现代化、'中国模式'，但中国式现代化为广大发展中国家独立自主迈向现代化树立了典范，必然会为一些发展中国家所借鉴。"[①] 这是发展中国家人民的心声，也是世界进步潮流的心声。

---

① 中共中央党史和文献研究院：《习近平关于中国式现代化论述摘编》，中央文献出版社 2023 年版，第 295 页。

第一章

中国式现代化理论体系是对
世界现代化理论的重大创新

党的十八大以来，我们党在已有基础上继续前进，坚持问题导向，围绕解决现代化建设中存在的突出的短板、弱项、矛盾和问题，不断实现理论和实践上的创新突破，成功推进和拓展了中国式现代化。在这一进程中，"我们进一步深化对中国式现代化的内涵和本质的认识，概括形成中国式现代化的中国特色、本质要求和重大原则，初步构建中国式现代化的理论体系，使中国式现代化更加清晰、更加科学、更加可感可行"①。我们初步构建的中国式现代化的理论体系，不仅是科学社会主义的重大理论创新成果，而且是人类现代化理论的最新成果，具有重要的国际意义。习近平总书记明确指出："中国式现代化作为科学社会主义的最新重大成果，在国际上引起广泛关注。"②2023 年 12 月 27 日，在全国纪念毛泽东同志诞辰 130 周年学术研讨会上的讲话中，蔡奇同志指出："要把中国式现代化放在世界现代化进程中进行考察，深刻阐释中国式

---

① 中共中央党史和文献研究院：《习近平关于中国式现代化论述摘编》，中央文献出版社2023 年版，第 30 页。

② 中共中央党史和文献研究院：《习近平关于中国式现代化论述摘编》，中央文献出版社2023 年版，第 293 页。

现代化的世界意义，以开放包容的态度研究借鉴世界各国发展现代化的有益经验，以宽广的国际视野揭示中国式现代化是对西方式现代化理论和实践的重大超越，是对世界现代化理论和实践的重大创新。"[1]

一、深刻把握了人类现代化的共同特征

中国式现代化理论体系之所以能够成为科学的思想体系，成为引领人类现代化发展的方向，一个重要原因就是它立足人类现代化发展的趋势和潮流，把握和反映了人类现代化的共同特征和一般规律。

（一）人类现代化的共同特征

实现现代化是近代以来中国人民的不懈追求，也是各国人民的共同目标，像滔滔江水不可阻挡。任何一个走向现代化的国家都会在展现共同特征过程中实现自身的目标。没有一个离开共同特征的现代化，也没有一个国家只有现代化的特殊性而没有普遍性。对于人类现代化的共同特征，习近平总书记有很多重要论述。2022 年 10 月，党的二十大报告就明确指出："中国式现代化，是中国共产党领导的社会主义现代化，既有各国现代化的共同特征，更有基于自己国情的中国特色。"[2]2022 年 11月，在会见德国总理朔尔茨时，习近平主席指出："中国式现代化既有各国现代化的共同特征，更有基于自己国情的中国特色，这是中国独特的客观条件决定的，是中国社会制度和治国理政的理念决定的，也是中国在实现现代化长期实践中得到的规律性认识决定的。"[3] 这三个"决定的"包含着丰富的含义，告诉我们：中国式现代化从来没有离开过人类现代

---

① 蔡奇：《在全国纪念毛泽东同志诞辰 130 周年学术研讨会上的讲话》，《人民日报》2023 年12 月 28 日。
② 《习近平著作选读》第 1 卷，人民出版社 2023 年版，第 18 页。
③ 中共中央党史和文献研究院：《习近平关于中国式现代化论述摘编》，中央文献出版社2023 年版，第 69—70 页。

化的光明大道，各国现代化的共同特征是各国人民共同创造的结果，不是哪几个国家的专利和垄断产物。人类现代化几百年的历史，包括第一波现代化、第二波现代化、第三波现代化，都有共同普遍的特征。

所谓共同特征就是不管哪种社会性质的现代化，不论是社会主义现代化，还是资本主义现代化，都普遍具有且形成重叠共识的特征。只是由一种社会制度创造出来的现代化特征，不是共同特征。共同特征就是由不同性质社会制度的现代化共同创造出来的。因此，从西方开始的现代化或者只是由西方文明提供的现代化范式，不是共同特征。只有出现社会主义现代化后，由社会主义现代化创造出来，与资本主义现代化呈现出来的特征具有共性的特征，才是共同特征。正是在这个意义上，我们才能明白"现代化≠西方化"的逻辑。习近平总书记指出："由于世界现代化进程是从西方资本主义国家开始的，当今世界的发达国家也主要是欧美国家和深受西方文明影响的资本主义国家。这就给人们一种错觉，似乎现代化就是西方化、西方文明就是现代文明。"①

对于现代化共同特征，国内不少学者进行了较为深入的研究。武汉大学的骆郁廷教授在《马克思主义研究》2023 年第 1 期刊发文章，题目就是《中国式现代化：共同特征与中国特色》。他认为：现代化就是不断实现由农业经济向工业经济、由农业文明向工业文明、由自给自足的小生产方式向社会化的大生产方式的转变，从而实现社会的发展和进步，缩小同工业较发达的国家之间的差距，使自己的经济逐步赶上甚至超过发达国家的发展水平，实现社会由不发达状态向发达状态的转变。清华大学的戴木才教授在《思想理论教育》2023 年第 4 期刊发文章，题目就是《论世界各国现代化的共同特征》。他认为：世界各国现代化发展

① 中共中央党史和文献研究院：《习近平关于中国式现代化论述摘编》，中央文献出版社 2023 年版，第 293 页。

的普遍性和共同特征由世界各国现代化发展的普遍规律所决定，表现为一个传统社会向现代社会的发展进步过程和文明程度，象征着经济社会发展的文明进步和全面提升，体现着生产社会化、经济市场化、政治民主化、文化理性化、社会法治化、生活城市化、生态绿色化等普遍性含义。北京大学的程美东教授在《福建论坛（人文社会科学版）》2023年第6期刊发文章，题目是《中国式现代化的世界共性特征》。他认为：中国式现代化吸收了世界文明的优秀成果，表现出崇尚科学的风气、对于民主的追求、日益开放的国际化姿态、追求民族独立和生活富裕，从而赋予了中国式现代化恢宏的世界气质，正是有了这样的世界气质，才使得其能够担负起构建人类命运共同体的历史重任！这几位学者的观点各有特点，都体现了对现代化普遍特征的深刻认识。

综合现有的研究成果，现代化的共同特征包括：工业化、城市化、法治化、科技化等。

（一）工业化是现代化的产业基础

通俗地说，工业化一般被定义为工业（特别是其中的制造业）或第二产业产值（或收入）在国内生产总值（或国民收入）中比重不断上升的过程，以及工业就业人数在总就业人数中比重不断上升的过程。从生产力的角度看，现代化过程就是工业化的过程。马克思特别重视工业化的作用，他曾经指出，工业化才是现代化的核心与基础，而大工业发展才是现代化发展的本质特征。马克思指出："工业较发达的国家向工业较不发达的国家所显示的，只是后者未来的景象。"[1]而恩格斯对于这一论断也提出过自己的看法：机器的大工业时代是推翻封建统治的利器，也是确立资本主义的开始。《共产党宣言》讲："新的工业的建立已经成为一切文明民族的生命攸关的问题。"现代工业是一个地区、一个城市、

---

[1] 《马克思恩格斯文集》第5卷，人民出版社2009年版，第8页。

一个国家、一个民族生存发展的关键所在。

没有工业化，就没有现代化，工业化的程度是衡量现代化程度的重要标志。1784 年，英国国王乔治三世来到詹姆斯·瓦特及其合伙人马修·博尔顿的工厂参观。博尔顿报告："陛下，我正忙于制造一种君主们梦寐以求的商品。"乔治三世不解："到底是什么？"博尔顿回答："是力量，陛下。"

蒸汽机的大规模应用，让世界从手工制造时代进入机器时代。以大机器为标志的工业革命不仅使英国率先实现了现代化，而且长期占据世界霸主地位。

20 世纪 60 年代起，美国制造业遭遇巨大挑战。1955 年无线电收音机在美国所占市场份额为 95%，1965 年降至 30%，到 1975 年全军覆没；而电视机市场，到 1987 年，美国只剩下一家 Zenith 公司孤军奋战，其所占市场份额仅为 15%。高新技术产业如此，传统产业就更是不堪回首了。纺织业在 1963 年还只进口 2%，而到 20 世纪 80 年代末要进口 50% 了。汽车批量生产方式是美国发明的，汽车工业也成为美国最大的工业，1955 年进口车只占总销售额的 1%，而在 1987 年升至 31%。1986 年，在索洛（1987 年诺贝尔经济学奖获得者）等著名人士的倡导下，麻省理工学院（MIT）成立了工业生产率委员会。该委员会在迈克尔·德托佐斯的领导下，经过 3 年多的努力，调查了 40 多个制造行业的情况，于 1989 年出版《美国制造：如何从渐次衰落到重振雄风》，1990 年成为美国管理科学十大畅销书之一。这本书开宗明义地指出："一个国家要想生活得好，就必须生产得好。"

中国共产党人高度重视工业化。早在新民主主义革命时期，毛泽东同志就强调工业化问题。1945 年 4 月 24 日，毛泽东同志在党的七大政治报告中就明确指出："在新民主主义的政治条件获得之后，中国人民及其政府必须采取切实的步骤，在若干年内逐步地建立重工业和轻工业，使中国由农业国变为工业国。"① 新中国成立后，1954 年 9 月，毛泽东同志及时提出"将我们现在这样一个经济上文化上落后的国家，建设成为一个工业化的具有高度现代文化程度的伟大国家"的任务。到改革开放和社会主义现代化建设新时期，我们党强调我国社会主义初级阶段，是由农业人口占多数的手工劳动为基础的农业国，逐步变为非农业人口占多数的现代化的工业国的阶段。到中国特色社会主义新时代，我们党更是把新型工业化放到十分突出的位置加以看待。经过 70 多年的新中国工业化进程，中国从一个落后的农业国，发展成为世界第一工业大国，拥有世界上最完整的工业体系，中国工业化进程已经处于工业化后期的后半阶段，到 2020 年，中国已经基本实现了工业化，而这个历程很多发达国家往往需要几百年的时间。我们正在向工业强国迈进。2023 年 9 月，习近平总书记就推进新型工业化作出重要指示，新时代新征程，以中国式现代化全面推进强国建设、民族复兴伟业，实现新型工业化是关键任务。② 这就指明了工业化的历史地位与现实作用。

（二）城市化是现代化的重要标志

城市化是伴随工业化发展，非农产业在城镇集聚、农村人口向城镇集中的自然历史过程，是人类社会发展的客观趋势，是国家现代化的重要标志。随着大工业的建立与发展，城市化步伐会不断加快。马克思曾经指出，大工业"建立了现代的大工业城市——它们的出现如雨后春笋——来代替自然形成的城市"③。英国是世界上最早开始工业化和城市化的国家。伴随着工业革命的浪潮，英国的工业化推动着城市化的发展。18 世纪早期，英国的城镇人口占总人口的 20%—25%，到 1851 年，

---

① 《毛泽东选集》第 3 卷，人民出版社 1991 年版，第 1081 页。

② 参见《习近平就推进新型工业化作出重要指示强调　把高质量发展的要求贯穿新型工业化全过程　为中国式现代化构筑强大物质技术基础》，《人民日报》2023 年 9 月 24 日。

③ 《马克思恩格斯选集》第 1 卷，人民出版社 2012 年版，第 194 页。

英国已有580多座城镇，城镇人口占总人口的54%，基本上实现了城市化。又经过了一个半世纪的发展，很多国家都实现了城市化，到2011年前后，过半数全球人口居住在城市。按照联合国的统计和预测数据，截至2011年全球总人口69.74亿，生活在城市的人口36.32亿，城市化率过半，达到了52.1%。2050年全球总人口将增长到93.06亿，城市人口增长到62.52亿，城市化率将达到67.2%。[①]

我们一直强调城市化的重要性。1949年，我国仅有城市132个，城市非农业人口2740万，城市化水平（以城市非农业人口占总人口的比重计算）为5.1%。随着社会主义建设事业的展开，到1957年末，我国的城市发展到176个，城市非农业人口占总人口的比重上升到8.4%。1966—1978年，是城市化发展的低迷徘徊期。这一时期，城市只增加25个，城市非农业人口长期停滞在6000万—7000万，城市化水平在8.5%上下徘徊。进入改革开放和社会主义现代化建设新时期，中国的城市化率迅速提高，中国社会科学院原副院长蔡昉指出："城市化率从17.9%提高到56.8%，每年以3.08%的速度提高，不仅远快于高收入国家平均水平（0.33%）和低收入国家平均水平（1.39%），也明显快于处于类似人口转变阶段国家的平均水平（1.75%），以及处于相同经济发展阶段的中等偏上收入国家平均水平（1.65%）。这个时期中国对世界城市人口增量的贡献为25.6%。"[②]

进入中国特色社会主义新时代，中国的城市化进程高质量推进。党的二十大报告指出：从2012年到2022年，城镇化率提高11.6个百分点，达到64.7%。在1978年后的46年中，中国有近8亿农民进城生活，这种城市化是人类历史上从未有过的，但这种城市化既没有出现英国那

---

① 参见国务院发展研究中心课题组《世界城市化和城市发展的若干新趋势和新理念》，《中国发展观察》2013年第1期。

② 蔡昉：《中国特色城市化道路及其新内涵》，《光明日报》2018年8月14日。

种"羊吃人"的圈地运动，也没有出现美国那种牛仔式的狂野突进，更没有出现像拉美国家那样的城市贫民窟或者城市骚乱。先看英国。仅在 16 世纪内，圈地面积就占了英国全部土地的一半以上。经过这样的洗劫，英国农村一片荒凉。据 18 世纪英国作家的记载，在北安普敦郡和林肯郡，有一个村庄共有 1500 英亩耕地，被圈去 1450 英亩，另一个地方 100 户农户只剩下 8 户到 10 户未被圈进去。再看看美国。在 18 世纪末 19 世纪初，白人男子在东部地区获得耕地不容易，因为大部分已被占有，但他们能够指望在更远的西部地区得到现成的好耕地，正如美国著名政治学家达尔所说："当然，这是以牺牲早先居住在那里的居民，即土著美洲人为代价的。"我们创造了人类城市新文明，一个方面是我们在现代化进程中极大地保护了农民的利益。党的二十大报告指出要保障进城落户农民合法土地权益，鼓励依法自愿有偿转让。另一个方面就是强调城市建设、管理都要以人为本，以人民为中心。党的二十大报告指明了中国今后城市文明发展的方向：推进以人为核心的新型城镇化，加快农业转移人口市民化；坚持人民城市人民建、人民城市为人民，提高城市规划、建设、治理水平，加快转变超大特大城市发展方式，实施城市更新行动，加强城市基础设施建设，打造宜居、韧性、智慧城市。

（三）法治化是现代化的重要因素

法治在现代化中起着极为重要的作用。习近平总书记指出："一个现代化国家必然是法治国家。"[①]2014 年 10 月，他在党的十八届四中全会第二次全体会议上的讲话指出："法治和人治问题是人类政治文明史上的一个基本问题，也是各国在实现现代化过程中必须面对和解决的一个重大问题。综观世界近现代史，凡是顺利实现现代化的国家，没有一个不是

---

① 《经习近平主席批准　关于新形势下深入推进依法治军从严治军的决定印发》，《人民日报》2015 年 2 月 27 日。

较好解决了法治和人治问题的。相反，一些国家虽然也一度实现快速发展，但并没有顺利迈进现代化的门槛，而是陷入这样或那样的'陷阱'，出现经济社会发展停滞甚至倒退的局面。后一种情况很大程度上与法治不彰有关。"[1] 法治化是现代化国家治国理政的基本方式。现代化进程不断对法治建设提出需求，完善的法治才能有效保障现代化进程，同时法治也是现代化的重要组成部分。德国著名法学家耶林曾说，罗马帝国三次征服世界，第一次靠武力，第二次靠宗教，第三次靠法律，武力因罗马帝国灭亡而消亡，宗教随民众思想觉悟的提高、科学的发展而缩小了影响，惟有法律征服世界是最为持久的征服。[2]

法治化意味着国家社会生活的方方面面都有健全的法律制度作为基础，所有社会行为都在法律约束下进行，没有法律之外的公共权力和公共力量，包括党派力量、政治力量、权势团体的力量等。从皮特的演讲到波茨坦磨房主的故事都告诉了我们这一点。18 世纪英国首相老威廉·皮特 1763 年在国会的一次演讲——《论英国人个人居家安全的权利》中说道："即使是最穷的人，在他的小屋里也能够对抗国王的权威。屋子可能很破旧，屋顶可能摇摇欲坠；风可以吹进这所房子，雨可以淋进这所房子。但是国王不能踏进这所房子，他的千军万马也不敢跨过这间破房子的门槛。" 100 多年前，杨昌济老先生在其《静观室札记》中记述："德国前皇维廉第一[3] 在位时，有一离宫在坡疵坦[4] 地方。离宫之前有磨房，欲登高远览一切景色，为所障碍。德皇心厌之，传语磨房主人曰：'此房价值几何？汝自言之，可售之于我。'孰意磨房主人殊强项，应之

---

① 中共中央文献研究室：《习近平关于全面依法治国论述摘编》，中央文献出版社 2015 年版，第 12 页。

② 转引自习近平《论坚持全面依法治国》，中央文献出版社 2020 年版，第 226 页。

③ 维廉第一：今译威廉一世（1797—1888），普鲁世国王、德意志帝国皇帝。

④ 坡疵坦：今译波茨坦。

曰：'我之房基，无价值可言.' 德皇闻之，赫然怒，令人将磨房毁去。磨房主人袖手任其拆毁，从容曰：'为帝王者，或可为此事。然吾德国尚有法律在，此不平事我必诉之法庭.' 彼竟与德皇构讼。法庭依法判决德皇重将磨房建筑，并赔偿其损失。德皇为法律屈，为人民屈，竟如法庭所判。事后且语人曰：'吾国法官正直如此，我之大错，彼竟有胆识毅然判决之，此吾国至可喜之事也.'" 历史真相虽非如此[①]，但这座象征司法独立和裁判公正的古老磨坊，至今仍矗立在柏林西南 40 多公里的波茨坦市郊无忧宫之旁，成为全世界法律工作者神往的圣地。

法治化意味着法治成为人们的一种信仰和生活方式。法治的价值核心是公平正义，这一价值观念通过法治深入人心，成为每一个公民追求的理念。法律要发生作用，需要全社会信仰法律，没有对法律的信仰，法律将是一纸空文。法国思想家卢梭的一句话，习近平总书记曾多次引用：一切法律中最重要的法律，既不是刻在大理石上，也不是刻在铜表上，而是铭刻在公民的内心里。[②] 所谓法律信仰包括三点：每一位公民都有自觉的法律意识，法律成为公民生活的基本规范；每一位公民都有正确的法律精神，把践行法律作为自身的行为准则；全社会有一种法律文化，每一位公民都是这一文化的塑造者、维护者。

---

① 据德文资料记载，诉讼应针对的是腓特烈（弗里德里希）二世，后世称之为"腓特烈大帝"。他是威廉一世的爷爷的伯父。根据建筑资料的记载，该磨房在 1736 年获得许可兴建，磨房主名叫约翰·威廉·格勒文尼茨（约 1703—1774）。而腓特烈大帝计划于 1745 年和 1747 年，在与磨房一墙之隔的高地建一座夏宫（即无忧宫），无忧宫在建期间，格勒文尼茨以在建王宫影响其磨房风车的风力从而造成巨大损失为由向国王提起诉讼。这场诉讼作为"无忧宫磨房主传说"而闻名遐迩。后来，该磨房被格勒文尼茨出卖给他人，最后又被人转卖给卡尔·弗里德里希·福格尔。因风力不够，磨房不能正常运行，福格尔又向国王提起诉讼。1786 年，弗里德里希·威廉二世成为普鲁士新国王。1787 年，该磨房因为太残破而被拆除。不久，因为弗里德里希·威廉二世的个人喜好，他下令重建这个磨房。1791 年，福格尔在新建的磨房里继续开业，直到 1802 年去世。
② 习近平：《论坚持全面依法治国》，中央文献出版社 2020 年版，第 50 页。

（四）科技化是现代化的基本条件

现代化在一定意义上讲就是科技化，就是用科学技术的发展推动现代化的进程，推动人类文明的进步。传统社会主要是依靠经验，依靠个人体力和脑力活动自发发展，现代化社会就是依靠科学技术进步而发展。现代化社会的科技化体现在以下几个方面：

第一，经济增长主要依靠科技进步，科技进步对经济增长的贡献率超过 60%，经济增长已经开始摆脱个人体力的束缚。美国和德国科技进步对经济增长的贡献率目前已经高达 80%。现代化国家的鲜明特点就是科学技术在经济社会发展中的作用日渐突出，就像邓小平同志所说的，"科学技术是第一生产力"。习近平总书记指出："科技是国之利器，国家赖之以强，企业赖之以赢，人民生活赖之以好。"[①]

第二，国家具有科学战略规划和实施能力，能够不断通过科学技术发展促进社会进步。比如今天，信息、生命、制造、能源、空间、海洋等领域的原创突破为前沿技术、颠覆性技术提供了更多创新源泉，学科之间、科学和技术之间、技术之间、自然科学和人文社会科学之间日益呈现交叉融合趋势，科学技术从来没有像今天这样深刻影响着国家前途命运。我们能够推动大至天体运行、星系演化、宇宙起源等宏观世界的研究，小至基因编辑、粒子结构、量子调控等微观世界的研究，能够使信息技术、人工智能为代表的新兴科技大大发展，造福人民。

第三，公众的科学技术素养比较高，社会的科普事业比较发达。越来越多的人能够运用科学知识和技术手段，确定问题和作出有证据的结论，具备对自然世界和通过人类活动对自然世界的改变进行理解与作出决定的能力，从而摆脱迷信和愚昧。公众的科学素养水平是衡量国家现代化的一个重要标准，只有多数人能够具备较高科学素养，对社会、个

---

① 《习近平著作选读》第 1 卷，人民出版社 2023 年版，第 490 页。

人自身有科学认知，才能称之为现代化。

第四，社会理性化。非理性的狂热行为、各种极端主义行为只是偶发的、个性的行为。社会理性化的表现在于：个人受教育的水平逐步提高，受教育的机会大大增加，义务教育成为社会的基本诉求；个人用于科技产品消费的支出不断增加，通过科技产品改善自身的工作与生活；个人思考问题、观察问题、解决问题更多地依靠科学的世界观与方法论。

二、反映了人类现代化的一般规律

对于中国式现代化所遵循的现代化的一般规律，习近平总书记多次作出明确论述。2020 年 10 月，他在中共十九届五中全会第二次全体会议上的讲话中明确指出："实践表明，中国式现代化既切合中国实际，体现了社会主义建设规律，也体现了人类社会发展规律。"[①]2023 年 2 月在新进中央委员会的委员、候补委员和省部级主要领导干部学习贯彻习近平新时代中国特色社会主义思想和党的二十大精神研讨班开班式上的讲话中，他指出："实践证明，一个国家走向现代化，既要遵循现代化一般规律，更要符合本国实际，具有本国特色。"[②]他还指出："实现现代化是世界各国人民的权利和必然选择，关键是找到符合国情、符合人类社会发展规律的发展道路。"[③]2023 年 3 月，在出席中国共产党与世界政党高层对话会的主旨讲话中，他又指出："一个国家走向现代化，既要遵循现代化一般规律，更要立足本国国情，具有本国特色。"[④]他在 2018 年 9 月还说："在现代化进程中，城的比重上升，乡的比重下降，是客观规

---

① 《习近平著作选读》第 2 卷，人民出版社 2023 年版，第 368 页。
② 习近平：《中国式现代化是强国建设、民族复兴的康庄大道》，《求是》2023 年第 16 期。
③ 中共中央党史和文献研究院：《习近平关于中国式现代化论述摘编》，中央文献出版社2023 年版，第 294 页。
④ 中共中央党史和文献研究院：《习近平关于中国式现代化论述摘编》，中央文献出版社2023 年版，第 296 页。

律，但在我国拥有近十四亿人口的国情下，不管工业化、城镇化进展到哪一步，农业都要发展，乡村都不会消亡，城乡将长期共生并存，这也是客观规律。"[①] 这一系列论述都阐明了中国式现代化没有离开人类现代化的大道，而是遵循人类现代化的一般规律。我们遵循的人类现代化的一般规律有很多。

（一）诺瑟姆曲线体现的城市化规律

2014 年，中共中央、国务院印发的《国家新型城镇化规划（2014—2020 年）》就明确提到了这一规律：根据世界城镇化发展普遍规律，我国仍处于城镇化率 30%—70% 的快速发展区间，但延续过去传统粗放的城镇化模式，会带来产业升级缓慢、资源环境恶化、社会矛盾增多等诸多风险，可能落入"中等收入陷阱"，进而影响现代化进程。这个规律就是美国城市学者诺瑟姆 1979 年提出的"城市化过程曲线"。诺瑟姆认为，可以把一个国家和地区的城镇人口占总人口比重的变化过程概括为一条稍被拉平的 S 形曲线，把城市化过程分成 3 个阶段，即城市化水平较低、发展较慢的初期阶段，人口向城市迅速聚集的中期加速阶段和进入高度城市化以后城镇人口比重的增长又趋于缓慢甚至停滞的后期阶段。第一，初始启动阶段。城市化水平达到 10% 就表明城市化进程开始启动，该阶段城市人口占区域总人口的比重低于 25%，城市发展水平低、速度缓慢、经历的时间长，区域处于传统农业社会状态。这个阶段的现代化的特点是：人口增长模式处于"高出生率，高死亡率"的阶段；第一产业和乡村人口在经济社会结构中占很大比重，一般为 80%—90%；社会治理更多的是人治，社会的法治化水平不高；等等。第二，加速推进阶段。在加速推进阶段，城市人口占区域总人口的 30% 以上，工

[①]　中共中央党史和文献研究院：《习近平关于中国式现代化论述摘编》，中央文献出版社 2023 年版，第 76 页。

业化速度加快使人口开始大量进入城市。这个阶段的现代化的特点是：产业结构优化，第一产业的比重显著下降，第二产业成为国民经济的主导，第三产业比重不断上升；人口增长模式转变为"高出生率，低死亡率"，城市人口快速增加，城市规模扩大，同时数量增多，出现千万级人口的特大城市，城市人口占区域总人口的比重为 60%—70%；社会结构开始多样化和多元化，新的社会群体和阶层大量涌现，政治参与越来越活跃；文化需求开始旺盛起来，文化产业和文化事业有了发展的动力；与国际社会的关系更加紧密，对外开放程度逐步提高。第三，稳定发展阶段。城市人口占国家总人口 70% 以上后，城市化率基本上就稳定下来了，城乡差别越来越小，区域空间一体化。这个阶段的现代化的主要特点体现在：经济发展以高科技产业为主导，高新技术不断涌现；人口增长模式向"低出生率，低死亡率"转变，城市人口增长速度趋缓甚至出现停滞；经济全球化达到很高的程度，建成了高水平的开放型经济新体制。

（二）"川"字形城市群布局规律

现代化的进程实际上就是城市群布局优化的过程，现代化强国是城市群布局结构良好的国家。在英国现代化推进的过程中，英国大陆从北向南形成了一个"川"字形的城市群：西部城市有格拉斯哥、利物浦、布里斯托尔、加的夫、普利茅斯，中部城市有爱丁堡、利兹、曼彻斯特、谢菲尔德、伯明翰、南安普敦等，东部城市有纽卡斯尔、金斯顿、诺里奇、剑桥、牛津、伦敦等。这些城市群各有分工，而且相互补充，形成推动现代化的强大动力。在德国现代化推进的过程中，德国形成的"川"字形的城市群是：西部城市有不来梅、多特蒙德、杜伊斯堡、科隆、波恩、法兰克福、曼海姆、斯图加特，中部城市有基尔、汉堡、汉诺威、沃尔夫斯堡、纽伦堡，东部城市有罗斯托克、柏林、德累斯顿、慕尼黑等等。美国是现代化强国，其鲜明特色体现在美国城市群的布局均衡。美国"川"字形的城市群是：西部城市有西雅图、波特兰、萨克拉门托、旧金山、奥克兰、圣何塞、洛杉矶、拉斯维加斯、圣迭戈等，中部城市有盐湖城、卡斯珀、柯林斯堡、丹佛、奥马哈、堪萨斯城、芝加哥、底特律、俄克拉荷马、达拉斯、休斯敦、新奥尔良等，东部城市有波士顿、纽约、费城、巴尔的摩、华盛顿、里士满、迈阿密、奥兰多等。日本、法国也都是这种城市群结构。"川"字形城市群布局有三个特点：第一，城市群是支撑现代化的重要基础。没有一定数量的城市支撑，现代化是很难实现的。越现代化的国家，城市群越强。第二，城市群之间有着相互促进的动力传导机制。各个城市之间既相互竞争，又相互合作。第三，现代化的要素在城市群之间自由流动，各种市场力量和技术力量不断进行重组。

（三）空间时间展开方式从自然展开到时间空间并存挤压的演化规律

第一批现代化国家主要是西方国家，抛开其性质和路径不谈，其现代化就是先工业化，再城市化，接着是信息化、农业现代化，这是一个顺序展开的过程。这个过程用了200年。这是串联式现代化。第二批现代化国家是二战后的一批新兴国家。这些国家基本上走的也是这个路径，但时间被压缩了，空间也被挤压了。工业化、城市化、农业现代化，从过去一个接着一个顺序发展，到现在交错式发展，一个阶段没有完成，就嵌入了另一项任务。工业化没有完成，城市化就大规模进行，紧接着就要进行农业现代化。这是嵌入式现代化。现在就是第三波现代化，也就是并联式现代化。工业化、城市化、信息化、农业现代化同时进行，叠加发展。习近平总书记指出："我国现代化同西方发达国家有很大不同。西方发达国家是一个'串联式'的发展过程，工业化、城镇化、农业现代化、信息化顺序发展，发展到目前水平用了二百多年时间。我们要后来居上，把'失去的二百年'找回来，决定了我国发展必然是一个'并联式'的过程，工业化、信息化、城镇化、农业现代化是叠加发展的。"① 这种叠加性呈现出现代化的复杂性、艰巨性和系统性。

三、初步构建了逻辑严密的思想体系

在二十届中央政治局第一次集体学习时的讲话中，习近平总书记指出："要深刻理解中国式现代化理论是基于中国国情、中国现实的重大理论创新，体现了我国现代化发展方向，是对全球现代化理论的重大创新。只有这样，我们才能全面把握中国式现代化的理论体系和实践要求，也才能更加坚决地防范照搬照抄西方现代化模式的思维方式。"② 中国式现代化理论，是党的二十大的一个重大理论创新，是科学社会主义的最新重大成果。这一理论是中国现代化特别是社会主义现代化历史经验的理论总结，是习近平新时代中国特色社会主义思想的重要组成部分。中国式现代化理论既有战略目标，又有深厚基础；既有鲜明特征，又有本质要求。这一理论至少包括以下重要论断：

（一）中国式现代化理论体系的主要构成

第一，战略目标论。在全面建成小康社会的基础上，从 2020 年到本世纪中叶分两步走建成富强民主文明和谐美丽的社会主义现代化强国，成为综合国力和国际影响力领先的社会主义现代化强国。党的二十大报告提出了建成 13 个方面的强国：制造强国、质量强国、航天强国、交通强国、网络强国、农业强国、教育强国、科技强国、人才强国、贸易强国、文化强国、海洋强国、体育强国。2023 年中央金融工作会议提出了建设金融强国。到 2035 年要建成教育强国、科技强国、人才强国、文化强国、体育强国，还要建设 5 个方面的中国：数字中国（取得重大成

---

① 中共中央文献研究室：《习近平关于社会主义经济建设论述摘编》，中央文献出版社 2017 年版，第 159 页。

② 习近平：《在二十届中央政治局第一次集体学习时的讲话》，《求是》2023 年第 2 期。

就）、法治中国（基本建成）、健康中国（建成）、平安中国（达到更高水平）、美丽中国（基本建成）。

第二，深厚基础论。中国式现代化的推进既有中华文明的基础，又有马克思主义的基础，还有人类文明的基础。中国式现代化深深植根于中华优秀传统文化，中华文明的沃土为中国式现代化提供着不竭的营养；中国式现代化体现科学社会主义的先进本质，确保现代化始终沿着正确的方向发展；中国式现代化借鉴吸收一切人类优秀文明成果，从不排斥外来优秀的东西，只要是代表人类文明的优秀成果，我们一概不会拒绝；中国式现代化代表人类文明进步的发展方向，展现了不同于西方现代化模式的新图景，是一种全新的人类文明形态。中国式现代化的深厚基础使这一事件成为伟大的世界性事件，是任何力量都无法阻挡的。

第三，共同特征论。中国式现代化具有各国现代化的共同特征，比如要从农业社会向工业社会、信息社会转变，从农业经济向工业经济、数字经济转变，从农业文明向工业文明和信息文明转变，从人治社会向法治社会转变。

第四，鲜明特色论。中国式现代化有五个鲜明特征，这就深刻区分了中国式现代化与西方现代化，使中国式现代化的目标更加清晰具体。中国式现代化的鲜明特色既是与西方现代化进行比较得出的科学结论，又是立足中国特色社会主义实践得出的科学结论。西方是两极分化的现代化、物质主义膨胀的现代化、大肆向大自然索取的现代化、殖民扩张的现代化等，这种现代化是资本主义性质决定的。

第五，本质要求论。党的二十大报告明确提出了中国式现代化的本质要求，从坚持党的领导和中国特色社会主义，从五大建设和构建人类命运共同体、创造人类文明新形态的角度强调了中国式现代化的性质、精髓和核心要义。本质要求中最关键、起决定性作用的就是坚持党的领导。中国式现代化的兴衰成败取决于党的领导，有了党的领导，中国式现代化一定会取得成功。

第六，重大原则论。以中国式现代化本质要求为依据，确立了推进中国式现代化必须遵循的重大原则。坚持和加强党的全面领导确保我国社会主义现代化建设正确方向，坚持中国特色社会主义道路使中国式现代化不会走老路、邪路和弯路、死路，坚持以人民为中心的发展思想让现代化建设成果更多更公平惠及全体人民，坚持深化改革开放不断增强社会主义现代化建设的动力和活力，坚持发扬斗争精神全力战胜现代化道路上各种困难和挑战。

第七，哲学六观论。中国式现代化蕴含的独特世界观、价值观、历史观、文明观、民主观、生态观等及其伟大实践，是对世界现代化理论和实践的重大创新。独特的世界观使中国式现代化具有广阔的世界视野，具有天下胸怀；独特的价值观使中国式现代化不仅弘扬了中华民族传统优秀的价值观，而且弘扬了全人类共同的价值观；独特的历史观使中国式现代化扎根于中华民族的历史长河中，也扎根于世界历史长河之中；独特的文明观使中国式现代化的中华文明生命力得到彰显，而且广泛借鉴吸收了人类文明的优秀成果；独特的民主观使中国式现代化成为创造人类民主新形态的典范，推动全过程人民民主不断开花结果；独特的生态观使中国式现代化成为人与自然和谐共生的现代化，成为世界生态文明的榜样。

第八，世界意义论。中国式现代化从实践上打破了"现代化＝西方化""现代化＝美国化或者西欧化"的迷思，展现了现代化的另一幅图景，这是一幅体现人类命运共同体要求的图景；中国式现代化是一个人口规模巨大的发展中国家实现的现代化，击破了"西方中心主义"的现代化唯一性的神话，拓展了发展中国家走向现代化的路径选择，为人类对更好社会制度的探索提供了中国方案；中国式现代化实现的是和平基础上的主权安全和完整的现代化，破解了"现代化与独立性"无法兼容的困局，为广大发展中国家独立自主迈向现代化树立了典范，为其提供了全新选择。

第九，系统工程论。推进中国式现代化是一个系统工程，需要统筹兼顾、系统谋划、整体推进，正确处理好顶层设计与实践探索、战略与策略、守正与创新、效率与公平、活力与秩序、自立自强与对外开放等一系列重大关系。制定规划和政策体系要体现时代性、把握规律性、富有创造性，在前沿实践、未知领域，鼓励大胆探索、敢为人先，寻求有效解决新矛盾新问题的思路和办法；把战略的原则性和策略的灵活性有机结合起来，一方面增强战略的前瞻性、全局性、稳定性，为中国式现代化提供强大的战略支撑，另一方面为战略实施提供有科学方法的策略；守好中国式现代化的本和源、根和魂，毫不动摇坚持中国式现代化的中国特色、本质要求和重大原则，坚持党的基本理论、基本路线、基本方略，大力推进理论创新、实践创新、制度创新、文化创新以及其他各方面创新；中国式现代化既要创造比资本主义更高的效率，又要更有效地维护社会公平，更好地实现效率与公平相兼顾、相促进、相统一；中国式现代化应当而且能够实现活而不乱、活跃有序的动态平衡，实现活力与秩序之间相互促进；推进中国式现代化必须坚持独立自主、自立自强，坚持把我国发展进步的命运牢牢掌握在自己手中，同时不断扩大高水平对外开放，拓展中国式现代化的发展空间。

第十，伟大斗争论。推进中国式现代化，是一项前无古人的开创性事业，必然会遇到各种可以预料和难以预料的风险挑战、艰难险阻甚至惊涛骇浪，必须敢于斗争、善于斗争，通过坚韧不拔的斗争打开现代化建设事业新天地，赢得现代化事业发展的一个又一个胜利。任何一项伟大事业都需要进行伟大斗争。美国 20 世纪著名科学史家乔治·萨顿在《科学史和新人文主义》一书中论述了关于斗争的问题，他说："科学史是一部长期斗争的历史，这种斗争将永远不会完结，要同迷信和愚昧的惰性斗争，要同说谎的人和伪君子斗争，要同骗子和自我欺骗的人斗争，要同所有黑暗势力和谬论斗争。艺术史是一部长期斗争的历史，这种斗争将永远不会完结，要同丑的惰性斗争，要同所有把生命的装饰品看得比生命本身的和谐还重，甚至准备破坏自然的美或污染他自己栖息地的那些人斗争。社会或政治史是一部长期斗争的历史，这种斗争将永远不会完结，要同所有形式的暴政——无论是个人的还是社会的——斗争，要同在人们交往中的专横跋扈斗争，要同强者与富人对弱者与穷人的剥削斗争。人类的历史充其量不过是一部《天路历程》（Pilgrim's Progress）的历史，它绝不可能没有斗争，因为这些斗争是永远不会完结的，除非生命本身完结。"①

这十个方面构成中国式现代化理论体系的主要内容，大大丰富和发展了人类现代化理论。

（二）中国式现代化理论体系是科学社会主义的最新重大成果

中国式现代化理论体系之所以能够对世界产生重大影响，一个重要原因就是它的科学社会主义先进性。2023年2月，在新进中央委员会的委员、候补委员和省部级主要领导干部学习贯彻习近平新时代中国特色社会主义思想和党的二十大精神研讨班开班式上的讲话中，习近平总书记提出了一个重要论断：概括提出并深入阐述中国式现代化理论，是党的二十大的一个重大理论创新，是科学社会主义的最新重大成果，在国际上引起广泛关注。

第一，中国式现代化理论是建成社会主义现代化强国的思想基石。在社会主义历史上，马克思、恩格斯发现了唯物史观和剩余价值理论，使社会主义从空想变成了科学。在此过程中，马克思、恩格斯对现代化

---

① ［美］乔治·萨顿：《科学史和新人文主义》，陈恒六、刘兵、仲维光译，华夏出版社1989年版，第128页。

问题进行了初步探索。马克思在《资本论》序言中写道："工业较发达的国家向工业较不发达的国家所显示的，只是后者未来的景象。"中国式现代化理论具有鲜明的独创性，这一理论全面体现了科学社会主义基本原则的先进性要求。科学社会主义基本原则主要是：在生产资料公有制基础上组织生产，满足全体社会成员的需要；对社会生产进行有计划的调节，实行按劳分配原则；合乎自然规律地改造和利用自然；无产阶级进行斗争的最高形式就是无产阶级革命，这个革命由无产阶级政党领导，以建立无产阶级专政的国家为目的；通过无产阶级专政的国家向无阶级、实现人自由而全面发展的共产主义过渡。科学社会主义基本原则阐明了资本主义生产的经济力量、人类社会演进的历史规律，阐明了这一不以人的意志为转移的客观规律必然会把世界引向共产主义社会。中国式现代化是社会主义性质的现代化，本质上就是体现科学社会主义基本原则要求的现代化。科学社会主义理论的先进性体现在它强调社会化大生产的发展，使无产阶级能够摆脱生产资料迄今具有的资本属性，使生产资料的社会性质能真正充分得以实现；在这一基础上，人终于成为自己的社会结合的主人，也就是成为自然界的主人，成为自身的主人即自由的人。恩格斯指出："完成这一解放世界的事业，是现代无产阶级的历史使命。深入考察这一事业的历史条件以及这一事业的性质本身，从而使负有使命完成这一事业的今天受压迫的阶级认识到自己的行动的条件和性质，这就是无产阶级运动的理论表现即科学社会主义的任务。"[①]中国式现代化理论恰恰体现了科学社会主义理论的先进性要求。中国式现代化就是在强调实现共同富裕、物质文明和精神文明相协调、人与自然和谐共生的进程中，促进物的全面丰富、社会全面进步、人的全面发展有机统一。这样一种防止资本无序扩张、野蛮生长，防止物质主义膨

---

① 《马克思恩格斯文集》第 3 卷，人民出版社 2009 年版，第 566—567 页。

胀、精神颓废，以及对大自然贪婪攫取、无限索取的现代化是一种先进的现代化，这是科学社会主义所要求的。资本主义现代化就是殖民掠夺的现代化，这些国家通过战争、殖民、掠夺等方式实现现代化的老路，那种损人利己、充满血腥罪恶的老路给广大发展中国家人民带来深重苦难。科学社会主义是坚决反对殖民掠夺的。

第二，从价值理念上讲，中国式现代化蕴含的独特的价值观体现了科学社会主义价值观主张的本质要求。科学社会主义的价值观主张，也就是科学社会主义基本原则的价值理念化，这些理念不仅是科学社会主义的本质要求，而且是中国式现代化蕴含的价值观的科学基础。科学社会主义基本原则体现的是工人阶级、劳动大众在历史舞台上创造的人间奇迹、未来走势、客观规律，其价值观主张体现的是人民群众的正义呼声、公平情感、"英特纳雄耐尔"的雄壮的交织。中国式现代化蕴含着独特的价值观，包括经济的丰裕富足、政治的自由民主、社会的公平正义、文化的普惠丰盈、生态的优美良好。这些价值观正是社会主义核心价值观主张在中国式现代化进程中的体现。从经济领域看，我们强调物质贫困不是社会主义，物质富足是社会主义现代化的根本要求，既要厚植现代化的物质基础，又要夯实人民幸福生活的物质条件；必须促进物的全面丰富，使物质产品越来越丰富，使人的物质生活越来越有品质。从政治领域看，我们强调人民民主是社会主义的生命，没有民主，就没有社会主义现代化，更没有中国式现代化；中国式现代化坚持民主自由的价值理念，在现代化过程中，不断推动全过程人民民主的发展，在各个领域各个环节实现人民最广泛、最直接、最根本的民主权利和自由权利，正如习近平主席2015年同美国时任总统奥巴马共同会见记者时所言，民主和人权是人类共同追求。从社会领域看，我们强调实现公平正义是我们党的一贯主张，全面深化改革就是着眼于创造更加公平正义的社会环境，不断克服各种有违公平正义的现象；中国式现代化坚持公平正义的价值理念，把促进社会公平正义、增进人民福祉作为一面镜子，审视我们各方面体制机制和政策规定，哪里有不符合促进社会公平正义的问题，哪里就需要改革，哪个领域哪个环节问题突出，哪个领域哪个环节就是改革的重点。从文化领域看，我们强调精神富有是社会主义现代化的根本要求，认为精神贫乏不是社会主义，文化低下也不是社会主义；中国式现代化坚持普惠丰盈的价值理念，强调要实现全体人民精神生活的共同富裕，还要通过提供高质量的文化产品满足日益增长的精神文化需求，丰富人民精神世界，以基本公共文化普惠化的方式使人民精神生活更加充盈。从生态领域看，我们强调良好生态环境是最公平的公共产品，是最普惠的民生福祉，青山就是美丽，蓝天也是幸福，绿水青山就是金山银山，要协同推进人民富裕、国家强盛、中国美丽；中国式现代化坚持优美良好的价值理念，强调人与自然和谐共生，要提供更多优质生态产品以满足人民日益增长的优美生态环境需要，做到既要金山银山，又要绿水青山。

第三，从实践上讲，中国式现代化强调坚持党的领导，体现了科学社会主义要求的马克思主义政党的先进性。我们知道，《共产党宣言》的一个重要思想就是强调共产党没有自己的特殊利益。无产阶级政党没有自己的党派私利是由其先进性决定的，它代表着人类发展的方向，是最无私无畏的政党。无产阶级作为大工业发展的产物，是最有前途的阶级。这个阶级不仅要解放自己，而且要解放全人类。如果它不能解放全人类，就无法解放自己。这就决定了无产阶级不能有自己的阶级私利，而是应当把阶级利益与整个人类的利益结合在一起。中国式现代化能否成功，最关键的就是取决于党的领导。习近平总书记指出，党的领导直接关系中国式现代化的根本方向、前途命运、最终成败。党的领导决定中国式现代化的根本性质，确保中国式现代化锚定奋斗目标行稳致远，激发建设中国式现代化的强劲动力，凝聚建设中国式现代化的磅礴力量。这些论断体现了马克思主义政党先进性和纯洁性的要求，也发展了马克思主义政党理论。中国共产党为什么能够不断推动中国式现代化的进程？一个根本原因，就是中国共产党没有自己的特殊利益，从来不代表任何利益集团、任何权势团体、任何特权阶层的利益。党的二十大报告指出三个坚决：坚决查处政治问题和经济问题交织的腐败，坚决防止领导干部成为利益集团和权势团体的代言人、代理人，坚决治理政商勾连破坏政治生态和经济发展环境问题，决不姑息。在 2022 年 12 月中央政治局召开的民主生活会上，习近平总书记强调："我们党始终代表中国最广大人民的根本利益，从来不代表任何利益集团、任何权势团体、任何特权阶层的利益。"[①] 如果领导干部自觉不自觉地成为各种利益集团、权势团体、特权阶层的代言人、代理人，就会形成各种各样的既得利益集团，党就会有自己的特殊利益，中国式现代化就会半途而废，就会迟滞中断。从 20 世纪 60 年代以来的 60 多年中，无数学者都在提出一个问题："欠发达国家能自己实现现代化吗？能依靠'与强者打赌'的策略冲破贫困的恶性循环吗？"1979 年，印度孟买大学社会学系主任 A.R. 德赛甚至把这一问题归纳为："这是一个具有世界历史意义的至关重要的难题。"为什么很多发展中国家无法独立自主实现现代化？一个重要原因就是其政党都是资产阶级政党，都有党派私利。习近平总书记指出："一些发展中国家照搬西方政治制度和政党制度模式，结果如何呢？很多国家陷入政治动荡、社会动乱，人民流离失所。活生生的例子就在眼前。"[②] 有特殊私利的资产阶级政党不仅不能够领导一个国家实现现代化，反而会成为现代化的阻碍。

---

① 习近平：《坚持团结奋斗　贯彻落实好党的二十大重大决策部署》，《人民日报》2022 年 12 月 28 日。
② 中共中央文献研究室：《习近平关于社会主义政治建设论述摘编》，中央文献出版社 2017 年版，第 19 页。

第四，从目标上，中国式现代化要在本世纪中叶全面建成社会主义现代化强国，这体现了科学社会主义关于未来新社会的本质规定。130年前，也就是恩格斯逝世的前一年，意大利人卡内帕给恩格斯写信，请求他为即将在日内瓦出版的《新纪元》周刊创刊号题词，而且要求尽量用简短的字句来表述未来的社会主义纪元的基本思想，以区别于伟大诗人但丁所界定的"一些人统治，另一些人受苦难"的旧纪元。恩格斯回答："除了《共产主义宣言》（即《共产党宣言》——编者著）中的下面这句话（《社会评论》杂志社出版的意大利文版第35页），我再也找不出合适的了：'代替那存在着阶级和阶级对立的资产阶级旧社会的，将是这样一个联合体，在那里，每个人的自由发展是一切人的自由发展的条件。'"[1]"人自由而全面的发展"被马克思主义创始人称为"新社会的本质"。这一论断贯穿于马克思、恩格斯的一生，在《资本论》中，马克思认为比资本主义更高级的社会形式的"基本原则"就是"每一个个人的全面而自由的发展"。[2]恩格斯讲得更加清晰："我们的目的是要建立社会主义制度，这种制度将给所有的人提供健康而有益的工作，给所有的人提供充裕的物质生活和闲暇时间，给所有的人提供真正的充分的自由。"[3]健康有益的工作、充裕的物质生活、足量的闲暇时间、全面的能力发展、自由的才华运用，这就是科学社会主义对未来社会的设想，这是人类最先进的社会制度。中国式现代化的目标追求从根本上体现了科学社会主义关于未来新社会的先进本质。到本世纪中叶，我国要建成富强民主文明和谐美丽的社会主义现代化强国，还要建成综合国力和国际影响力领先的社会主义现代化强国。这个现代化强国的要求就包含了科学社会主义对未来社会的构想。我国作为世界上最大的社会主义国家，

---

① 《马克思恩格斯文集》第 10 卷，人民出版社 2009 年版，第 666 页。
② 《马克思恩格斯选集》第 2 卷，人民出版社 2012 年版，第 267 页。
③ 《马克思恩格斯全集》第 21 卷，人民出版社 1965 年版，第 570 页。

当我国建成社会主义现代化强国，成为世界上第一个不是走资本主义道路而是走社会主义道路成功建成现代化强国的国家时，我们党领导人民在中国进行的伟大社会革命将更加充分地展示出其历史意义。在现实进程中，中国式现代化的先进性还体现在：既要创造比资本主义更高的效率，又要更有效地维护社会公平，更好地实现效率与公平相兼顾、相促进、相统一，中国式现代化是实现效率和公平有机统一的现代化；不仅能够促进物的全面丰富，不断厚植现代化的物质基础，不断夯实人民幸福生活的物质条件，而且能够实现人的全面发展，切实防止出现"单向度的人"或者"无灵魂的人"；不仅能够实现全体人民物质生活的共同富裕，而且能够实现精神生活的共同富裕，还能够实现政治生活的共同富裕。

四、深刻回答了人类现代化之问

中国式现代化理论体系是为人类谋进步、为世界谋大同的思想，这一理论始终关注人类现代化面临的普遍问题。2023 年 3 月，在中国共产党与世界政党高层对话会上的主旨讲话中，习近平总书记提出了一系列问题："两极分化还是共同富裕？物质至上还是物质精神协调发展？竭泽而渔还是人与自然和谐共生？零和博弈还是合作共赢？照抄照搬别国模式还是立足自身国情自主发展？我们究竟需要什么样的现代化？怎样才能实现现代化？面对这一系列的现代化之问，政党作为引领和推动现代化进程的重要力量，有责任作出回答。"[①] 这些问题是所有国家在实现现代化进程中都曾经面临、正在面临或者将要面临的重大问题，谁也无法绕开这些问题。

人类现代化之问是事关人类共同福祉的问题群。

---

① 习近平：《携手同行现代化之路——在中国共产党与世界政党高层对话会上的主旨讲话》，《人民日报》2023 年 3 月 16 日。

　　第一，两极分化还是共同富裕？这是涉及人与社会关系的问题，涉及人在社会制度中的地位的问题。没有人民当家作主的国家制度，就不可能实现共同富裕。习近平总书记指出："一些发达国家工业化搞了几百年，但由于社会制度原因，到现在共同富裕问题仍未解决，贫富悬殊问题反而越来越严重。"[①] 这些国家人均 GDP 再高，国家再富裕，也实现不了共同富裕。共同富裕本质上是一个国家的政治制度问题。"尽管资本主义制度和西方现代化模式也在不断演变，但其骨子里的资本至上、弱肉强食、两极分化、霸道强权的本性没有任何改变，其弊端愈益明显。"[②] 当前，全球收入不平等问题十分突出，发展的成果不能惠及最广大的民众。一些国家特别是发展中国家贫富分化严重，中产阶层塌陷，贫困阶层人数暴涨，导致社会族群撕裂、政治立场极化、民粹主义泛滥、社会动荡不安，现代化的航船或者被风浪吹偏航向，或者遭遇暗礁碎裂沉没。我们始终把共同富裕作为中国式现代化的基本内涵和重要特征来看待，习近平总书记指出："共同富裕是社会主义的本质要求，是中国式现代化的重要特征。"[③] 这个特征放到世界现代化的历史与现实的图景中会看得更加清晰。

　　第二，物质至上还是物质精神协调发展？这是涉及人自身的问题，是追求物质主义还是追求精神世界丰富的问题。而这个问题归根结底又是资本逻辑至上还是以人民为中心。西方的资本中心主义导致无极限地追求个人利益最大化，追求经济人假设，于是出现了精神颓废和思想没落。人们的精神创造力在退化，个人退回到"洞穴"中，原子化的个人大量产生，没有灵魂和信仰的人越来越多，"单向度的人""低向度的

---

①　习近平：《扎实推动共同富裕》，《求是》2021 年第 20 期。

②　中共中央党史和文献研究院：《习近平关于中国式现代化论述摘编》，中央文献出版社 2023 年版，第 294 页。

③　习近平：《扎实推动共同富裕》，《求是》2021 年第 20 期。

人""无向度的人"层出不穷，既有"麦田里的守望者"[①]，又有杰克·凯鲁亚克描写的那些"在路上"的人。习近平总书记指出："西方早期的现代化，一边是财富的积累，一边是信仰缺失、物欲横流。今天，西方国家日渐陷入困境，一个重要原因就是无法遏制资本贪婪的本性，无法解决物质主义膨胀、精神贫乏等痼疾。"[②] 西方国家不仅出现了"迷惘的一代"，也出现了"垮掉的一代"，所以法国作家加缪在《局外人》中发出呐喊：生存的无奈，在于精神和肉体的分离，人和社会的背离，生之无限渴望和死亡无限逼近的矛盾，于是生存有时候就很荒诞。中国式现代化就要解决西方国家现代化所产生的物质发展与精神信仰失衡的问题。中国式现代化是物质文明与精神文明协调发展、相互促进的现代化，"既要物质富足、也要精神富有，是中国式现代化的崇高追求。物质贫困不是社会主义，精神贫乏也不是社会主义"[③]。

第三，竭泽而渔还是人与自然和谐共生？这是涉及人与自然和谐共生的问题，是把自然界作为自身生存发展的有机部分，还是作为可以征服的外在力量的问题。人类进入工业文明时代以来，以资本主义发展模式为基础的传统工业化迅猛扩张，在创造巨大物质财富的同时也加速了对自然资源的攫取，把生产力像魔法一样从地下呼唤出来的同时把大地变得荒凉。这种生产方式打破了地球生态系统原有的循环和平衡，造成人与自然关系极大的紧张。习近平总书记指出："从上世纪三十年代开

---

① 美国作家塞林格 1951 年出版了《麦田里的守望者》一书。书中的主人公是一个出生在富裕家庭的 16 岁叛逆男孩霍尔顿·考尔菲德，他讨厌上学，在第四次被学校开除后在纽约游走三天。在这三天的时间里，他看到了资本主义社会的种种丑恶，接触了各式各样的"伪君子"。于是他想逃离这个现实世界，去穷乡僻壤当一个"麦田里的守望者"，最后因为天真可爱的妹妹而终止了行动。回家后他生了一场大病，被送进了疗养院。

② 习近平：《中国式现代化是强国建设、民族复兴的康庄大道》，《求是》2023 年第 16 期。

③ 中共中央党史和文献研究院：《习近平关于中国式现代化论述摘编》，中央文献出版社 2023 年版，第 111 页。

始，一些西方国家相继发生多起环境公害事件，损失巨大，震惊世界，引发了人们对资本主义发展模式的深刻反思。"①1962年蕾切尔·卡逊出版了《寂静的春天》，揭露了因为杀虫剂DDT的滥用，人类可能将面临一个没有鸟、蜜蜂和蝴蝶的世界，陷入环境与健康的巨大危险中。卡逊还尖锐地指出环境问题的深层根源在于人类对于自然的傲慢和无知。中国特色社会主义进入新时代，我们牢固树立和践行绿水青山就是金山银山的理念，把建设美丽中国摆在强国建设、民族复兴的突出位置，推动城乡人居环境明显改善、美丽中国建设取得显著成效，正在以高品质生态环境支撑高质量发展，以持续深入打好污染防治攻坚战，加快推动发展方式绿色低碳转型和着力提升生态系统多样性、稳定性、持续性，以及积极稳妥推进碳达峰碳中和、守牢美丽中国建设安全底线、健全美丽中国建设保障体系等为抓手，以美丽中国建设全面推进人与自然和谐共生的现代化。

第四，零和博弈还是合作共赢？这是涉及国家与国家关系的问题，更是涉及社会制度选择的问题。近现代以来，西方国家以资本主义市场经济为基础，构建了一个具有等级秩序的国际经济格局：少数国家凭借自身的经济政治军事实力，对其他国家进行疯狂的资本压榨，以获取超额垄断利润。这一长达数百年的现代化进程不仅形成了一种明显的零和博弈秩序——你获得的就是我损失的，而且这种零和博弈是把很多被剥削国家未来几十年的收益都掠夺去的博弈。有的西方国家凭借数枚导弹就把一个国家几十年自然资源的收益纳入囊中，有的国家凭借几家评级机构和风险投资公司就把一个主权国家搞破产，有的国家凭借几项、几十项科技发明就可以把全世界的钱挣过来。西方国家一项发明生产出

①　中共中央党史和文献研究院：《习近平关于中国式现代化论述摘编》，中央文献出版社2023年版，第118页。

来的产品，不是以一种较为公平合理的价格进行售卖，而是以 100%、1000%、10000% 的利润率出售。这种零和博弈式的欺诈、压榨、敲诈，使很多发展中国家无法进行现代化建设所需的资金和技术的原始积累，更无法进行产业基础的构建和人才的储备。西方国家在现代化进程中形成的思维始终就是我赢你输、我得你失的零和思维，没有合作共赢的想法，没有让别国发展起来的愿望。中国式现代化追求的是立己达人、普惠共享的现代化，这种现代化能够不断做大人类社会现代化的"蛋糕"，让现代化成果更多更公平惠及各国人民，同时坚持现代化的公平正义性，坚决反对通过打压遏制别国现代化来维护自身的发展"特权"。

第五，照抄照搬别国模式还是立足国情自主发展？这是涉及一个国家现代化发展道路选择的问题，更是涉及一个国家主权独立性的问题。由于西方国家率先开辟了现代化的道路，于是形成了美国化、西欧化、英国化就是现代化的理念。什么样的现代化最适合自己，本国人民最有发言权、决定权，而不是外来的殖民者、霸权者。发展中国家有权利也有能力基于自身国情自主探索各具特色的现代化之路，有空间也有机会在独立主权的基础上走出实现人民福祉的现代化道路。当然，独立自主探索是需要付出巨大牺牲的，没有一条独立探索出来的成功道路是容易的，没有一条成功之路是没有荆棘的，没有一条成功之路是没有鲜血的。中国式现代化道路是中国人民艰难奋斗探索出来的正确道路，所以，我们尊重一切符合自身国情的独立自主的探索。习近平总书记指出："尊重和支持各国人民对发展道路的自主选择，共同绘就百花齐放的人类社会现代化新图景。"[1] 这是一种包容和尊重的态度，是社会主义制度的要求，也是中华优秀传统文化的体现。

---

[1] 习近平：《携手同行现代化之路——在中国共产党与世界政党高层对话会上的主旨讲话》，《人民日报》2023 年 3 月 16 日。

第二章

中国式现代化蕴含着丰富的人类智慧

中国式现代化是中国共产党领导中国人民在长期实践中探索形成的富有中国特色、文明特色和民族特色的现代化形态，实现了马克思主义基本原理与中国具体实际的深度结合，实现了中华优秀传统文化的创造性转化和创新性发展，实现了对人类文明智慧的借鉴吸收。中国式现代化所蕴含的独特世界观、价值观、历史观、文明观、民主观、生态观等，深刻阐述了中国式现代化的理论创新成果，极大推进了世界现代化理论的创新发展。深刻理解中国式现代化的人类智慧，就要深入把握中国式现代化进程中提出的新概念、新命题、新理念，就要深入把握这些理论创新的历史逻辑、理论逻辑和实践逻辑，就要深入把握中国式现代化演进进程中中国与世界、中华民族与世界其他民族、中华文明与人类其他文明之间的互动关系。

一、蕴含的世界观及其人类智慧

中国式现代化所蕴含的世界观，从大历史观和全球视野审视中国式现代化与世界现代化之间的关系，立足世界现代化发展史和中国现代化发展的基本历程，分析世界现代化的必然性和中国式现代化的独特性，深入揭示中国式现代化的特殊性规律与世界现代化的普遍性规律。中国式现代化的世界观指引我们理性审视中国与世界的关系，特别是中国式现代化同中华文明的关系、同社会主义文明的关系、同人类优秀文明成果的关系以及同西方现代化模式的关系等，从而在自信自立的精神状态下坚持胸怀天下，充分展现中国式现代化在人类社会实现现代化进程中的独特价值。

（一）中国式现代化世界观蕴含着丰富内涵

中国式现代化的世界观是中国共产党人将马克思主义立场观点方法用以观察和认识现代化一般规律和中国式现代化特殊规律的结果，是辩证唯物主义和历史唯物主义在中国的自觉运用与创新发展，深刻回答了"人类社会走向现代化的基本趋势，中国式现代化在世界现代化进程中处于何种方位，中国式现代化对推进世界现代化进程具有什么价值"等重大问题，创造性发展了马克思主义的现代化理论和世界历史理论。

中国式现代化世界观具有丰富的内容和深刻的意涵。其一，中国式现代化的世界观深刻阐明了中国式现代化与世界现代化之间的关系。中国式现代化不仅是世界现代化的一种呈现形式，而且以巨大的成果改变了世界现代化图景。长期的发展实践证明，中国的现代化进程是世界整体现代化进程的重要组成部分，中国的发展离不开世界；随着中国从追赶时代、赶上时代到引领时代的转换，中国式现代化在世界现代化进程中的地位和作用日益突显。其二，中国式现代化的世界观深刻阐明了人类社会现代化的一般规律和客观趋势。现代化是人类社会发展的必然趋势，但是以何种方式实现现代化因地而异、因时而异。习近平总书记深刻指出："一个国家选择什么样的现代化道路，是由其历史传统、社会制度、发展条件、外部环境等诸多因素决定的。国情不同，现代化途径也会不同。实践证明，一个国家走向现代化，既要遵循现代化一般规律，更要符合本国实际，具有本国特色。"[①] 基于这种逻辑探索形成的中

[①]　习近平：《中国式现代化是强国建设、民族复兴的康庄大道》，《求是》2023 年第 16 期。

国式现代化，"既有各国现代化的共同特征，更有基于自己国情的鲜明特色"①，以历史和实践揭示了现代化发展的基本规律。其三，中国式现代化的世界观深刻阐明了世界现代化进程中不同现代化道路之间的内在关系。世界各国探索现代化的进程，也是各个国家和民族创造属于自己的现代文明的过程，在这个过程中基于不同历史渊源和动力因素形成的现代化道路之间形成了主体间性，进而生发出不同道路之间在理论、制度、话语权等层面的竞争。以美国为首的西方国家，基于先发现代化的优势，以鼓吹"普世价值"为幌子，企图推行单一化、西方化的现代化发展模式，但这种模式违背了现代化发展的一般规律。中国式现代化世界观强调国际关系民主化为不同国家、民族以自身的方式探索现代化道路提供了空间和条件。

（二）中国式现代化世界观蕴含着深刻逻辑

时代是思想之母，实践是理论之源。中国式现代化世界观是在现代化实践中逐步形成的，有着深刻的历史逻辑、理论逻辑和实践逻辑，概言之，中国式现代化世界观是对中国式现代化过程中根本问题的整体阐述和系统回答。与此同时，中国式现代化世界观也包含着对人类社会现代化普遍问题的回答。新航路开辟以来，各个国家和民族之间的隔绝状态随着生产力的发展而逐步打破，一国现代化的探索和发展总是受到诸多外部因素的影响，对中国式现代化根本问题的回答离不开对人类现代化基本趋势和一般规律的把握，也离不开对不同现代化发展模式的借鉴学习。从现代化生发的内在动力、历史条件和现实动因来看，有着内源性现代化和外源性现代化的区别。从总体来看，欧美国家和地区的现代化进程大致从 15—16 世纪开始，至今经历了五六百年的演化，是一个从传统农业社会逐步发展起来的内源性的现

---

① 习近平：《中国式现代化是强国建设、民族复兴的康庄大道》，《求是》2023 年第 16 期。

代化；而中国式现代化则是在外部环境的激发下逐步探索形成的，是典型的外源性的现代化发展模式。但这种类型划分主要是从起源角度来讲的，中国式现代化的动力条件还包括党的领导、人民群众主体力量以及生产力的发展等诸多因素。

中国式现代化世界观有着深刻的时代印记、鲜明的理论特质和深厚的文化底蕴。其一，中国式现代化世界观是近代以来中国与世界发展的复杂互动中形成的世界观。周秦之变后的中国政治制度虽然已经蕴含着诸多现代性的要素，但是作为一种早熟的文明形态局限于"闭关锁国"，沉迷于自给自足状态而滋生出制度自大的心态。制度的封闭性使得延续了 2000 多年的封建专制制度，难以应对日益深重的政治危机和民族危机，最终导致了中国与世界格局的割裂、与世界潮流的脱轨、与世界趋势的背离。中国式现代化世界观不仅批判和克服了封闭自大、极端自卑心态，而且指引中国人民形成了平视西方及其现代化的自信和自觉。其二，中国式现代化世界观是始终秉承着马克思主义政党的价值原则形成的世界观。无产阶级是有自己的世界观的独立的阶级，中国共产党作为无产阶级政党和马克思主义政党，其在领导中国人民开创中国式现代化道路的过程中始终秉承自身的阶级立场和人民立场，中国式现代化世界观也是对马克思主义世界观、方法论的继承与发展。其三，中国式现代化价值观是深刻汲取中华优秀传统文化智慧形成的世界观。党在领导人民开创和推进中国式现代化的过程中，始终重视对中华优秀传统文化的继承与转化。2017 年 12 月，习近平总书记在中国共产党与世界政党高层对话会上指出："中华民族历来讲求'天下一家'，主张民胞物与、协和万邦、天下大同，憧憬'大道之行，天下为公'的美好世界。"①2018

---

① 习近平：《携手建设更加美好的世界——在中国共产党与世界政党高层对话会上的主旨讲话》，《人民日报》2017 年 12 月 2 日。

年 6 月，习近平主席在上海合作组织青岛峰会欢迎宴会上提到，儒家倡导"大道之行，天下为公"，主张"协和万邦，和衷共济，四海一家"。他在 2021 年新年贺词中指出，"大道不孤，天下一家。经历了一年来的风雨，我们比任何时候都更加深切体会到人类命运共同体的意义"①。这些都体现出中华优秀传统文化对中国式现代化世界观的深远影响，中国式现代化世界观是中华文明现代转型的重要体现。

（三）中国式现代化世界观彰显着人类智慧

中国式现代化加深了对于现代化本质内涵和实践路径的客观系统把握，丰富了对于现代化理念、主体、目标、战略、道路、规律、范式等的认识和运用，理顺了共性与个性、内容与形式、方法与价值、体制与机制、主体与客体、内部与外部、时间与空间等与现代化相关联的重大辩证关系，创造了人类文明新形态。② 在中国式现代化发展进程中生成的世界观，不仅使中国人民在科学世界观指引下正确认识现代化发展的必然性、多样性和差异性，从而坚定了走中国式现代化道路的主体自觉，而且使广大发展中国家的人们看到了不同于资本逻辑支配下的资本主义现代化的发展道路与可能，为开创新的现代化发展途径创造了机遇。尤其是中国式现代化具有鲜明的人类关怀和世界关怀，打破了"现代化 = 西方化"的迷思，展现了现代化的另一幅图景，拓展了发展中国家走向现代化的路径选择，为人类对更好社会制度的探索提供了中国方案，深刻体现了中国式现代化世界观对世界各国人民整体利益、根本利益、长远利益的深切观照，对各个国家和民族共同面临的人类难题、全球议题、世界课题的深入思考。

---

① 《国家主席习近平发表二〇二一年新年贺词》，《人民日报》2021 年 1 月 1 日。
② 参见彭劲松《现代化本质内涵和实践路径的科学洞察——中国式现代化蕴含的独特世界观》，《人民论坛·学术前沿》2023 年第 8 期。

中国式现代化对世界现代化内在规律的认识，既是经验揭示，也是理论指引。从不同主体视角来看，中国式现代化世界观解决了诸多根本性、全局性、长期性的认识问题。从人类社会视角来看，这一新型现代化世界观以唯物史观的立场原则方法，从生产力的更新迭代入手，剖析民族历史向世界历史的转变，阐明人类社会如何从传统社会实现向现代社会的转型。从后发国家视角来看，这一新型现代化世界观，使得广大后发现代化国家的人们深刻认识到资本主义现代化的本质，深刻把握人类社会现代化的基本趋势和一般规律，更能够以"域外经验""典型样板"的眼光看待中国式现代化的成功开创和巨大成就。从世界各国视角来看，中国式现代化世界观不仅仅是一种特殊时空条件下的经验阐述和理论升华，更为重要的是这种认识具有普遍性意义，蕴含着对现代化一般问题的深刻回答，蕴含着对当前世界性难题的科学解答。

二、蕴含的价值观及其人类智慧

中国式现代化所蕴含的价值观，主要体现在中华文明的价值观、科学社会主义的价值观主张、社会主义核心价值观、全人类共同价值四个维度，深刻展现了全人类共同价值对西方"普世价值"的超越性。进一步而言，中国式现代化蕴含的价值观指引着我们深刻把握中华优秀传统文化所蕴含的独特价值理念、科学社会主义价值观主张的内在特质、社会主义价值观与资本主义价值观的本质区别、全人类共同价值与所谓的"普世价值"的本质区别，从而在坚持人民立场和党性立场基础上生动展现中国式现代化的价值优势。

（一）中国式现代化价值观蕴含丰富的思想内容

价值观是价值取向、价值追求和价值准则、价值尺度的有机统一。中国式现代化价值观是中国共产党在领导中国人民开创和发展中国式现代化进程中，形成的关于认定事物、判断是非的基本标准和内在取向，具有长期性、稳定性、历史性、主观性等特点。习近平总书记指出："价值观是人类在认识、改造自然和社会的过程中产生与发挥作用的。不同民族、不同国家由于其自然条件和发展历程不同，产生和形成的核心价值观也各有特点。"[①] 中国式现代化生发于特定的时空条件，尤其是在对比资本主义现代化价值观、传统社会主义现代化价值观的过程中，形成了富有民族特色、时代特质的价值观表达形态。

中国式现代化价值观蕴含着丰富的内容。其一，中国式现代化价值观是坚持人民至上的价值观。习近平总书记深刻指出："人民是历史的创造者，是推进现代化最坚实的根基、最深厚的力量"[②]，"全面建成社会主义现代化强国，人民是决定性力量"[③]。习近平总书记在中国共产党与世界政党高层对话会上的主旨讲话中强调："我们要坚守人民至上理念，突出现代化方向的人民性。"[④] 这是中国式现代化价值观的深刻表达，也是中国式现代化接续发展的根本遵循。其二，中国式现代化价值观是坚持实现人的自由全面发展的价值观。习近平总书记在中国共产党与世界政党高层对话会上的主旨讲话中强调："现代化不仅要看纸面上的指标数据，更要看人民的幸福安康。政党要锚定人民对美好生活的向往，顺应人民对文明进步的渴望，努力实现物质富裕、政治清明、精神富足、社会安定、生态宜人，让现代化更好回应人民各方面诉求和多层次需要，既增进当代人福祉，又保障子孙后代权益，促进人类社会可持续发

① 习近平:《青年要自觉践行社会主义核心价值观——在北京大学师生座谈会上的讲话》，《人民日报》2014 年 5 月 5 日。
② 习近平:《携手同行现代化之路——在中国共产党与世界政党高层对话会上的主旨讲话》，《人民日报》2023 年 3 月 16 日。
③ 习近平:《在第十四届全国人民代表大会第一次会议上的讲话》，《人民日报》2023 年 3 月 14 日。
④ 习近平:《携手同行现代化之路——在中国共产党与世界政党高层对话会上的主旨讲话》，《人民日报》2023 年 3 月 16 日。

展。"① 其三，中国式现代化价值观是坚持物质生活和精神生活协调发展的价值观。中国式现代化是全体人民共同富裕的现代化，这是中国式现代化的本质特征，也是区别于西方现代化的显著标志。西方现代化的最大弊端，就是以资本为中心而不是以人民为中心，追求资本利益最大化而不是服务绝大多数人的利益，导致贫富差距大，两极分化严重。一些发展中国家在现代化过程中曾接近发达国家的门槛，却掉进了"中等收入陷阱"，长期陷于停滞状态，甚至严重倒退，一个重要原因就是没有解决好两极分化、阶层固化等问题。与此同时，中国式现代化也追求精神生活的共同富裕。2022 年 10 月 16 日，习近平总书记在党的二十大报告中指出："我们要坚持马克思主义在意识形态领域指导地位的根本制度，坚持为人民服务、为社会主义服务，坚持百花齐放、百家争鸣，坚持创造性转化、创新性发展，以社会主义核心价值观为引领，发展社会主义先进文化，弘扬革命文化，传承中华优秀传统文化，满足人民日益增长的精神文化需求，巩固全党全国各族人民团结奋斗的共同思想基础，不断提升国家文化软实力和中华文化影响力。"②

（二）中国式现代化价值观具有深刻的思想渊源

中国式现代化价值观体现了中国传统价值观的现代化、社会主义价值观的中国化，是马克思主义价值观中国化的成果，也是中华优秀传统文化中民本等观念现代化的成果，集中阐述了社会主义核心价值观和全人类共同价值，是独具中国特色的价值观表达体系。

一方面，马克思主义的群众史观和人民主体思想是中国式现代化价值观的思想根基。习近平总书记指出："现代化的最终目标是实现人自由

---

① 习近平：《携手同行现代化之路——在中国共产党与世界政党高层对话会上的主旨讲话》，《人民日报》2023 年 3 月 16 日。

② 《习近平著作选读》第 1 卷，人民出版社 2023 年版，第 35—36 页。

而全面的发展。"①这是世界现代化进程的一般规律，也是中国式现代化发展的现实追求和基本原则。人民性是马克思主义最鲜明的品格，人民立场标识了中国共产党的政治属性，人民至上是对党的初心使命的深入诠释，也彰显了中国式现代化的价值取向和根本立场。从大历史观的视角来看，实现中华民族伟大复兴是百余年党史的主题，在这个过程中党始终坚持初心使命，而"中国人民"和"中华民族"是理解党的初心使命的两个关键词。无论是实现民族独立和人民解放，还是实现民族复兴和人民幸福，中国人民和中华民族始终是紧密联系在一起的。概言之，中华民族伟大复兴道路也是中国人民追求自由全面发展的道路，坚持人民至上是党肩负民族复兴使命的必然要求和内在需要。与此同时，党在领导人民推进中国自身的现代化的进程中，始终坚持胸怀天下的理念，这是马克思主义国际主义思想的基本要求，也是马克思主义政党和无产阶级革命的必然要求。党始终以世界眼光关注人类前途命运，从人类发展大潮流、世界变化大格局、中国发展大历史正确认识和处理同外部世界的关系，坚持开放、不搞封闭，坚持互利共赢、不搞零和博弈，坚持主持公道、伸张正义，站在历史正确的一边，站在人类进步的一边。中国式现代化为人类社会发展、人类文明演进作出了极为重要的贡献。另一方面，中华优秀传统文化有着丰富的民本思想，是坚持和丰富以人民为中心的发展思想，形成中国式现代化价值观的重要思想资源。管仲最早提出"以人为本"；孔子阐释的"仁者爱人""为政以德"等思想都闪耀着"爱民"的人性光芒；孟子重视"民心"对统治阶级的影响，提出了"民为贵，社稷次之，君为轻"这一具有深刻民本思想的命题；荀子将君民关系比作水与舟的关系，提出"水能载舟，亦能覆舟"的观点；

---

① 习近平：《携手同行现代化之路——在中国共产党与世界政党高层对话会上的主旨讲话》，《人民日报》2023 年 3 月 16 日。

明末清初的思想家黄宗羲在《明夷待访录》里主张由公众制定"天下之法"取代君主"一家之法",进一步发展丰富了民本思想等。这些都为中国式现代化价值观的形成注入了民族智慧。

（三）中国式现代化价值观具有广泛的人类智慧

社会主义核心价值观和全人类共同价值等价值理念都是中国式现代化进程中的重要成果,这些价值理念具有本质一致性和内在统一性,深刻反映了中国式现代化的根本追求和本质诉求。特别是全人类共同价值是中国式现代化所倡导的价值理念的一种外显,是中国式现代化价值理念的高度凝结,对于广大发展中国家和发达资本主义国家都具有深刻的启发意义。2021年10月25日,习近平主席在中华人民共和国恢复联合国合法席位50周年纪念会议上的讲话中指出:"我们应该大力弘扬和平、发展、公平、正义、民主、自由的全人类共同价值,共同为建设一个更加美好的世界提供正确理念指引。和平与发展是我们的共同事业,公平正义是我们的共同理想,民主自由是我们的共同追求。"[1]和平、发展、公平、正义、民主、自由,既是社会主义现代化的价值追求,也是世界现代化所应秉承的根本原则。

中国式现代化价值观是马克思主义价值观的新发展,其世界性意义根植于马克思主义价值观的科学性、真理性和实践性。马克思主义作为致力于解放全人类的学说,是通过代表无产阶级的利益进而代表全人类利益的理论,无产阶级的解放是以全人类的解放为前提的,而全人类解放以无产阶级革命作为实现路径。无产阶级革命所要实现的未来社会图景,是每个人的自由发展是一切人的自由发展的条件的"自由人联合体"。为了实现这一社会理想,马克思分别从需要、劳动、社会关系三个角度对人的本质进行了界定。不管是需要之于人的必需

---

① 《习近平著作选读》第2卷,人民出版社2023年版,第543页。

性，还是自由自觉的劳动之于人确证自身的必要性，抑或人在本质上是一切社会关系的总和[①]，最后归结为"人的根本就是人本身"[②]，从自然性和社会性的角度深刻体现着人对于发展的要求，人的本质也体现着一种取向。而中国式现代化从本质上来讲是一种社会主义现代化，反映着人的本质的历史进程。现代化的根本问题是人的现代化，中国式现代化对人的需要的满足和对人的本质的回归，是具有普遍意义的揭示，深刻反映了世界现代化的客观趋势和应然期待。正是基于这种逻辑，中国式现代化价值观才具有鲜明的人类智慧，是世界各国共同实现现代化所应秉承的原则要求。

三、蕴含的历史观及其人类智慧

中国式现代化所蕴含的历史观，从中国式现代化形成的历史逻辑入手，从古今关系、中外关系、新旧关系中把握中国式现代化形成的合理性和优越性，从世界现代化历史进程中，审视中国式现代化的世界历史意义。中国式现代化历史观指引我们以大历史观和全球史观，深刻把握中国与世界之间的关系、中华文明与世界文明之间的关系，以坚定的历史自信和历史主动，始终保持改革的锐气和开放的姿态。

（一）中国式现代化历史观的深刻内涵

历史观是人们关于社会历史的总的看法和根本观点，是世界观的重要组成部分。习近平总书记高度重视历史的重要作用，作出了一系列重要论述，比如，"历史是最好的教科书，也是最好的清醒剂"[③]，"中国革

---

① 《马克思恩格斯选集》第 1 卷，人民出版社 2012 年版，第 135 页。
② 《马克思恩格斯选集》第 1 卷，人民出版社 2012 年版，第 10 页。
③ 中共中央党史和文献研究室：《十九大以来重要文献选编》中，中央文献出版社 2021 年版，第 315 页。

命历史是最好的营养剂"①,"历史是最好的老师"②, 等等。中国式现代化所蕴含的历史观,是科学运用辩证唯物主义和历史唯物主义基本观点形成的历史观,是对以往现代化历史观的一种超越和创新。中国式现代化历史观强调尊重历史规律、汲取历史智慧、增强历史自信、掌握历史主动,为强国建设、民族复兴提供了重要指引。

其一,深刻把握了中国式现代化的历史逻辑。近代中国,制度的封闭性造成了制度自视中的两种极化心态,一种是在封闭环境中认为制度完美而滋生的自大心态,一种是在文明碰撞和制度对比中遭遇挫折而产生的自卑心态,中国近代以来的历史验证了这两种极化心态的急剧转变。封建落后的旧中国面对西方国家的坚船利炮,国际地位从"天朝上国"到"瓜剖豆分"的巨大落差,外部环境从万国祥和到虎视鹰瞵的巨大转变,导致近代国民产生了陷于挫败感的制度自卑,这种自卑既来自列强欺凌的民族屈辱,也来自"欧风美雨"的文化冲击。这种冲击不仅是现代与传统的碰撞,而且是先进与落后的对比。中国式现代化的成功开创和取得的巨大成就,不仅彻底改变了近代中国的自卑心态,而且以具有科学性、彻底性的现代化理论描绘了中国式现代化的光明前景。

其二,科学揭示了中国式现代化的历史规律。党在革命、建设、改革的各个历史时期,始终高度重视现代化发展的目标、动力、保障等问题。围绕着发展目标问题,从提出"四个现代化"到提出"全面建设小康社会""全面建成小康社会""社会主义现代化强国""中国式现代化"等。围绕着现代化发展动力问题,高度重视科技事业的发展,深刻阐明了解放和发展生产力的重要作用,特别是强调了科学技术的极端重

---

① 习近平:《在党史学习教育动员大会上的讲话》,《求是》2021年第7期。

② 《习近平谈治国理政》第2卷,外文出版社2017年版,第508页。

要性。从新中国成立后吹响"向科学进军"①的号角，到改革开放后提出"科学技术是第一生产力"②的论断；从进入新世纪深入实施知识创新工程、科教兴国战略、人才强国战略，不断完善国家创新体系，建设创新型国家，到党的十八大后提出创新是第一动力，全面实施创新驱动发展战略，建设世界科技强国，深刻阐述了科技事业在党和人民事业中始终具有十分重要的战略地位，发挥了十分重要的战略作用。围绕着现代化发展的保障问题，始终强调中国式现代化是中国共产党领导的社会主义现代化，从根本上解决了现代化发展的方向、性质和道路问题。

其三，不断坚定了中国式现代化的历史自信。实现现代化不是一蹴而就的事情，而要经过长期艰苦的努力。特别是当今世界正经历百年未有之大变局，世界之变、时代之变、历史之变正以前所未有的方式展开，人类又一次站在历史的十字路口，能否坚定中国式现代化道路自信关系到党和国家的前途命运。中国式现代化历史观对世界现代化整体图景、中国社会主义现代化整体图景以及社会主义国家现代化整体图景的深刻揭示，有力增强了中国人民以中国式现代化全面推进中华民族伟大复兴的政治定力和战略定力。

（二）中国式现代化历史观的鲜明特点

中国式现代化历史观是中国共产党人自觉运用唯物史观和大历史观进行自我观察与理论思考的成果。中国式现代化不是从天上掉下来的，是在改革开放 40 多年的伟大实践中得来的，是在中华人民共和国成立 70 多年的持续探索中得来的，是在我们党领导人民进行伟大社会革命 100 多年的实践中得来的，是在近代以来中华民族由衰到盛 180 多年的

---

① 中央档案馆、中共中央文献研究室：《中共中央文件选集（1949 年 10 月—1966 年 5 月）》第 24 册，人民出版社 2013 年版，第 412 页。
② 《邓小平文选》第 3 卷，人民出版社 1993 年版，第 274 页。

历史进程中得来的，是从中华文明 5000 多年的传承发展中得来的，是党和人民历经千辛万苦、付出各种代价取得的宝贵成果。正是基于此，中国式现代化历史观才具有深厚的历史积淀，才能够从正反两方面的历史经验中把握现代化建设的基本规律，才能基于自身实践创造出独特的现代化认识体系、经验体系和表达体系。

中国式现代化历史观具有鲜明的时代特点。其一，体现了合规律性与合目的性的辩证统一。中国式现代化既遵循了人类社会现代化发展的一般规律，而且始终以中国最广大人民的根本利益为出发点和落脚点，体现了真理性与人民性、科学性与价值性的高度统一。中国式现代化历史观深刻展现了全面满足人民需要与尊重经济社会发展规律的辩证统一。其二，体现了民族历史与世界历史的辩证统一。纵观世界发展历程，随着生产力的发展特别是交通工具的更新迭代，"过去那种地方的和民族的自给自足和闭关自守状态，被各民族的各方面的互相往来和各方面的互相依赖所代替了"[①]，马克思主义世界历史理论展现了经济全球化和世界现代化的一般趋势。中国式现代化历史观始终坚持大历史观和唯物史观，展现了近代中国与资本主义体系的碰撞以及融入世界现代化体系的进程，尤其是全景式展现了中国这一经济文化相对落后的东方大国独立自主探索现代化的艰辛历程和独特经验。其三，体现了尊重规律与发挥主动的辩证统一。中国式现代化历史观始终坚持人民立场，深刻指明了现代化发展的现实力量和主体力量，注重推动人民群众的精神觉醒，在民族和人民精神上实现从被动到主动的转变中凝聚现代化建设的合力，体现了尊重规律与运用规律、尊重人民群众主体地位与发挥人民群众主体力量的内在统一。

---

① 《马克思恩格斯选集》第 1 卷，人民出版社 2012 年版，第 404 页。

（三）中国式现代化历史观的人类智慧

中国式现代化历史观破除了一些长期困扰人们的认识问题，尤其是将中国式现代化的伟大实践生动地展现在世人面前，雄辩地证明中国式现代化不仅仅是世界现代化发展的一种存在形态和实践方式，更为重要的是打破了一些长期以来关于现代化的思维禁锢、路径依赖，破除了一些关于现代化发展的话语陷阱和僵化范式。中国式现代化理论的提出，意味着科学社会主义的重大发展，充分体现了中国式现代化理论创新的重要地位和时代价值。

中国式现代化历史观具有普遍性意义和世界性价值。其一，中国式现代化历史观提供了新的现代化历史观，克服了"西方中心主义"现代化历史观的弊端，为我们描述了一个客观、真实且平行化的世界现代化发展历程，解构了资本主义现代化历史观所宣扬的"依附式""中心—边缘式"的国家间关系。其二，中国式现代化历史观阐述了世界现代化的历史图景，呈现了客观真实的现代化演进历程，以唯物史观为指引科学展现了现代化自生发以来的自然历史过程，在一定程度上消除了西方国家预设价值理念的影响。其三，中国式现代化历史观揭示了新的现代化的可能性，为广大发展中国家提供了科学的方法论启示。

四、蕴含的文明观及其人类智慧

中国式现代化文明观深刻揭示了人类文明演进的基本规律，指明了人类文明发展的光明前景。习近平总书记深刻指出："中国式现代化，深深植根于中华优秀传统文化，体现科学社会主义的先进本质，借鉴吸收一切人类优秀文明成果，代表人类文明进步的发展方向，展现了不同于西方现代化模式的新图景，是一种全新的人类文明形态。"[①] 中国式现代

[①]《习近平在学习贯彻党的二十大精神研讨班开班式上发表重要讲话强调　正确理解和大力推进中国式现代化》，《人民日报》2023 年 2 月 8 日。

化是人类文明发展的重要成果，是社会主义文明与中华文明深度融合的成果，其中所蕴含的文明观是一种新型文明观，重点阐述了文明多样性是人类社会的基本特征，文明交流是构建人类命运共同体的基本条件，文明互鉴是人类社会发展的内生性动力，为构建人类文明新形态提供了科学指引。

（一）中国式现代化文明观的基本主张

文明观是文明发展的历史进程、现实状态、未来趋向集中反映的结果。从18世纪英国第一次工业革命之后，人类又先后经历了三次工业革命。以蒸汽技术的发明和应用为标志的第一次工业革命，使人类进入机器时代；以电力技术和内燃机的发明与应用为标志的第二次工业革命，使人类进入电气时代；以计算机技术的发明和应用为标志的第三次工业革命，使人类进入信息时代。今天，人类正在经历以人工智能技术为标志的第四次工业革命，以区块链、5G、元宇宙等基于互联网的智能技术广泛应用，极大地推动了人类生产和生活的智能化进程。[①] 中国式现代化文明观诞生于新科技革命浪潮之中，呈现出新的特点和形式，尤其是不同于资本主义文明观，在科学把握文明发展规律的基础上蕴含着深刻的人文关怀和世界关怀。

中国式现代化文明观建构了一种新型的文明观，展现了世界不同文明"和合"发展的生动样态。其一，深刻阐明了文明多样性是人类社会的基本特征。文明多样性是一种客观现象，反映了人类文明演进的客观规律和基本逻辑；文明多样性是一种常态趋势，反映了主观意志与历史逻辑的辩证统一；文明多样性是一种发展优势，反映了文明交流和文明互鉴的普遍意义。习近平主席在博鳌亚洲论坛2021年年会开幕式上的视频主旨演讲中指出："多样性是世界的基本特征，也是人类文明的魅力所

---

① 参见邢云文《文明形态视野下的中国式现代化》，《人民论坛·学术前沿》2023年第8期。

在。"①他还在世界经济论坛"达沃斯议程"对话会上的特别致辞中指出："各国历史文化和社会制度差异自古就存在，是人类文明的内在属性。没有多样性，就没有人类文明。多样性是客观现实，将长期存在。"②其二，深刻阐明了文明多样性之于人类社会发展的重要性。文明多样性具有客观性、长期性、优越性。文明交流是一种人文性基础、必然性要求，有着内在的驱动性。文明之间包容互鉴是世界各国共同发展的持久性动力，是不同文明体协同发展的主体性动力。"让世界多样性成为人类社会进步的不竭动力、人类文明多姿多彩的天然形态。"③习近平主席在第七十届联合国大会一般性辩论时的讲话中指出："人类文明多样性赋予这个世界姹紫嫣红的色彩，多样带来交流，交流孕育融合，融合产生进步。"④其三，深刻阐明了推动人类文明交流的必要性。中国式现代化文明观始终主张不同文明的独立性，坚持推进国际关系民主化，强调"不同文明、制度、道路的多样性及交流互鉴可以为人类社会进步提供强大动力"⑤。其四，深刻阐明了文明协调发展的必然性和重要性。既要物质富足，也要精神富有，是中国式现代化的崇高追求。中国共产党人强调中国式现代化是物质文明和精神文明相协调的现代化。物质贫困不是社会主义，精神贫乏也不是社会主义。中国式现代化既要物质财富极大丰富，也要精神财富极大丰富，在思想文化上自信自强。这与资本主义现代化所主张的资本至上的文明观有着本质区别。

① 习近平：《同舟共济克时艰，命运与共创未来：在博鳌亚洲论坛2021年年会开幕式上的视频主旨演讲》，《人民日报》2021年4月21日。
② 《习近平谈治国理政》第4卷，外文出版社2022年版，第460页。
③ 中共中央党史和文献研究室：《十九大以来重要文献选编》中，中央文献出版社2021年版，第712页。
④ 习近平：《论坚持推动构建人类命运共同体》，中央文献出版社2018年版，第256页。
⑤ 《习近平谈治国理政》第3卷，外文出版社2020年版，第457页。

（二）中国式现代化文明观的现实意蕴

中国式现代化文明观作为一种新型文明观，具有历史性、现实性和未来性，是站在历史与未来的交汇点上提出的一种新型话语表达体系，蕴含着深刻的历史逻辑和丰富的价值意蕴。这一文明观，不仅丰富了马克思主义中国化时代化的理论成果，推进了马克思主义文明观的创新发展，而且为建设中华民族现代文明、构建人类文明新形态提供了基本遵循。

中国式现代化文明观具有深刻的理论意义和实践意义。一是中国式现代化文明观抓住了现实问题的根本。马克思在阐释理论掌握群众的原理时，指出"理论只要说服人，就能掌握群众；而理论只要彻底，就能说服人。所谓彻底，就是抓住事物的根本。而人的根本就是人本身"①。回应现实课题、问题、挑战的方案能否转化为人民群众的实践至关重要，这是精神转化为物质的关键环节，因此也是考查一种文明形态存在合理性的核心标准。人类文明新形态就是立足现实的人，着眼于人的自由全面发展的文明形态，把握了文明演化的根本。二是中国式现代化文明观形成了科学应对的理念。中国共产党始终坚持以人民为中心的发展思想，坚持人民至上、生命至上的执政理念，立足社会主要矛盾的转变和转化，制定满足人民群众美好生活需要的政治方略，彰显了人类文明新形态价值性与科学性的统一。三是中国式现代化文明观提供了行之有效的方法。人类文明新形态通过价值引导、制度建构、理念宣传、共识凝聚，在战略规划、政策制定、议程设置中广泛吸纳人民群众的智慧与建议，将党的主张科学转化为群众的自觉行动，形成了解决现实问题的有效机制、路径与手段。人类文明新形态在直面现实中回应问题，在迎接挑战中克服困难，在应对危机中规避风险，是在实践检验中生成的文明新形态。

---

① 《马克思恩格斯选集》第 1 卷，人民出版社 2012 年版，第 9—10 页。

（三）中国式现代化文明观的人类智慧

中国式现代化文明观实现了对西方资本主义文明观的全面超越和辩证否定。西方国家的现代化，充满战争、贩奴、殖民、掠夺等血腥罪恶，给广大发展中国家带来深重苦难。坚持和平发展，在坚定维护世界和平与发展中谋求自身发展，又以自身发展更好维护世界和平与发展，推动构建人类命运共同体，是中国式现代化的突出特征。

其一，中国式现代化文明观展现了人类社会发展的新形态。马克思、恩格斯在《德意志意识形态》中深刻剖析了人类生产方式与社会形态演变的历史进程，指出："由此可见，一定的生产方式或一定的工业阶段始终是与一定的共同活动方式或一定的社会阶段联系着的，而这种共同活动方式本身就是'生产力'；由此可见，人们所达到的生产力的总和决定着社会状况，因而，始终必须把'人类的历史'同工业和交换的历史联系起来研究和探讨。"[①] 中国式现代化文明观对现代化发展的整体形态和当代形态进行了科学反映和理论阐述，表现了现代化发展的最新形态和基本趋向。其二，中国式现代化文明观提供了新文明话语表达。习近平总书记在庆祝中国共产党成立 100 周年大会上的讲话中鲜明指出："我们坚持和发展中国特色社会主义，推动物质文明、政治文明、精神文明、社会文明、生态文明协调发展，创造了中国式现代化新道路，创造了人类文明新形态。"[②] 特别是提出人类文明新形态概念，彰显了创新自觉和创新自信，不仅意味着概念创新和命题创新，而且意味着话语创新和理论创新，体现了建构中国特色哲学社会科学话语体系的话语自觉。其三，中国式现代化文明观为人类社会实现现代化提供了文明路向。人类文明新形态充分体现了辩证思维，深刻总结吸纳了实践经验，

---

① 《马克思恩格斯选集》第 1 卷，人民出版社 2012 年版，第 160 页。

② 习近平：《在庆祝中国共产党成立 100 周年大会上的讲话》，人民出版社 2021 年版，第 13—14 页。

实现了接续性创新和原创性创新的结合。以马克思主义文明观切中人类文明新形态的本质规定，为中国式现代化实践提供了基本路向。[①]

五、蕴含的民主观及其人类智慧

科学审视中国式现代化与西方式现代化之间的本质区别，深入剖析人本逻辑与资本逻辑的根本差异，对于系统阐述中国式现代化民主观的多种表现形式、中国式民主与中国式现代化之间的关系，以及中国式民主与西方式民主的本质区别和中国式民主的显著优势具有重要意义。中国式现代化民主观，是马克思主义民主思想同中国具体实际和中华优秀传统文化相结合的重要成果，是中国共产党带领中国人民在革命、建设、改革进程中创造的宝贵财富，是人类政治文明发展的智慧精华。中国式现代化民主观指引我们尊重世界文明多样性，以文明交流超越文明隔阂、文明互鉴超越文明冲突、文明共存超越文明优越，共同应对各种全球性挑战。

（一）中国式现代化民主观科学阐述了民主内涵

中国式现代化民主观充分揭示了人民民主的本质。中国的民主是人民民主，人民当家作主是中国民主的本质和核心。习近平总书记强调，人民民主是一种全过程的民主，全过程人民民主是社会主义民主政治的本质属性。中国式现代化民主观深刻揭示了全过程人民民主的鲜明特质和价值取向，充分表明这种中国式的民主实现了过程民主和成果民主、程序民主和实质民主、直接民主和间接民主、人民民主和国家意志相统一，是全链条、全方位、全覆盖的民主，是最广泛、最真实、最管用的社会主义民主。党的二十大报告明确提出"发展全过程人民民主"是中

---

① 参见唐爱军《马克思主义文明观视域中的人类文明新形态》，《马克思主义与现实》2023年第2期。

国式现代化的本质要求之一，从而进一步深刻阐述了全过程人民民主与中国式现代化之间的内在逻辑关系。

中国式现代化民主观充分展现了人民民主的价值。民主不应当成为一种标签符号，而应该体现为以人民为中心的发展价值。"民主不是装饰品，不是用来做摆设的，而是要用来解决人民要解决的问题的。"[①]习近平总书记指出："人民民主是社会主义的生命，没有民主就没有社会主义，就没有社会主义的现代化，就没有中华民族伟大复兴。"[②]百余年来，党领导人民建立了完整的民主制度程序，并确保了最广大人民的广泛参与实践，使全过程人民民主从价值理念成为扎根中国大地的制度形态、治理机制和人民的生活方式。人民当家作主，具体地、现实地体现在党治国理政的政策措施上，具体地、现实地体现在党和国家机关各个方面各个层级的工作上，具体地、现实地体现在实现人民对美好生活向往的工作上。中国式现代化民主观及其政治实践，确保了中国人民享有广泛充分、真实具体、有效管用的民主。

中国式现代化民主观充分彰显了人民民主的优势。中国式现代化民主观充分激发了不同主体的主体性和创造性。在这种民主观念指引下，我们坚持发挥党总揽全局、协调各方的领导核心作用，切实防止出现群龙无首、一盘散沙的现象，充分彰显了党的领导制度优势；坚持国家一切权力属于人民，切实防止出现选举时漫天许诺、选举后无人过问的现象，切实体现了人民当家作主；坚持和完善中国共产党领导的多党合作和政治协商制度，切实防止出现党争纷沓、相互倾轧的现象，有效凝聚了政治共识；坚持和完善民族区域自治制度，切实防止出现民族隔阂、民族冲突的现象，增进了各民族的团结发展；坚持和完善基层群众自治制度，切实

---

① 《习近平著作选读》第 1 卷，人民出版社 2023 年版，第 273 页。
② 《习近平著作选读》第 2 卷，人民出版社 2023 年版，第 530 页。

防止出现人民形式上有权、实际上无权的现象，真正体现了人民群众的主体地位；坚持和完善民主集中制的制度和原则，切实防止出现相互掣肘、内耗严重的现象，充分彰显了集中力量办大事的独特优势。

（二）中国式现代化民主观引领建构了新型制度

中国式现代化民主观指引党和人民建立了人民代表大会制度这一全新政治制度。习近平总书记强调："人民代表大会制度是符合我国国情和实际、体现社会主义国家性质、保证人民当家作主、保障实现中华民族伟大复兴的好制度，是我们党领导人民在人类政治制度史上的伟大创造，是在我国政治发展史乃至世界政治发展史上具有重大意义的全新政治制度。"[①] 在中国，基于人民代表大会制度这一根本政治制度，国家各项基本制度和重要制度都是围绕人民当家作主构建的，国家治理体系都是围绕实现人民当家作主运转的。这些制度程序，聚合不同方面的资源和优势，形成了全面、广泛、有机衔接的人民当家作主制度体系，构建了多样、畅通、有序的民主渠道，有效保证了党的主张、国家意志、人民意愿相统一，有效保证了人民当家作主。

中国式现代化民主观指引党和人民走出了一条中国特色社会主义政治发展道路。古今中外，由于政治发展道路选择错误而导致社会动荡、国家分裂、人亡政息的例子比比皆是。走自己的路，是党的全部理论和实践的立足点，也深刻揭示了中国特色社会主义政治发展道路的形成逻辑。中国作为一个发展中大国和社会主义大国，坚持正确的政治发展道路是关系根本、关系全局的重大问题。历史充分证明，中国不能照抄照搬别国政治制度，只有基于主体逻辑开创和坚持富有中国自身特色的政治发展道路，才能保障坚持党的领导、人民当家作主、依法治国三者有机统一。长期以来，党坚持从国情出发、从实际出发，既把握长期形成

---

① 习近平:《坚持和完善人民代表大会制度　保障人民当家作主》,《求是》2024 年第 4 期。

的历史传承，又把握走过的发展道路、积累的政治经验、形成的政治原则，还把握现实要求、着眼解决现实问题，以独特思维、坚强定力创造了中国特色社会主义政治发展道路。中国式现代化的历史成就充分证明，中国社会主义民主政治具有强大生命力，中国特色社会主义政治发展道路是符合中国国情、保证人民当家作主的正确道路。

中国式现代化民主观指引党和人民探索出了中国社会主义民主政治的特有形式。中国式现代化民主观不仅转化为民主制度和政治发展道路，而且指引探索形成了新的民主形式。有事好商量，众人的事情由众人商量，是人民民主的真谛。协商民主是我国社会主义民主政治的特有形式和独特优势，充分展现了中国式现代化民主观的历史渊源、理论基础和实践经验。这种民主形式源自中华民族长期形成的天下为公、兼收并蓄、求同存异等优秀政治文化，源自近代以来中国政治发展的现实进程，源自中国共产党领导人民进行革命、建设、改革的长期实践，源自新中国成立后各党派、各团体、各民族、各阶层、各界人士在政治制度上共同实现的伟大创造，源自改革开放以来中国在政治体制上的不断创新。中国社会主义协商民主的科学运行，既坚持了中国共产党的领导，又发挥了各方面的积极作用；既坚持了人民主体地位，又贯彻了民主集中制的领导制度和组织原则；既坚持了人民民主的原则，又贯彻了团结和谐的要求。

（三）中国式现代化民主观指引开创了治理奇迹

中国式现代化民主观指引创造了中国奇迹。中国式现代化民主观的价值转化，为中国奇迹的创造提供了坚实的政治基础。经过一百多年的奋斗，中国共产党团结带领人民在一个有着几千年封建社会历史的国家实现了最广泛的人民民主，人民真正成为国家、社会和自己命运的主人；我们在一穷二白的基础上创造了经济社会快速发展的奇迹，用几十年时间走完了发达国家几百年走过的工业化历程，跃升为世界第二大经济体，综合国力、科技实力、国防实力、文化影响力、国际影响力显著提升；我国人民生活由温饱不足到全面小康，整体上彻底摆脱了绝对贫困，成为世界上中等收入人口最多的国家；我国长期保持社会和谐稳定、人民安居乐业，成为国际社会公认的有安全感的国家之一。

中国式现代化民主观指引开创了中国之治。民主是人类社会历经千百年探索形成的政治形态，在人类发展进程中发挥了重要作用。中国式现代化蕴含的独特民主观是在总结人类现代化进程基础上提出来的，也是在推动社会主义现代化过程中形成的，更是中国共产党以高度的自觉不断深化执政规律、治理规律的过程中形成的。当今世界正经历百年未有之大变局，既面临"民主过剩""民主超速"的困境，也面临"民主赤字""民主失色"的挑战。在这种背景下，中国基于本国国情发展全过程人民民主，既有着鲜明的中国特色，也体现了全人类对民主的共同追求；既推动了中国的发展与中华民族的复兴，也丰富了人类政治文明形态。尤其是"中国之治"与"西方之乱"形成鲜明对比，世界难题、全球议题、人类课题对科学答案的渴求，进一步突显了中国式现代化民主观的独特价值。

中国式现代化民主观贡献了独特中国智慧。从大历史观和世界视野审视中国式现代化民主观，不仅有助于深刻把握中国式民主的独特价值，而且有助于深入揭示西方式民主的虚伪面目。民主是多样的，世界是多彩的，这既是民主发展的客观现象，也是民主演进的客观规律。民主是全人类的共同价值，是中国共产党和中国人民始终不渝坚持的重要理念。在世界文明的百花园里，中国式现代化民主观日益引起世界各国的关注和研究。我们党把马克思主义基本原理同中国具体实际结合起来，在古老的东方大国建立起保证亿万人民当家作主的新型国家制度，使中国特色社会主义制度成为具有显著优越性和强大生命力的制度，保障中国创造出经济快速发展、社会长期稳定的奇迹，也为发展中国家走向现代化提供了全新选择，为人类探索建设更好社会制度贡献了中国智慧和中国方案。

六、蕴含的生态观及其人类智慧

中国式现代化所蕴含的生态观，立足习近平生态文明思想，重点阐述中国式现代化生态观的丰富内容，指引我们深化了对人类生态文明发展规律的认识，从生态观的维度打破了"现代化＝西方化"的迷思，开创了人与自然和谐共生的发展形态，对于构建人与自然生命共同体，对于世界各国共同应对气候问题、环境问题具有十分重要的指导意义。

（一）中国式现代化生态观的科学内涵

党的十八大以来，习近平总书记围绕生态文明建设提出了一系列新理念、新思想、新战略，形成了习近平生态文明思想。中国式现代化生态观是习近平生态文明思想的集中体现，这一思想理念蕴含着丰富的内涵，主要体现在始终坚持党对生态文明建设的全面领导，坚持生态兴则文明兴，坚持人与自然和谐共生，坚持绿水青山就是金山银山，坚持良好生态环境是最普惠的民生福祉，坚持绿色发展是发展观的深刻革命，坚持统筹山水林田湖草沙系统治理，坚持用最严格制度最严密法治保护生态环境，坚持把建设美丽中国转化为全体人民自觉行动，坚持共谋全球生态文明建设之路。[①] 这是对中国生态文明建设经验的深刻总结，也是对中国式现代化进程中生态文明建设提出的应然要求。

中国式现代化生态观从内在逻辑来看，深刻回答了"中国式现代化生态文明建设是什么、为什么、怎么样"等重大问题。其一，中国式现代化生态观深刻阐明了生态文明建设的极端重要性。从生态与生产力的关系角度来看，强调"保护环境就是保护生产力，改善环境就是发展生

---

① 参见中共中央宣传部、中华人民共和国生态环境部《习近平生态文明思想学习纲要》，学习出版社、人民出版社 2022 年版，第 2—3 页。

产力"①；从生态与中华民族发展的关系角度来看，强调"生态文明建设是关系中华民族永续发展的根本大计"②；从生态与文明的关系角度来看，强调"生态兴则文明兴，生态衰则文明衰"③，"生态文明是人类文明发展的历史趋势"④；从生态与人类社会发展的关系角度来看，强调人与山水林田湖草是一个生命共同体，"这个生命共同体是人类生存发展的物质基础"⑤。其二，中国式现代化生态观深刻阐明了生态文明建设的基本目标。党的十八大以来，习近平总书记高度重视生态文明建设的人民性，不仅提出了"美丽中国"建设目标，将其纳入中国式现代化建设的目标体系之中，而且高度重视"坚持生态惠民、生态利民、生态为民"⑥，"要把建设美丽中国转化为全体人民自觉行动"⑦，"抓生态文明建设，既要靠物质，也要靠精神"⑧，从而进一步指明了建设生态文明的主体力量。其三，中国式现代化生态观深刻阐明了生态文明建设的现实路径。长期以来，特别是进入中国特色社会主义新时代以来，党始终把生态文明建设放在突出地位，站在人与自然和谐共生的高度谋划发展，坚持将其融入经济建设、政治建设、文化建设、社会建设各方面和全过程，推动形成人与自然和谐发展现代化建设新格局，全面阐述了生态文明建设的科学思维、现实路径和可行方法。

---

① 中共中央文献研究室：《习近平关于社会主义生态文明建设论述摘编》，中央文献出版社2017年版，第12页。

② 习近平：《推动我国生态文明建设迈上新台阶》，《求是》2019年第3期。

③ 中共中央文献研究室：《习近平关于社会主义生态文明建设论述摘编》，中央文献出版社2017年版，第6页。

④ 《习近平谈治国理政》第4卷，外文出版社2022年版，第437—438页。

⑤ 《习近平著作选读》第2卷，人民出版社2023年版，第173页。

⑥ 习近平：《推动我国生态文明建设迈上新台阶》，《求是》2019年第3期。

⑦ 《习近平著作选读》第2卷，人民出版社2023年版，第173页。

⑧ 《习近平在河北承德考察时强调 贯彻新发展理念 弘扬塞罕坝精神 努力完成全年经济社会发展主要目标任务》，《人民日报》2021年8月26日。

（二）中国式现代化生态观的形成逻辑

中国式现代化生态观揭示了建构人与自然和谐相处关系的基本规律，特别是立足中国式现代化的鲜活实践，形成了一系列崭新认识，深刻认识到生态即经济，要以尊重自然、顺应自然、保护自然为发展路径。生态即民生，要以满足人民对美好生活的向往为奋斗目标；生态即未来，要以构建人与自然生命共同体为重要理念。[①] 中国式现代化生态观的形成受到多重因素的影响，是马克思主义中国化时代化的重要成果，也是中华优秀传统文化现代转化的成果，更是人类文明交流互鉴的成果。

一方面，中国式现代化生态观是一种融合性、整合性建构。中国式现代化生态观以辩证唯物主义和历史唯物主义为哲学基础，继承并发展马克思主义自然观、生态观，兼收并蓄"天人合一"等中华优秀传统文化的生态智慧，深入吸纳中国共产党领导人民进行生态文明建设的宝贵经验和理论成果，并在对西方资本主义生态观进行深刻批判的基础上，以"人与自然是生命共同体"的重要论断科学揭示了人与自然的辩证关系与有机联系，形成了符合中国式现代化发展规律的生态观。这一生态观是真正的人道主义和自然主义的结合体，正如马克思所指出的，"作为完成了的自然主义，等于人道主义，而作为完成了的人道主义，等于自然主义"[②]。这一生态观实现了中华优秀传统文化的创造性转化和创新性发展，中华优秀传统文化中"天人合一、万物并育"的朴素自然观，"取之有度、用之有节"的生态发展观，"尊重自然、敬畏生命"的生态伦理观等思想都包含着尊重自然、顺应自然的生态智慧，为中国式现代化生态观的形成提供了宝贵思想资源。与此同时，中国式现代化生态观的形

[①] 参见燕连福、赵莹《中国式现代化蕴含生态观的丰富内涵、理论贡献及实践路径》，《自然辩证法通讯》2024 年第 2 期。

[②] 《马克思恩格斯文集》第 1 卷，人民出版社 2009 年版，第 185 页。

成有着坚实的实践基础。百余年来党在领导人民进行革命、建设、改革的进程中始终重视生态环境的保护，这些鲜活实践为提炼形成中国自己的生态文明理论提供了宝贵经验。另一方面，中国式现代化生态观是一种批判式建构，对西方资本主义生态观进行了彻底性、根本性解构。西方早期的现代化，一边是财富积累，一边是信仰缺失、物欲横流，并且造成了严重的环境破坏、生态危机。其中一个重要原因就是无法遏制资本贪婪的本性，始终在资本增殖逻辑支配下，无法解决物质主义膨胀、精神贫乏等痼疾。而中国式现代化生态观从根本上超越了西方资本主义现代化的资本逻辑，将经济建设、生态建设等统一于人的自由全面发展和社会全面进步的进程之中。

（三）中国式现代化生态观的人类智慧

中国式现代化生态观，不仅对于在中国式现代化进程中加强生态文明建设具有指导意义，而且对于不同社会制度、不同现代化进程中的国家和民族探索符合自身实际的生态文明建设道路同样具有借鉴意义。其一，中国式现代化生态观为人类社会发展提供了价值指引。人与自然和谐共生既是中国式现代化的独特生态观，也是独特文明观；既体现了人类社会的发展方向，也体现了人类社会的共同价值。人类对现代化的追求，不应仅仅体现在工业化、科技化等方面，而且应该体现在人文化、和谐化等方面。人与自然和谐共生是真正意义上的现代化的应有之义，也是人类社会现代化接续发展的内在要求。中国式现代化生态观，不只在世界生态理论图谱中提供了另一种思想理念，更为重要的是形成了一种超越既有生态理论的新质生态观。其二，中国式现代化生态观为解决环境问题提供了中国方案。认识和处理人与自然的关系是世界各国在现代化进程中面临的共同问题。近代以来，西方国家的现代化大都经历了对自然资源肆意掠夺和生态环境恶性破坏的阶段，在创造巨大物质财富的同时，往往造成环境污染、资源枯竭等严重问题，一些问题延续至今，不仅给先发现代化国家的人民造成了生存危机，而且给广大发展中国家带来了沉重负担。在历史向世界历史演进的大趋势下，这一问题需要各国形成合力共同解决。正如习近平总书记所指出的，"保护生态环境、应对气候变化需要世界各国同舟共济、共同努力，任何一国都无法置身事外、独善其身"①。中国式现代化生态观就是主张共同但有区别的责任，携手构建人与自然和谐共生的生命共同体。其三，中国式现代化生态观为生态文明建设指明了发展方向。中国式现代化生态观既确定了生态文明在文明系统构成中的地位，又确定了生态文明在文明形态演进中的作用，丰富和发展了社会主义生态文明观和社会主义生态文明建设，从而丰富和发展了人类文明新形态，为人类文明的健康发展注入了新鲜力量。②

中国式现代化是集成创新的综合形态，是理论创新、实践创新、制度创新、文化创新以及其他各方面创新集成的结果，深刻反映了中国共产党作为创新型政党的基本特质、马克思主义中国化时代化的理论品质和中国式现代化守正创新的鲜明特点。中国式现代化所蕴含的世界观、价值观、历史观、文明观、民主观、生态观等，不仅具有长期的中国意义，而且具有广泛的人类智慧，深入探索了人类实现现代化的根本问题和关键问题，科学解释了实现现代化的一般规律和中国实现现代化的特殊规律，系统提供了后发国家实现现代化的中国方案和中国智慧，在创造新的可能和发展空间的同时丰富了世界现代化的图景。

---

① 《习近平著作选读》第 2 卷，人民出版社 2023 年版，第 174 页。
② 参见张云飞《中国式现代化中蕴含的独特生态观的内涵和贡献》，《东南学术》2024 年第 1 期。

第三章

中国式现代化特色鲜明的人类贡献

　　中国式现代化的鲜明特色，是中国共产党领导人民在全面推进建设社会主义性质的现代化国家过程中不断夯实、着色、绽放的。中国式现代化是中国人民通过自力更生、独立自主的现代化方式开创的全新的现代化图景，既借鉴人类现代化文明成果，又不断赋予中国特色的现代化特征；不仅打破了"现代化＝西方化"的神话，帮助后发国家走出了"现代化迷思"，还创造了新型的现代化模式和道路。独具中国特色的中国式现代化成为维护世界和平稳定的重要支撑点，为促进人类文明进步打开了新的广阔空间，为实现人与自然和谐共生贡献了中国智慧，为推进人类永续发展提供了参照范式。中国式现代化之中的"中国式"就意味着这种现代化一定是经过中国与世界的交往互动，观摩参照不同的现代化路径，根据中国文化、制度、传统与具体实际自主选择的现代化模式。这也就意味着中国式现代化是在不断深化对外开放、国际合作过程中，让中国与世界在和平发展的大环境下良性互动的现代化。中国与世界之间的互动的结果，也是相互成就的，这恰恰就是研究中国式现代化特色鲜明的人类贡献的价值所在。

一、人口规模巨大改写人类现代化版图

（一）超大人口规模的国家能不能实现现代化

80 余年前，蒋廷黻发出灵魂考问："近百年的中华民族根本只有一个问题，那就是：中国人能近代化吗？能赶上西洋人吗？能利用科学和机械吗？能废除我们家族和家乡观念而组织一个近代的民族国家吗？"① 费孝通从文化复兴上给出了破题方案："中国正在走一条现代化的路，这不是学外国，而是要自己找出来。我为找这条路子所做的最后一件事，就是做文化自觉这篇文章。'五四'这一代知识分子的生命快过完了。我想通过我个人画的句号，把这一代知识分子带进文化自觉的大题目里去。"② 中国共产党以实践给出了解题答案："走自己的路，是党百年奋斗得出的历史结论。党历来坚持独立自主开拓前进道路，坚持把国家和民族发展放在自己力量的基点上，坚持中国的事情必须由中国人民自己作主张、自己来处理。"③ 中国的现代化道路，就是坚持独立自主，立足本民族的文化传统，自力更生寻求解决办法。中国共产党深知："人类历史上没有一个民族、一个国家可以通过依赖外部力量、照搬外国模式、跟在他人后面亦步亦趋实现强大和振兴。"④ 改革开放以来，中国共产党把握全球化的历史趋势，高举改革开放大旗，大胆吸收和借鉴包括西方文明在内的其他一切文明中的积极成果，促成了世界的重心正在从大西洋转移到太平洋，"中国走出了一条不一样的发展道路，这条道路正在越

---

① 蒋廷黻：《中国近代史》，上海古籍出版社 2006 年版，第 2 页。
② 转引自赵一凡《〈中美五大差异〉缘起》，《跨语言文化研究》2017 年，第 9—10 页。
③ 《中共中央关于党的百年奋斗重大成就和历史经验的决议》，人民出版社 2021 年版，第 67 页。
④ 《中共中央关于党的百年奋斗重大成就和历史经验的决议》，人民出版社 2021 年版，第 67 页。

来越深刻地影响和改变着世界"①。中国走自己的路，击破了"现代化＝西方化"的幻境，"从'走俄国人的路'到'以苏为鉴'再到'走自己的道路'，中国式现代化道路在探索过程中实现了对传统社会主义文明的超越，创造了人类文明新形态"②。

（二）数说人口规模巨大的现代化

西方的现代化是伴随着资本垄断的国际化、剥削手段的跨国化而不断发展的，西方现代化造成了一个两极分化的世界："西方国家集中了大量资本和资源，但大量发展中国家缺乏必要的发展能力、基础设施、人力资源和治理能力，导致全球范围内市场需求不足，市场成为最稀缺的资源。"③中国的发展不可能通过外部市场来实现，更不可能依赖国外来实现，人口规模巨大是我国的基本国情，是中国式现代化的重要特征。我们不仅创造了人类减贫史上的奇迹，也创造了经济持续发展与社会长期稳定的奇迹。在迎来中国共产党成立100周年的历史时刻，我国脱贫攻坚战取得全面胜利，现行标准下9899万农村贫困人口全部脱贫，832个贫困县全部摘帽，12.8万个贫困村全部出列，区域性整体贫困得到解决，完成了消除绝对贫困的艰巨任务，创造出又一个彪炳史册的人间奇迹。中国大规模人口整体生活条件改变，在人类历史上将是不可超越的丰碑。资料显示，新中国成立时，我国人均预期寿命仅有35岁，2019年，我国人均预期寿命达到77.3岁，城镇居民人均预期寿命超过80岁，北京市人均期望寿命是82.31岁，我国居民主要健康指

---

① 王新萍等：《让人类社会美好前景不断在中国大地上生动展现出来——国际社会积极评价习近平总书记在纪念马克思诞辰200周年大会上的重要讲话》，《人民日报》2018年5月6日。

② 杨振闻：《从"文明蒙尘"到"人类文明新形态"——中国式现代化道路的文明旨归》，《求索》2022年第1期。

③ 赵昌文：《中国式现代化道路对人类文明的主要贡献》，《红旗文稿》2021年第24期。

标优于世界中高收入国家平均水平。谁能高效带领 14 亿多人民呢？有了党的坚强领导，国家治理就有了坐镇中军帐的"帅"，现代化建设就有了坚强的"领航者"，亿万人民就有了众志成城的"主心骨"，就能推动人口规模巨大的现代化不断迈出新步伐、取得新成效。《中共中央关于党的百年奋斗重大成就和历史经验的决议》指出："党领导人民成功走出中国式现代化道路，创造了人类文明新形态，拓展了发展中国家走向现代化的途径，给世界上那些既希望加快发展又希望保持自身独立性的国家和民族提供了全新选择。"[①] 中国式现代化是在世界发展的历史进程中不断展开的，是基于中国独特国情的伟大实践，更是人类历史发展中的伟大创造，"这条道路站在世界历史正确的一边，顺应了世界历史前进的逻辑，从发展方向、价值追求、发展动力、发展水平、发展格局等众多维度推动了世界历史的发展，彰显出中国式现代化道路的重大世界历史意义"[②]。

（三）改变了全球发展格局

人口规模巨大的中国式现代化，以巨大的高质量的数字成效，给出了解决现代化在世界发展中依然存在的不平衡的结构性矛盾的新的方法。西藏大学教授图登克珠说："60 多年前，在党的领导下，西藏百万农奴翻身解放。今天，在党的领导下，困扰西藏千百年的绝对贫困问题基本消除，这是中国乃至世界减贫史上的奇迹，充分彰显了中国共产党领导和社会主义制度的优越性。"[③]2020 年，老挝农林部副部长坎本纳·塞

---

① 《中共中央关于党的百年奋斗重大成就和历史经验的决议》，人民出版社 2021 年版，第 64 页。

② 王公龙、付星博：《世界历史视野下的中国式现代化道路》，《思想理论教育》2022 年第 1 期。

③ 转引自沈虹冰、罗布次仁、王琦等《阔步走在新时代康庄大道上——以习近平同志为核心的党中央关心西藏工作纪实》，《光明日报》2020 年 8 月 28 日。

亚农指出："中国实现 8 亿多人摆脱贫困，创造了世界减贫史上的奇迹。中国减贫实践为世界提供了中国智慧和中国方案。"[①] 中国式现代化为发展中国家实现现代化提供了参考经验、制度保障、精准脱贫流程，为人类实现现代化提供了新的思路和选择。

（四）重塑世界经济版图

中国 GDP 占世界经济的比重，按现价美元计，1978 年是 1.7%，1994 年超过 2%，1997 年超过 3%。2000 年以后，中国 GDP 占世界总额的比重上升趋势更加明显，到 2011 年已达到 10.46%，2017 年占世界总额的 15%，2020 年这一指标为 17%。2000 年，新兴发展中国家 GDP 占全球 GDP 的比重为 20%，2010 年这个比重上升到了 1/3，到 2013 年上升到 40%。维护广大发展中国家的基本权益，在全球化经济浪潮中，兼顾合作共赢、协同共治，已经成为新时代世界经济发展的必然选择。中国作为第三世界国家的中坚力量，我们热切渴望打破世界经济发展中存在已久的经济霸权，更好维护自身的权益。2020 年我国 GDP 突破百万亿元，2021 年我国 GDP 突破 114 万亿元，同比增长 8.1%，达到美国 2021 年 GDP 的 77% 左右，与美国之间的差距约为 5.3 万亿美元，我国 2021 年 GDP 相比新中国成立初期的 679.1 亿元增长了 1678 倍。西方国家陷入了不同程度的停滞，"社升资降"趋势明显，西方的停滞将会进一步加剧民粹主义，引发新的地区冲突，造成新的世界性动荡，当最好的时代和最坏的时代同轨并存时，世界发展的不确定性就大大增加了，世界何去何从需要新的选择。历史实践表明："世界历史每进入一个关键的转折关口，都需要一种先进文化、知识和方案的引领。"[②]

---

① ［老挝］坎本纳·塞亚农:《老中减贫合作成绩显著》,《人民日报》2020 年 10 月 15 日。
② 苏长和:《充分认识当今世界格局新变化》,《人民日报》2017 年 1 月 3 日。

（五）给出走向现代化之路的优选方案

处于大发展大变革大调整时期的当下世界，国际金融危机叠加疫情危机，引发全球政治、经济和社会层面的深度调整。在政治和经济领域世界多极化进一步凸显，多极制约平衡力量进一步加强，国际权力从发达国家向发展中国家、从大国向中小国家转移和扩散的趋势持续发展，取代大西洋时代的太平洋时代的到来，也加剧了中美两个大国在泛太平洋地区竞争的激烈程度，世界格局呈现出新旧体系并存、转型与博弈同在、单极与多极角逐的局面。资本主义在世界范围的扩张"加剧而不是缩小了国际政治经济不平等格局"[1]，像美国白人移民那样以"文明"为借口征服"荒野"的行径再也不能被国际社会认可。尽管像侵占印第安人世世代代居住的土地的行为可能不会再有，但并不意味着资本逻辑与"白人至上"逻辑已经颠覆，相反，资本的掠夺性包装得更为严密，"白人主义""白色文明""西方至上"依然在西方对外干预、频繁介入别国内政中随处可见。面对越来越多的全球共性问题，旧的全球经济治理体系、日趋僵化的旧的国际制度严重制约着发展中国家的发展，发展中国家的国际地位与其经济力量越来越不相称，"全球治理需要的共商、共建、共享理念与仍然存在的单边、独占、排他行为之间的分歧日益激烈，这些都是影响当今全球治理体系变革的主要矛盾，而围绕制度性话语权的竞争也成为各方参与全球治理竞争的重要领域"[2]。"发达国家在传统规则制度上积累了历史优势，新兴国家开始更为积极地参与新领域的规则制定。"[3] 西方人士警醒世界："我们应当铭记，2017 年始于习近平主席在瑞士达沃斯世界经济论坛上的演讲。美国对外政策的变化让世界对

---

① 苏长和：《充分认识当今世界格局新变化》，《人民日报》2017 年 1 月 3 日。
② 苏长和：《充分认识当今世界格局新变化》，《人民日报》2017 年 1 月 3 日。
③ 苏长和：《充分认识当今世界格局新变化》，《人民日报》2017 年 1 月 3 日。

中国在全球问题上的观点和方法充满兴趣。在逆全球化声浪中，全球特别是欧洲人从未如此热切地渴望倾听一位中国领导人的演讲。习近平主席演讲的主要观点迅速传遍世界，并被视为对经济全球化的标准界定，将之称为新的全球共识也毫不为过。"[1] 随着"华盛顿共识"的无人问津、"北京共识"的升温，"中国经验对发展中国家则有着巨大的吸引力"，"中国与发展中国家日益紧密的关系正在重塑这个世界"。[2] 一个显而易见的事实是，现有国际治理格局很难从西方内部打破，需要广大新兴发展中国家依照国际规则去争取自己的权益，新的国际制度、机制、规则必须尊重广大发展中国家的基本权益，没有共识的规则就不是平等的规则。中国的声音之所以能广泛传播，就在于中国关注的是全球共性问题，不管是应对气候变化的碳达峰与碳中和的承诺，还是人类命运共同体的倡议，表达的既是中国主张，也是破解世界难题的有效方案，中国感召力的提升也是中国大国担当的有力证明。

二、共同富裕改变两极分化的现代化方向

"国之称富者，在乎丰民。"共同富裕是社会主义的本质要求，也是一个长期的历史过程，是艰巨、复杂的社会系统工程，需要更好发挥初次分配的基础性作用，加大税收、社会保障、转移支付等的调节力度，进一步健全第三次分配机制。完善鼓励和支持企业、社会组织和个人积极参与公益慈善事业，完善慈善财产使用与分配的约束机制，探索各类新型捐赠模式，让共同富裕取得实质性成效。

（一）维护人民的生存权和发展权

"生存权、发展权是首要的基本人权。贫穷是实现人权的最大障碍。

---

[1] ［英］马丁·雅克：《重塑世界格局的力量》，《人民日报》2017 年 12 月 22 日。
[2] ［英］马丁·雅克：《重塑世界格局的力量》，《人民日报》2017 年 12 月 22 日。

没有物质资料的生产和供给，人类其他一切权利的实现都是非常困难或不可能的。生存权利的有效保障、生活质量的不断提高，是享有和发展其他人权的前提和基础。"[1]人民富足安康、生活幸福是最大的人权，国家与制度是确保人民安居乐业的基本前提，是确保人民的获得感、幸福感、安全感最重要的防线，国无宁日则人民困苦，免于贫困、免于饥饿为生存之本。中国式现代化是要解决人口规模巨大的现代化难题，要把解决人民的生存权、实现人民的发展权作为第一要务，把人民对美好生活的向往实现好、维护好、发展好，把人民利益摆在至高无上的位置，让人民过上好日子，不断解放和发展生产力，致力于消除贫困，提高发展水平，使发展成果更多更公平地惠及全体人民，不断提高人民群众获得感、幸福感、安全感，让每个人更好地发展自我、幸福生活。

（二）共同富裕是中国特色社会主义的本质要求

党的十八大以来，党中央围绕实现共同富裕提出了一系列新理念、新思想、新战略、新举措，特别是脱贫攻坚、全面建成小康社会如期完成，为促进共同富裕创造了良好条件，也为推进共同富裕的分配制度改革确立了基础。

中国式现代化的又一表征是共同富裕，共同富裕之路是一条区别于西方资本主义现代化且独具中国特色的发展之路。党的二十大报告指出："中国式现代化是全体人民共同富裕的现代化。"[2]法国学者托马斯·皮凯蒂在《21世纪资本论》中用一组触目惊心的数据揭示了西方国家的两极分化问题：法国最富裕的10%的人口占有总财富的62%，最贫穷的50%的人口只占有总财富的4%；美国最上层的10%的人口

---

[1]　国务院新闻办公室：《为人民谋幸福：新中国人权事业发展70年》，《人权》2019年第6期。
[2]　习近平：《高举中国特色社会主义伟大旗帜　为全面建设社会主义现代化国家而团结奋斗——在中国共产党第二十次全国代表大会上的报告》，《人民日报》2022年10月26日。

占有总财富的 72%，而底层的半数人口只占有总财富的 2%。[①] 这也证明了马克思、恩格斯的结论："工人变成赤贫者，贫困比人口和财富增长得还要快。"[②] 中国式现代化道路以"要资本，不要资本主义"的客观逻辑进路，不仅为广大发展中国家现代化建设提供了可资借鉴的方案，而且为资本主义现代化利用资本提供了可资参考的蓝本。[③] 中国式现代化的共同富裕之路不仅在实践中证明了全面脱贫的必然性和实现共同富裕的可能性，而且全面超越了极端个人主义的资本家的逐利本性，为人类解决现代化发展与贫富差距缩小难题提供了依据。共同富裕的中国式现代化之路超越西方现代化的少数人利益最大化之路，为化解贫富分化提供了实践样本、理性反思将中国式现代化与共同富裕联系起来，确立了共同富裕的战略高度，凸显了我们推进现代化建设的根本目的和鲜明指向。

（三）以实现全体人民共同富裕为目标的现代化

恩格斯指出："我们的目的是要建立社会主义制度，这种制度将给所有的人提供健康而有益的工作，给所有的人提供充裕的物质生活和闲暇时间，给所有的人提供真正的充分的自由。"[④] 按照马克思、恩格斯指明的路径，中国式现代化将共同富裕确立为社会主义的本质要求和目标追求，马克思、恩格斯指出："无产阶级的运动是绝大多数人的，为绝大多数人谋利益的独立的运动"[⑤]，在未来社会"生产将以所有的人富裕

---

① 参见〔法〕托马斯·皮凯蒂《21 世纪资本论》，巴曙松、陈剑、余江等译，中信出版社 2014 年版，第 261—262 页。

② 《马克思恩格斯文集》第 2 卷，人民出版社 2009 年版，第 43 页。

③ 参见胡博成《"要资本，不要资本主义"：中国式现代化道路的世界意义研究》，《河南大学学报（社会科学版）》2023 年第 5 期。

④ 《马克思恩格斯全集》第 21 卷，人民出版社 1965 年版，第 570 页。

⑤ 《马克思恩格斯选集》第 1 卷，人民出版社 2012 年版，第 411 页。

为目的"①。百余年历程就是要实现人民的共同期盼，兑现对美好生活的承诺。历任中央领导人都把践行共同富裕作为初心使命，毛泽东同志指出，"现在我们实行这么一种制度，这么一种计划，是可以一年一年走向更富更强的，一年一年可以看到更富更强些。而这个富，是共同的富，这个强，是共同的强，大家都有份"②。邓小平同志指出，"社会主义最大的优越性就是共同富裕，这是体现社会主义本质的一个东西"③。江泽民同志强调："实现共同富裕是社会主义的根本原则和本质特征，绝不能动摇。"④胡锦涛同志强调："使全体人民共享改革发展成果，使全体人民朝着共同富裕的方向稳步前进。"⑤党的十九届五中全会提出了更为具体的要求：到2035年"人的全面发展、全体人民共同富裕取得更为明显的实质性进展"。《中共中央、国务院关于实现巩固拓展脱贫攻坚成果同乡村振兴有效衔接的意见》明确了到2035年的目标任务：到2035年，脱贫地区经济实力显著增强，乡村振兴取得重大进展，农村低收入人口生活水平显著提高，城乡差距进一步缩小，在促进全体人民共同富裕上取得更为明显的实质性进展。实现这样的目标任务，意味着全体人民共同富裕必将取得新的重大进展。

全体人民共同富裕，这是社会主义性质的中国为现代化赋予的新内涵。中华民族在与贫困的斗争中，就是要争得大同、小康，革除两极分化，实现全体人民共同进步。今天，在一个14亿多人口的大国实现全体人民共同富裕，是一项前无古人的伟大事业，其过程何其艰辛，其结果又何其壮观。有资料表明，18世纪下半叶英国开启现代化时人口是

① 《马克思恩格斯文集》第8卷，人民出版社2009年版，第200页。
② 《毛泽东文集》第6卷，人民出版社1999年版，第495页。
③ 《邓小平文选》第3卷，人民出版社1993年版，第364页。
④ 《江泽民文选》第1卷，人民出版社2006年版，第466页。
⑤ 《胡锦涛文选》第2卷，人民出版社2016年版，第291页。

千万级的，20世纪后美国逐渐领跑现代化时人口是上亿级的，而中国的现代化是"14亿级"超大人口规模的现代化。"当今世界，实现工业化的发达国家和地区的人口总和不到10亿人。中国实现现代化，意味着世界上实现现代化国家和地区的人口翻了一番多。这将彻底改写现代化的世界版图，在人类发展史上产生重大而深远的影响。"① 中国共产党有能力创造昨天的辉煌，也必定能将旧时代那遥不可及的共同富裕梦想变成现实，在工业化、信息化、城镇化、农业现代化叠加发展中不断压缩时间、拓展空间，绘就人类现代化新图景。

三、物质文明与精神文明相协调遏制了物质主义膨胀的趋势

西方资本主义的现代化本质上是"技术封建主义"的现代化，也是最大限度彰显少数人的野蛮和贪婪的现代化，加剧了物质与精神的分裂，就像托克维尔描述的维多利亚时代的曼彻斯特那样："从这污秽的阴沟里泛出了人类最伟大的工业溪流，肥沃了整个世界……文明在这儿创造了奇迹，而文明人在这儿却几乎变成了野蛮人。"② 中国式现代化不仅仅要实现物质文明与精神文明协调发展，还进一步"在与经济全球化密切互动中开创了'五化合一'的并联式现代化新模式"③，开辟了一条不同于资本主义工业文明的现代文明道路，找到了一条纠偏、摒弃、克服西方现代化"负效应"的新道路，破解资本主义工业文明的内在对抗性，形成更多向度的协调发展。

---

① 孙来斌：《更加重视人的全面发展》，《人民日报》2021年4月2日。
② ［英］艾瑞克·霍布斯鲍姆：《革命的年代：1789—1848》，王章辉等译，江苏人民出版社1999年版，第32—33页。
③ 李丹：《人类命运共同体视域下中国式现代化的世界意义》，《当代中国与世界》2023年第4期。

（一）西方工业文明加剧人类社会自我毁灭进程

现代性逻辑基本上是基于西方理性主义的"普适性"建构起来的，依据现代性逻辑建立起来的资本主义制度，"在理性与资本的双重导向下，现实地表现出资本的扩张性、价值的一元性及道路的唯一性的霸权主义实质"[①]。这奠定了西方现代性对"自我""原子式的个人"的强调，对"我族"的强化与"异己"的排斥，是世界实现和平与发展的最大挑战，特别是在拥有核武器和生化武器等大规模杀伤性武器的当下，少数国家具备毁灭人类乃至地球上所有生命的能力；资本主义大工业所造成的气候失常、生态失调、物种灭绝，正在深刻影响人类生存；和平赤字、发展赤字、治理赤字、信任赤字的不断累积，更是将人类社会拖入发展的深度困境；"推墙""颜色革命""脱钩""自我筑墙"进一步导致单边主义与保护主义抬头。与这些困境相比，现有的西方文明不仅不能解决这些问题，还使灾难与风险进一步加剧，导致人类文明陷入深层次危机，需要文明变革、文明进步与文明突围，补配与人类对自然影响当量相对等的治理文明、与人的自由全面发展需要相匹配的高度政治文明。

资本主义工业文明强调资本的至上性、排他性，社会主义文明强调人民的优先性、至上性，尊重文明的多元性，按照社会主义市场经济的规律，中国特色社会主义也尊重资本的基础性作用，但并不是将资本视为高于一切的存在，而是将人的第一性摆在资本之前，从而不会导致劳动者成为资本的奴隶、个体被迫承受资本的宰制。西方工业文明所带来的两极分化、环境污染、文明扩张、文化霸权、西方中心主义等症候正在将人类文明发展引入死胡同。根据马克思主义社会发展和文明演进理

[①]　杨乔乔、郭凤志：《中国道路开启新文明类型的可能性——基于现代性生成逻辑比较语境下的探析》，《思想教育研究》2019 年第 12 期。

论，以及现实的实践要求，能取代现代资本主义工业文明的文明形式只能是现代社会主义的全新的人类文明形态。实践表明："中国传统文化内在地拥有化解西方现代性问题的元素"，"马克思现代性批判理论的中国化发展拥有超越现代性的现实张力"，[①] 这是中华优秀传统文化的基本内涵，也是我们应对大变局的基本立场，"弘扬和平、发展、公平、正义、民主、自由的全人类共同价值，坚持合作、不搞对抗，坚持开放、不搞封闭，坚持互利共赢、不搞零和博弈，反对霸权主义和强权政治，推动历史车轮向着光明的目标前进！"[②] 以全人类的视野建构共同价值，强化人类文明自觉，提升文明的自我审视。

（二）资本主义社会尖锐的文化矛盾

"文化的王国在根本上是灵魂的王国"[③]，资本主义工业文明所陶冶出来的灵魂，渐渐被庸俗贪婪所污染，文化精神中的理想主义让位于物质累积、感官刺激的快乐，"资产阶级社会完全埋头于财富的创造与和平竞争，竟忘记了古罗马的幽灵曾经守护过它的摇篮"[④]。资本主义文化矛盾表现出"把丑恶的物质享受提到了至高无上的地位，毁掉了一切精神内容"[⑤]，"挥霍无度、不加选择的，受非理性、反智性风气所主导，在这种风气中，个人被认为是文化判断的试金石，对个人的影响也被当做经验之审美价值的衡量尺度"[⑥]。丹尼尔·贝尔在《资本主义文化矛盾》

---

① 杨乔乔、郭凤志：《中国道路开启新文明类型的可能性——基于现代性生成逻辑比较语境下的探析》，《思想教育研究》2019 年第 12 期。
② 习近平：《在庆祝中国共产党成立 100 周年大会上的讲话》，人民出版社 2021 年版，第16 页。
③ ［美］赫伯特·马尔库塞：《审美之维》，李小兵译，广西师范大学出版社 2001 年版，第14 页。
④ 《马克思恩格斯选集》第 1 卷，人民出版社 2012 年版，第 670 页。
⑤ 《马克思恩格斯全集》第 1 卷，人民出版社 1956 年版，第 636 页。
⑥ ［美］丹尼尔·贝尔：《资本主义文化矛盾》，严蓓雯译，江苏人民出版社 2012 年版，第37 页。

中企图找到资本主义文化矛盾的源头，他认为资产阶级堕落的根本原因在于宗教信仰的迷失，在物欲高涨的地方已经容不下"高雅的精神信仰"，从而导致信仰危机、精神危机，自我满足的物质主义放大了西方以自我为中心的文化轴心原则，他企图以"公共家庭""公共哲学"在个体和共同体之间达成权宜之计，让社会从"失范"回归"德性"，以唤醒传统社会那种宗教道德对享乐主义和道德虚无主义的压制，以此来救赎资产阶级的人文没落。最终，历史证明贝尔只是一个充满资产阶级激情的幻想者，即便是以批判自由主义开局，也无法跳脱出精英主义和技术决定论的狭隘视野，更是无法触摸到资本主义文化矛盾产生的根源。

工业资本主义所造就的新教伦理，本质就是物质文明对精神文明的压制，"自从禁欲主义着手重新塑造尘世并树立起它在尘世的理想起，物质产品对人类的生存就开始获得了一种前所未有的控制力量，这力量不断增长，且不屈不挠。今天，宗教禁欲主义的精神虽已逃出这铁笼（有谁知道这是不是最终的结局？），但是，大获全胜的资本主义，依赖于机器的基础，已不再需要这种精神的支持了"[①]。在无节制地占有物质财富的欲望驱使之下，人们越来越将视线聚焦于技术使用所带来的功用价值，如果将呼风唤雨的权力给予玻璃生产商，那么，世界将狂风大作、暗无天日，"因为完全可以，而且是不无道理地，这样来评说这个文化的发展的最后阶段：'专家没有灵魂，纵欲者没有心肝；这个废物幻想着它自己已达到了前所未有的文明程度。'"[②]资本主义社会的技术理性、物质至上造成价值理性的现实失落，"把一切伟大变得如此渺小，把英雄

---

① ［德］马克斯·韦伯：《新教伦理与资本主义精神》，于晓、陈维纲等译，生活·读书·新知三联书店 1987 年版，第 142 页。

② ［德］马克斯·韦伯：《新教伦理与资本主义精神》，于晓、陈维纲等译，生活·读书·新知三联书店 1987 年版，第 143 页。

主义彻底消灭，这完全是资产阶级干的。这个市民等级推翻了世袭贵族，自己统治了法国，就把他们那种狭隘的讲求实际的小店主思想带到了生活的一切领域，并要使这种精神取得胜利。因此，用不了多久，一切英雄的思想和感情在法国即使不会全部泯灭，至少也必然会使人觉得可笑……那些在十八世纪不知疲倦地为革命做准备的伟大思想家，如果看到他们究竟是为些什么人在工作，他们定会脸红害臊……"[①] 资本主义发展到今天，其文化内容中也积攒着人类文明的优秀成果，但这并不能遮蔽其文化矛盾的本质。在《共产党宣言》中，马克思、恩格斯指出："共产主义革命就是同传统的所有制关系实行最彻底的决裂；毫不奇怪，它在自己的发展进程中要同传统的观念实行最彻底的决裂。"[②] 他们已经从本质上揭示了资本主义文化矛盾的源头，指出必须以工人阶级与旧阶级的思想文化决裂来解决资本主义的文化矛盾，使工人阶级彻底摆脱旧的"思想藩篱"，这样才能创造出社会主义的文化。

（三）中国式现代化推动了物质文明和精神文明协调发展

"一些国家和地区推进现代化的经验教训表明，精神文明建设滞后于物质文明建设，见物不见人，往往导致人文精神的迷失，最终拖延整个现代化的进程。"[③] 人民群众对美好生活需要的全方位、多层次性，决定满足美好生活需要一定是全方位、多层次的，民主、法治、公平、正义、安全都要跟上，物质文明与精神文明都要有，并且要实现协调发展，才能满足人民对美好生活的向往。80 多年前，毛泽东同志就提出："我们不但要把一个政治上受压迫、经济上受剥削的中国，变为一个政治上自由和经济上繁荣的中国，而且要把一个被旧文化统治因而愚昧落

---

① 转引自范大灿《卢卡契文学论文选》第 1 卷，人民文学出版社 1986 年版，第 383—384 页。
② 《马克思恩格斯选集》第 1 卷，人民出版社 2012 年版，第 421 页。
③ 孙来斌：《更加重视人的全面发展》，《人民日报》2021 年 4 月 2 日。

后的中国，变为一个被新文化统治因而文明先进的中国。"①习近平总书记更是强调"以辩证的、全面的、平衡的观点正确处理物质文明和精神文明的关系"②，"只有物质文明建设和精神文明建设都搞好，国家物质力量和精神力量都增强，全国各族人民物质生活和精神生活都改善，中国特色社会主义事业才能顺利向前推进"③。实现物质文明和精神文明均衡发展，确保家家仓廪实衣食足，还要兼顾人人知礼节明荣辱；既要实现高楼大厦遍地林立，也要实现精神大厦巍然耸立；既要有物质支撑的现代化，也要有精神独立高贵的现代化。《中华人民共和国国民经济和社会发展第十四个五年规划和 2035 年远景目标纲要》提出："加强社会主义精神文明建设，培育和践行社会主义核心价值观，推动形成适应新时代要求的思想观念、精神面貌、文明风尚、行为规范。"精神世界屹立不倒，才能确保物质世界处于世界领先地位。

四、人与自然和谐共生使人类生态文明绿色化

资本主义工业文明极大激发了人的欲望，技术手段不断升级，技术臂膀不断延展，影响自然的广度、深度前所未有，资本主义工业文明的生态破坏、生态掠夺、生态殖民，造成了人与自然的对立，无节制的物质变换造成了人与自然关系的"断裂"。与资本主义生产方式对生态破坏不同，"中国式现代化树立了以人为本、天人合一的现代化典范"④，开启了人与自然和谐共生的新模式，这一独特的绿色生态观以"人与自然是生命共同体"为哲学根基，以"满足人民日益增长的优美生态环境

---

① 《毛泽东选集》第 2 卷，人民出版社 1991 年版，第 663 页。

② 中共中央文献研究室：《习近平关于社会主义文化建设论述摘编》，中央文献出版社 2017 年版，第 126 页。

③ 《习近平谈治国理政》第 1 卷，外文出版社 2018 年版，第 153 页。

④ 李丹：《人类命运共同体视域下中国式现代化的世界意义》，《当代中国与世界》2023 年第 4 期。

需要"为价值取向，以"建设美丽中国与清洁美丽世界"为发展目标，以"走生态优先、绿色低碳的发展道路"为通达路径，形成了完整逻辑体系。[①] 中国式现代化开创了人与自然和谐共生的生态文明新形态，反映了以人民为中心的发展理念，以及为人民创造优美生态环境的价值追求。人与自然和谐共生的中国式现代化，也为共建绿色"一带一路"的减贫、共赢方案奠定绿色底色。中国坚定支持《巴黎协定》的目标和规则，同时坚持多边主义原则和共同但有区别的责任原则，为应对全球气候变化积极贡献中国智慧。

（一）中国式现代化杜绝生态破坏的"回旋镖效应"

恩格斯指出，"自然界是不依赖任何哲学而存在的；它是我们人类即自然界的产物本身赖以生长的基础"[②]。我们赖以生存的这个自然界，为人类提供了吃穿住行、呼吸、代谢、健康与祛病等全方位的保障，是人类最无私的盔甲，人类能为自然所做的与自然对人类的慷慨馈赠相比，可能仅仅是"一毛"与"九牛"的关系。即便自然不需要我们的感激，至少我们不能让自然状况变得更糟糕，何况拯救自然就是拯救人类自身。2020 年 12 月 2 日，联合国秘书长安东尼奥·古特雷斯在哥伦比亚大学发表演讲："人类正在向自然发动战争"，这是自杀式行为，地球已经变得千疮百孔。乌尔里希·贝克也指出："现代化风险迟早会冲击风险的制造者或受益者。现代化风险具有'回旋镖效应'，打破了阶级图式。……这跟利润和财富的旨趣构成了系统而多样的矛盾，这种旨趣乃是工业化进程的推手。"[③] 但凡扔下破坏环境炸弹的人，最终也会成为躺

---

① 参见张涛《中国式现代化生态观的生成逻辑、理论意涵与世界意义》，《思想理论教育》2023 年第 11 期。
② 《马克思恩格斯全集》第 21 卷，人民出版社 1965 年版，第 313 页。
③ ［德］乌尔里希·贝克：《风险社会：新的现代性之路》，张文杰、何博闻译，译林出版社2018 年版，第 9 页。

在弹坑里的人。一个地区、国家对生态环境肆无忌惮，或者通过重污染工业向发展中国家转移，消耗、劫掠发展中国家的生态资产，表面上可以换来本地区、本国的短暂生态安宁，但从马克思主义的普遍联系观，从全球的深度交往、环境的广泛牵连效应、生态平衡的整体性效益看，最终无一个地区、国家可以幸免。即便健在的一代人侥幸躲过了迟到的报复，其子孙后代也无法实现可持续发展，将以代际正义被剥夺替上一代偿还生态欠债。"回旋镖"的特点就在于从原点出发，然后又从视线的尽头折回到原点，灾难面前人人平等，正如病毒面前人人平等一样，谁也没有天然免疫的屏障。人类的困境就在于，环境破坏的惩罚不是当下的、及时的，往往是滞后的，这就给那些心存侥幸的人留下了作恶的空间，或者成为搭便车者。

从历史必然性和环境联系的普遍性看，破坏规律或违背规律，最终都逃不过规律的惩罚，自然的客观性是不以人的主观意志为转移的，"人自己也只是他的表象所反映的自然界的一小部分"[①]。1866 年 8 月 7 日，马克思在给恩格斯的信中，借用一位科学家的论述说道："不以伟大的自然规律为依据的人类计划，只会带来灾难"，"破坏的工作不可能永久继续下去，恢复工作才是永恒的"。[②]人必须尊重自然，努力恢复自然状态，是基于"自然规律是根本不能取消的。在不同的历史条件下能够发生变化的，只是这些规律借以实现的形式"[③]。以尊重规则的基本立场去认识自然，在顺应自然的基础上改善人类生存状态，做守护地球生态的卫士。

---

① 《列宁全集》第 18 卷，人民出版社 1988 年版，第 118 页。
② 《马克思恩格斯全集》第 31 卷，人民出版社 1972 年版，第 251 页。
③ 《马克思恩格斯文集》第 10 卷，人民出版社 2009 年版，第 289 页。

（二）中国式现代化洞见"环境悬崖"、自觉理性审视"自然约束"

从生态视野看，加速人类衰亡的综合破坏力不断积聚，正如罗马俱乐部列举的"人类困境"的十种表现，其中之一就是生物界受到劫掠和退化，支持人类生活的四大主要系统——土地、牧场、森林、渔业正在遭受过度开发。全球生态系统受到了人类的过度索取和污染带来的威胁，人口增长引发物质消费需求的巨大压力。就目前的科技转化能力而言，也许地球上尚有新的资源补给能够减少人类对现有的石化资源、土地、牧场、森林、海洋的依赖，但那依然需要通过地球上的其他资源来置换或转化。在一定的时空中，地球的资源总体上必然呈现供给能力达到峰值之后的下降过程，但人类对资源的开发、利用需求是无限的，以有限的资源应对无限的需求，则会进一步加大强势资本与强权国家对处于弱势地位的国家或地区的资源掠夺，甚至发动战争，破坏现有的生产条件。就像俄乌冲突，乌克兰农民无法安全从事农业生产，导致乌克兰作为欧洲粮仓的供给能力锐减，加剧全球粮食紧张，影响到全球粮食安全。同时，由于发展程度和现代化水平不同，南北国家发展不平衡，进一步扩大了人类利用和开发自然资源的差异性、保护环境能力的差异性和对待生态环境观念的差异性。

从全球生态环境变迁历史看，在西亚的底格里斯河和幼发拉底河之间的美索不达米亚平原上有过盛极一时的古巴比伦文明，地中海地区有曾经辉煌了上千年的米诺斯文明，大多因生态环境破坏导致日趋衰落的可悲后果。位于中国古丝绸之路上的楼兰古城，已经变成罗布泊西部的荒漠戈壁。唐代，丝绸之路沿线许多地方曾经是森林密布、河流奔腾的壮美景象，可最近几百年，沙进人退，生态环境日趋恶化。"在黄河流域，先秦时期还是植被茂密，黄土高原森林覆盖率超过50%，我们的先民逐水而居，创造了辉煌的古代文明。自秦统一中国之后，由于毁伐森林，无节制地开垦，到唐代安史之乱后，昔日繁华的黄河流域，竟到了

'居无尺椽、人无烟灶、萧条凄惨、兽游鬼哭'的地步。"[1] 环境破坏不是一日之过，许多环境问题都是由小范围、局部的问题，逐渐扩大成大范围、大区域、全球化的问题，比如全球气候变暖问题，一定是碳排放不断累积、热岛效应积聚、全球大工业不断发展的结果。优美生态环境的养成也不是一日之功。塞罕坝林场三代人造就的"中国绿"、甘肃省古浪县八步沙"六老汉"领衔的三代治沙人创造的塞外绿洲、和林格尔县大红城乡白二爷沙坝三代"播绿者"缔造的绿色奇迹，都说明了生态环境的改善一定是久久为功的结果，没有愚公移山的精神、以青春换林海的奉献精神，不会有这样的结果。

人类面对退无可退的生态硬约束，只有迎难而上、主动作为，才能避免世界越来越靠近"环境悬崖"。有关资料显示：过去的 50 年中，地球上 10%—30% 的哺乳动物、鸟类和两栖类动物物种灭绝了。由于气候变暖，估计今后 100 年中，这三类动物灭绝的比例还将分别增加 25%、12% 和 32%。1980 年以来，全世界 35% 的红树林、20% 的珊瑚礁已经消失，另有 20% 的珊瑚礁退化，35% 的世界森林资源也已经从地球上消失了。[2]

（三）实现人与自然和谐共生

人与自然的关系是人与人的关系、人与社会的关系的基础，"当人类友好保护自然时，自然的回报是慷慨的；当人类粗暴掠夺自然时，自然的惩罚也是无情的"[3]。敬畏自然、尊重自然、顺应自然、保护自然是

---

① 曲格平：《关注生态安全之一：生态环境问题已经成为国家安全的热门话题》，《环境保护》2002 年第 5 期。

② 参见中共中央党校经济学教研部《九个怎么办——"十二五"热点面对面》，新华出版社2011 年版，第 74 页。

③ 习近平：《共同构建地球生命共同体——在〈生物多样性公约〉第十五次缔约方大会领导人峰会上的主旨讲话》，《人民日报》2021 年 10 月 13 日。

人类构建人与自然和谐共生关系的基本组成要件。马克思肯定资本主义创造财富奇迹的同时，也批判资本主义的贪婪，但从来没有主张放弃财富，只是主张用公有制解放生产力，用社会主义制度救治资本主义的贪婪无度。习近平总书记提出的"共同构建人与自然生命共同体""人与自然和谐共生的现代化"主张，就是要破解资本主义对待环境的难题：一方面，习近平总书记指出资本主义工业化对环境的巨大破坏；另一方面，像马克思一样，依然主张发展是解决一切问题的关键，工业化是社会主义中国走向现代化的必由之路。"工业化所创造的现代化是人类文明的伟大成果，也是自然界不可逆发展的结果，基于此，所有发生的问题都不能靠'退回去'的思路来解决，而是靠'向前走'去解决，此即'共同构建''和谐共生'之自然辩证法内涵"[①]。必须用"和谐共生"来克服资本主义"只要人的利益，不顾环境好坏"的片面性，实现"人与自然和谐共生"的现代化、永续发展的现代化。党的十八大以来，党中央高度重视生态文明建设，以前所未有的力度抓生态文明建设，"全党全国推动绿色发展的自觉性和主动性显著增强，美丽中国建设迈出重大步伐，我国生态环境保护发生历史性、转折性、全局性变化"[②]。每一个进步，都是文明的跃进，正所谓"不积跬步，无以至千里"，我们更期待看到，不仅仅在保护上发生"历史性、转折性、全局性变化"，更在持续发力、久久为功中，像治理雾霾那样，一微克一微克去"抠"、一天一天去争取，实现美丽生态环境建设上的"历史性、转折性、全局性变化"。

[①] 黄力之：《习近平生态文明思想对马克思主义人与自然关系理论的推进》，《毛泽东邓小平理论研究》2021年第10期。

[②] 《中共中央关于党的百年奋斗重大成就和历史经验的决议》，人民出版社2021年版，第52页。

五、走和平发展道路使人类现代化和平化

中国式现代化惠及全球，造福人类。与西方资本主义现代化不同，日益走向现代化的中国内外兼修，既要为中国谋福利，也积极为世界谋未来，构建人类命运共同体是中国式现代化的天下胸怀的集中表达。走和平发展道路，是中国式现代化的鲜明特征和必然选择。走和平发展道路的中国式现代化，是世界和平的坚定维护者，是促进共同发展的支撑力量，是全球治理体系改革的推动者，也是人类文明进步的方案提供者。"中国式现代化超越西方政党制度种种弊端实现顶层设计自觉推动、超越资本逻辑坚持以人民为中心的价值取向、超越对外扩张掠夺老路开辟强而不霸和平发展新路，彰显了党的领导最大优势、人民至上价值优势、和平发展道路优势。"[1] "中国式现代化通过'一带一路'带动发展中国家共同繁荣，彰显了立己达人的现代化担当"[2]，"集中体现了公平正义对霸权主义的超越、协调发展对急功近利的超越、合作共赢对'零和对抗'的超越、人民逻辑对资本逻辑的超越"[3]。

（一）摒弃零和博弈的现代化

走和平发展道路的中国式现代化推动了世界经济新发展、维护了国际和平新格局。中国式现代化道路，摒弃"国强必霸"的狭隘逻辑和"零和博弈"的对抗思维，将社会主义的先进性与中国传统智慧完美结合，开创了人类文明新形态、新典范，在思想的世界性上超越西方传统发展模式，在影响与实践的深远性上代表人类的未来。现代化有一般规

---

① 张士海：《中国式现代化的显著优势及其世界意义》，《马克思主义研究》2023 年第 9 期。
② 李丹：《人类命运共同体视域下中国式现代化的世界意义》，《当代中国与世界》2023 年第 4 期。
③ 邹新、韦勋：《中国式现代化的超越逻辑及其世界意义》，《重庆理工大学学报（社会科学）》2023 年第 12 期。

律，也有特殊规律，社会主义现代化有普遍规律，中国的社会主义现代化又有特殊规律，中国现代化是中国人民的现代化，也是中华优秀传统文化核心理念的现代化，我们生于这种传统，必然要基于这种传统开辟未来。"中国式现代化新道路通向人类文明新形态说到底就是通过走中国式现代化新道路改变中国影响世界，这是正在实践的现实，具有通向未来的必然。"①

习近平新时代中国特色社会主义思想科学准确判断时代特征和国际形势，坚持和平与发展是当今时代的主题，努力在推动多边主义中营造和平发展的氛围。中国已经成为维护世界和平稳定的中流砥柱和促进全球发展繁荣的中坚力量。"党积极促进世界多极化和国际关系民主化，推动经济全球化朝着有利于共同繁荣的方向发展，旗帜鲜明反对霸权主义和强权政治，坚定维护广大发展中国家利益，推动建立公正合理的国际政治经济新秩序，促进世界持久和平、共同繁荣。"② 习近平主席指出："一个民族最深沉的精神追求，一定要在其薪火相传的民族精神中来进行基因测序"③，"中国人的血脉中没有称王称霸、穷兵黩武的基因"④。中华文明世代赓续，5000多年生生不息，"因"就是中华文明追求以和为贵、以邻为伴，主张铸剑为犁、睦邻友好，倡导兼济天下、海纳百川，重视互学互鉴、兼收并蓄，"果"就是国泰民安、山河无恙、人民幸福、天下太平。在此基础上，致力于推动构建人类命运共同体、共建"一带一路"、构建新型国际关系。习近平主席在德国科尔伯基金会的演讲中强

① 张晓明：《中国式现代化新道路通向人类文明新形态》，《特区实践与理论》2022年第1期。
② 《中共中央关于党的百年奋斗重大成就和历史经验的决议》，人民出版社2021年版，第21页。
③ 《习近平在德国科尔伯基金会的演讲》，《人民日报》2014年3月30日。
④ 习近平：《弘扬和平共处五项原则 建设合作共赢美好世界——在和平共处五项原则发表60周年纪念大会上的讲话》，《人民日报》2014年6月29日。

调："中国走和平发展道路，不是权宜之计，更不是外交辞令，而是从历史、现实、未来的客观判断中得出的结论，是思想自信和实践自觉的有机统一。和平发展道路对中国有利、对世界有利，我们想不出有任何理由不坚持这条被实践证明是走得通的道路。"[1] 中国用实践回答"建设一个什么样的世界、如何建设这个世界"这个世界之问，"中国的现代化成就，是靠中国共产党带领中国人民立足自身、艰苦奋斗、接续拼搏得来的，也是中国走和平发展道路的硕果。新中国成立 70 多年来，中国从没有主动挑起过任何一场战争和冲突"[2]。中国共产党和中国人民将坚定不移走和平发展道路，为创造和平的世界作出贡献。当然，在事关国家核心利益的问题上我们也寸步不让，不侵略别人，不等于可以忍受被别人侵略，谁也不要指望中国用核心利益、用忍气吞声换取片刻的安宁。

（二）打破了世界对西方发展模式的盲目崇拜和路径依赖

德国近代史上的"铁血首相"奥托·冯·俾斯麦认为："真理只在大炮的射程之内。"这就是强权的真理，而马克思主义逐渐被接受，是以弱势者的姿态慢慢被主流社会接受的，其吸引力和影响力不是来自绝对的权力，而是来自至高的真理。中国共产党从无到有，从弱小到强大，以小米加步枪打败了国民党的飞机大炮，就是从被动逐步变主动缓慢发展壮大起来的，中国特色社会主义追随马克思主义，始终站在正确的一边，理论的彻底性证明其存在的说服力。习近平新时代中国特色社会主义思想正是马克思主义中国化的产物，是马克思主义基本原理与中华优秀传统文化相结合的产物，处在历史的进程和马克思所指明的历史时代之中。

"哲学家的成长并不像雨后的春笋，他们是自己的时代、自己的

---

① 《习近平在德国科尔伯基金会的演讲》，《人民日报》2014 年 3 月 30 日。
② 林松添：《发展自身造福世界的现代化之路》，《人民日报》2021 年 5 月 7 日。

人民的产物，人民最精致、最珍贵和看不见的精髓都集中在哲学思想里。"① 人民拥戴和认可的思想也是历史的产物，习近平新时代中国特色社会主义思想，"在怎样解释中国的问题上，超脱了近代以来以西方理论解释中国现实的窠臼，表现出强烈的主体意识，发展了具有民族性和独创性的中国哲学社会科学理论；在怎样对待人类思维成果的问题上，体现出融合多元文化的文明意识，将中华传统文化、马克思主义和西方哲学社会科学理论共同作为中国哲学社会科学体系构建的思想资源；在怎样赋予理论以现实意义的问题上，彰显出立足新时代实践的问题意识，将全球化背景下的中国问题和世界问题作为中国哲学社会科学体系构建的研究导向与主体内容"②。研究中国的问题提出原创性理论，秉承中国人的世界观和方法论，在借鉴国外成果的过程中，广大哲学社会科学工作者应切实增强"四个自信"，坚持以我为主、为我所用，不能刻舟求剑、照猫画虎、生搬硬套、依样画葫芦。正如毛泽东同志所指出的："我们的态度是批判地接受我们自己的历史遗产和外国的思想。我们既反对盲目接收任何思想也反对盲目抵制任何思想。我们中国人必须用我们自己的头脑进行思考，并决定什么东西能在我们自己的土壤里生长起来。"③ 习近平新时代中国特色社会主义思想主张范式创新、概念表达创新、理论创新，体现中国风格、展示中国气派，"如果不加分析把国外学术思想和学术方法奉为圭臬，一切以此为准绳，那就没有独创性可言了。如果用国外的方法得出与国外同样的结论，那也就没有独创性可言了"④。必须坚决摒弃"拿西方的理论、学术、知识、观点、

---

① 《马克思恩格斯全集》第 1 卷，人民出版社 1956 年版，第 120 页。
② 刘同舫：《习近平推动哲学社会科学体系构建的"中国特色"》，《宁夏社会科学》2021 年第 2 期。
③ 《毛泽东文集》第 3 卷，人民出版社 1996 年版，第 192 页。
④ 《习近平谈治国理政》第 2 卷，外文出版社 2017 年版，第 341 页。

原理、概念、范畴、标准、话语来解读中国的实践"①的片面做法，借鉴不能生搬硬套，兼收并蓄要分清主次，提出与本国实际相符合的理论成果。

"现代化"一定不是"西方化"，"事实表明，对于发展中国家来说，西方现代化模式只是一个'发展的幻象'，发展中国家无论怎样以西方为师，大都在现代化的道路上步履蹒跚，没有真正找到适合本国国情的现代化路径。中国式现代化道路的成功，打破了人类对西方式现代化的路径依赖，用事实宣告了'历史终结论'的终结，宣告了以西方制度模式为归宿的单线式历史观的破产"②。打破"现代化＝西方化"的迷思需要破除西方学术霸权，习近平新时代中国特色社会主义思想要求哲学社会科学工作者扛起中国哲学社会科学知识体系的塑造者责任，不做西方学术的传声筒、西方思维的"被殖民者"、西方知识的"贩卖者"。理论界必须清楚，以西方学术评价中国，看到的短处一定比长处多、缺陷一定比优点多，"从近代早期孟德斯鸠的'中国没有贵族'，到后来的'中国没有私有产权'、'没有法治'、'没有人权'、'没有民主'等等，都是用中国所没有的东西来解释中国的发展。简单地说，近代以来，西方学者从来没有用中国已有的东西来解释中国"③。当今世界和平赤字、发展赤字、治理赤字和信任赤字有增无减，这与西方学术霸权具有同构性。

（三）深刻批判"国强必霸"的伪命题

"未来难以预知，但未来可以塑造。"在通信及时化、地球村落化、距离压缩化的时代，特别是伴随着网络化、大数据、智能技术的发展，

---

① 谢伏瞻：《加快构建中国特色哲学社会科学学科体系、学术体系、话语体系》，《中国社会科学》2019 年第 5 期。
② 孙代尧：《中国式现代化道路与人类文明新形态》，《光明日报》2021 年 12 月 29 日。
③ 郑永年、杨丽君、徐勇等：《"如何构建中国特色哲学社会科学体系"（笔谈之一）》，《文史哲》2019 年第 1 期。

世界各国人民在日益频繁的互联互通中，逐步意识到人类是命运与共的共同体，排外主义、极端主义思潮与时代发展、世界交融的现实是格格不入的，世界各国人民越发感觉到，"国家无论大小、强弱、贫富，都应该做和平的维护者和促进者，不能这边搭台、那边拆台，而应该相互补台、好戏连台"①。那种以"修昔底德陷阱"为依据将中美之间的矛盾激化的说辞并没有科学依据，雅典和斯巴达之间的冲突处在人类文明的早期，早已时过境迁，人类面临的难题已经远远超过古希腊的城邦时代。斯巴达面积达 8400 平方千米，约是北京的 1/2；人口约 40 万，约为北京市东城区常住人口的 56%。雅典面积约 2550 平方千米，约是北京的 1/7；人口最多时为二三十万。古希腊有很多人口不过一两万人的小城邦。以这样规模的城邦来推导 21 世纪拥有 14 亿多人口的中国与 3.3 亿人口的美国之间的矛盾，草率得出"国强必霸"的结论，是学术的无知、政治伎俩的虚伪。美国芝加哥大学教授米尔斯海默在《大国政治的悲剧》一书中认为：随着国力的增长，中国将在 21 世纪推出"亚洲门罗主义"，把美国赶出亚洲，因此中国天然地要成为美国的冤家对头，中美发生激烈的冲突在所难免。② 美国政治家布热津斯基也曾在《大棋局：美国的首要地位及其地缘战略》一书中断言：在横亘欧亚大陆的棋盘角逐中，中国实乃"远东之锚"，一只与西欧"民主桥头堡"匹敌的"远东之锚"。因此，"除非美中两国能成功地就地缘战略达成共识，否则美国在亚洲大陆将失去政治立足点"③。这些将中美矛盾激化的论调，无外乎为美国对外侵略与发动战争的行为粉饰太平。"在中国看来，今天的世

---

① 《共同创造亚洲和世界的美好未来——习近平在博鳌亚洲论坛 2013 年年会上的主旨演讲》，《人民日报》2018 年 4 月 8 日。
② 参见傅梦孜《"中国威胁"，还是威胁中国》，《世界知识》2005 年第 17 期。
③ ［美］兹比格纽·布热津斯基：《大棋局：美国的首要地位及其地缘战略》，中国国际问题研究所译，上海人民出版社 2007 年版，第 158 页。

界，早已不再是雅典和斯巴达两雄相争的时代，经济全球化的程度日益加深，各国紧密地联系在一起，没有人能承担大国冲突、对抗的代价。只有共同推动完善而不是重构全球治理体系，共同构建人类命运共同体而不是以邻为壑、恶性竞争，人类才会有光明的前景。"①

（四）中国式现代化创造礼序乾坤的人类新图景

《荀子·礼论》曰："天地以合，日月以明，四时以序，星辰以行，江河以流，万物以昌，好恶以节，喜怒以当，以为下则顺，以为上则明，万物变而不乱，贰之则丧也。礼岂不至矣哉！立隆以为极，而天下莫之能损益也。"意思是说：天地因为礼的作用而风调雨顺，日月因为礼的作用而光辉明亮，四季因为礼的作用而井然有序，星辰因为礼的作用而正常运行，江河因为礼的作用而奔流入海，万物因为礼的作用而繁荣昌盛，好恶因为礼的作用而有所节制，喜怒因为礼的作用而恰如其分，用它来治理臣民就可使臣民服从依顺，用它来规范君主就可使君主通达英明，以礼为标准，则万事万物千变万化而不混乱，但如果背离了礼就会丧失一切。礼难道不是最高境界吗？圣人建立完备的礼制并把它作为最高的准则，因而天下没有人能增减改变它。古人讲的"礼"是对秩序和自然观的深刻洞见。习近平总书记在2022年春节团拜会上的讲话中指出"礼序乾坤、乐和天地"②，这个"礼"也是制度、规律之意。《左传·隐公十一年》曰："礼，经国家，定社稷，序民人，利后嗣者也。"《周礼·大司马》论及"以九伐之法正邦国"："冯弱犯寡，则眚之；贼贤害民，则伐之；暴内陵外，则坛之；野荒民散，则削之；负固不服，则侵之；贼杀其亲，则正之；放弑其君，则残之；犯令陵政，则杜之；外内乱，鸟兽行，则灭之。"其中"冯弱犯寡，则眚之""暴内陵外，则坛

---

① 《建设各国共享的百花园——世界格局中的"中国担当"》，《人民日报》2016年9月5日。
② 习近平：《在二○二二年春节团拜会上的讲话》，《人民日报》2022年1月31日。

之"，即禁止诸侯国恃强欺弱和对外侵略，这充分说明中华文明早已为创造世界和平提供了"礼序乾坤"的智慧方案。

世界从民族史、国别史进入世界史，一定不是所有国家的历史的简单合并，"虽然它将根据诸民族对人类的共同命运作出贡献的不同时间和不同程度来讲述它们的故事，但不是为了诸民族本身，而是与一个高级的系统有关，且服从于这一系统"[1]。梁启超在其《中国史叙论》（1901年）一文中，以时间和空间的结合论历史，将中国的历史划分为中国之中国、亚洲之中国和世界之中国三大时期。自黄帝以迄秦统一是中国之中国，即中国民族自发达、自竞争之时代。自秦统一至清代乾隆末年是亚洲之中国，即中国民族与亚洲各民族交涉频繁和竞争最烈之时代。自乾隆末年以降是世界之中国，即中国民族同全亚洲民族与西人交涉竞争之时代。[2] 按照马克思主义否定之否定的辩证法和历史发展的螺旋式上升规律，近代以来，中国经历了自竞争的中国之中国——同周边交往的亚洲之中国——受世界殖民统治影响而被动加入世界化行列的世界之中国——中国深度影响世界的中国之世界的历史发展过程。"君子之不虐幼贱，畏于天也。"敬天保民、民胞物与、协和万邦就是这个系统的主脉。"形成于1648年的《威斯特伐利亚条约》之后的国际法强调的主要是国家的权利，特别是国家主权，而对国家的对内和对外的义务与责任考虑较少。"[3] 这与中国传统文化强调对外的责任不同，按照西方治理逻辑建构的国际社会的组织结构，"建构原则是民族国家制度，国际社会并不存在一个中央集权的世界政府，是一个无序的社会"[4]。这样的世界

---

① ［美］斯塔夫里阿诺斯：《全球通史——1500年以后的世界》，吴象婴、梁赤民译，吴象婴校订，上海社会科学院出版社1999年版，第2页。
② 参见董光璧《中国科学传统及其世界意义》，《中国科学院院刊》2015年第5期。
③ 王庆新：《春秋华夏天下秩序的启示》，《国际政治科学》2011年第1期。
④ 王庆新：《春秋华夏天下秩序的启示》，《国际政治科学》2011年第1期。

需要"礼序"规则和新的秩序安排。

　　面对世界秩序的重构，英国哲学家罗素和历史学家汤因比都曾对 21 世纪的中国寄予厚望。世界百年未有之大变局，本质上也是世界权力重塑、治理重构的过程，回溯自 19 世纪中叶以来的历史，"21 世纪中叶到 22 世纪中叶，中国要成为世界科学强国，向人类贡献中华民族的智慧"[①]。"中华文明乃是一种既综贯天人古今而又极富内在张力的现世文明，是一种既尊尚天命天道而又重视人性人文的道德文明，是一种既重亲疏等差而又崇尚天下一家、'极高明而道中庸'的伦理文明，是一种既以家国为根基而又以天下大同为目标、既具特殊的文化认同意识而又深怀人类主义普世情怀的华夏文明，是一种推崇内圣外王、虽治乱循环而又极具历史连续性、以文化共同体为本位的中国文明。"[②]

---

① 董光璧:《中国科学传统及其世界意义》,《中国科学院院刊》2015 年第 5 期。

② 林存光:《诸子百家：中华文明的精神轴心与自我诠释》,《齐鲁文化研究》2013 年第 13 辑。

第四章

中国式现代化破解人类现代化难题

自启蒙时代以来，在现代市民社会和现代国家的阶级结构背景下的不合理社会关系越来越难以维系，人们对于自由和平等的呼声逐渐高涨，卢梭等人将现代"市民社会"界定为经由商业化进入工业化的社会，并批判现代"市民社会"对于个人价值观的塑造和人与人之间不合理社会关系的形成具有极大的影响。世界各国在现代化的洪流和浪潮中，都面临着如何解决现代化所带来的人的不自由不平等的问题，遭遇着种种困境与悖论，涉及在现代化进程中如何兼顾活力与秩序，如何保持国家的主权独立性和文化特性，如何避免福利主义陷阱和中等收入陷阱等世界难题。中国式现代化以其独特的优势，在解决现代化所带来的一系列难题上有许多创新突破，呈现出鲜明的优越性，避免了西方现代化进程中的动荡与冲突、阻滞与反复，其极具开拓性的现代化路径为后发国家实现现代化提供了宝贵经验和科学借鉴。

一、破解了兼顾活力与秩序的世界难题

在世界现代化进程中，各国往往会遭遇种种困境与悖论，绝大多数后发国家在追求现代化的过程中，都面临社会动荡和暴力冲突长期存在的难题，亦即活力与秩序难以兼容的世界难题。以马克斯·韦伯的世界宗教经济伦理学说为代表，西方学界认为这一难题存在的原因是非西

方国家未能形成"新教伦理"，无法克服现代化进程中由价值多元引起的各种冲突和社会失范，认为后发国家只要在意识形态和国家精神等方面与西方国家高度一致就能解决这一难题。然而，马克斯·韦伯所开出的这一"药方"忽视了西方国家自身在现代化进程中也伴随着战乱与动荡，即便在完成现代化之后，国家内外各种冲突和暴乱都此起彼伏，显然未能解决这一难题。习近平总书记指出："一个现代化的社会，应该既充满活力又拥有良好秩序，呈现出活力和秩序有机统一。"① 中国式现代化实现了在现代化进程中活而不乱、活跃有序的动态平衡，以生动的实践破解了兼顾活力与秩序这一世界难题，既充分证明了西方的"新教伦理"并不是破解这一难题的标准答案，又为后发国家破解这一难题提供了科学借鉴，具有极其重大的国际意义。

（一）兼顾活力与秩序是人类追求现代化进程中的世界难题

在现代化进程中兼顾活力与秩序极其困难。西方国家的现代化多以对非西方国家的殖民掠夺和血腥控制为前提，战乱和动荡伴随其现代化进程；许多跟从和模仿西方现代化模式的国家也都饱受动荡之苦。

一方面，西方国家在现代化进程中长期面临如何兼顾活力与秩序的问题。西方国家在现代化之初就面临这个难题。文艺复兴之后，西方国家开启了现代化进程，以英国为首的欧洲国家凭借领先的航海技术和军事手段通过殖民扩张实现了资本的原始积累。结合宗教改革之后形成的新教伦理和资本主义精神，现代资本主义生产方式得以迅速发展并逐渐取代封建主义生产方式。在这一进程中，政治革命和社会动荡都伴随左右，如英国的光荣革命、美国的独立战争、法国大革命、普法战争等等，社会一度处于混乱和失序状态。与此同时，西方现代化虽然在政治上推崇代议制民主、在意识形态上宣传"普世价值"，但是这些都无法

---

① 《习近平在经济社会领域专家座谈会上的讲话》，《人民日报》2020 年 8 月 25 日。

粉饰其追求现代化的罪恶历史。从圈地运动剥削失地农民到最大限度地压榨产业工人，从寻找新大陆到建立殖民地、争夺世界市场，屠戮与暴力、残忍与血腥都充斥其间，无数生灵遭受压迫和奴役，动荡和暴乱不断被激化。近年来，一些西方国家由于自身资本主义政治经济体系内部矛盾积聚、资本无序扩张等，陷入突发性金融危机、人口老龄化加剧、贫富差距拉大、产业链供应链遭遇挑战等问题中，尤其是一部分资本主义国家在经济下行期出现了广泛的社会动荡和军事冲突，西方现代化遭遇重大挫折。可见，如何兼顾活力与秩序是西方国家长期面临的难题。

另一方面，一些后发国家在现代化进程中也长期面临如何兼顾活力与秩序的问题。美国政治学家亨廷顿曾指出："现代性孕育着稳定，而现代化过程却滋生着动乱。"[①] 一些后发国家在追求现代化的道路上为了通过所谓的"与国际接轨"实现快速工业化，而不得不放松关税政策、削弱政府管制，表面上较快地激发了现代化"活力"，却使得"秩序"如飘萍无依，一度陷入动乱中，难以兼顾现代化的活力与秩序。南美洲的阿根廷曾经是西班牙的殖民地，自 1862 年正式统一以来开始模仿西方国家的现代化模式推进现代化，一度成为世界上极富裕的国家之一，但是资本主义周期性经济危机和时而发生的政治动荡使其逐渐走向衰落，在很长一段时间里经济一蹶不振。亚洲的伊朗自 1905 年"立宪革命"之后开始推进现代化，而后开始模仿西方现代化模式，推行追求实现国家工业现代化和农业现代化的"白色革命"，引起传统与现代之间的强烈冲突与对抗，政治革命和社会纷争不断。可见，如何既保持实现现代化的活力，又兼顾社会秩序的稳定，也是阿根廷、伊朗等后发国家所面临的共同难题。

---

① ［美］塞缪尔·P.亨廷顿：《变化社会中的政治秩序》，王冠华、刘为等译，生活·读书·新知三联书店 1989 年版，第 38 页。

（二）现代化进程中兼顾活力与秩序难题长期存在的原因

纵观现代化历史进程，可以发现西方国家现代化道路背后所潜藏的资本逻辑、西式民主长期存在的缺陷、西方现代化在化解经济社会发展矛盾时暴露的弊端、新型社会群体大量涌现等都构成现代化进程中难以兼顾活力与秩序的重要原因。

第一，西方国家现代化道路背后所潜藏的资本逻辑，即资本主义的殖民性和剥削性为其现代化进程埋下了动荡与失序的种子。一是在国际层面，西方国家为了美化、合理化其现代化进程中的罪恶，试图以资本逻辑来统摄整个世界，将资本主义制度下的文明标榜为能够创造一切人间奇迹的文明，并主张西方文明高于非西方文明，继而以帮助非西方文明实现文明开化的名义，试图通过实行帝国主义、武装入侵、金融霸权等将资本主义世界经济体系覆盖到世界各个角落，从而实现对后发国家的长期剥削和压榨，这就使得国家间长期积累着深层次矛盾，局部地区军事冲突常常一触即发。二是在国内层面，西方国家由于无法克服资本主义基本矛盾所带来的周期性经济危机，内部各种社会矛盾和不稳定因素长期存在，动乱频生。活力与秩序的问题在西方式现代化过程中往往表现为资本的存在方式和运行方式的问题，其中决定性的因素是资本的权力和规范问题：自由资本主义阶段，资本权力至上，资本运动活跃，最大限度攫取了剩余价值，忽视对资本的秩序性规范，资本主义进入快速发展期，激发了社会生产力的发展；垄断资本主义阶段，凯恩斯主义政策推行，国家对资本权力进行限制，往往呈现出一定的秩序性，但依旧是资本至上前提下资本生产关系的局部调整。由此，资本主义现代化难以兼顾活力和秩序的根本原因在于资本主义的基本矛盾，表现在生产上是个别企业生产的有组织性（秩序性）与整个社会生产的无政府状态（活力性）之间的矛盾。只要资本主义基本矛盾存在，活力和秩序的问题就难以从根本上解决。

第二，西式民主中政党腐败、政党斗争、形式民主、利益集团斗争等缺陷长期存在。近年来，西方国家愈演愈烈的社会危机撕下了美国民主灯塔的"遮羞布"，官员腐败、贿选拉票等使得总统选举日渐沦为利益集团斗争的工具。西方学者弗朗西斯·福山指出："美国已出现了根深蒂固的政治衰败，美国的国家治理机构已经越来越不起作用。"①与此同时，西方国家还长期通过兜售、推行多党制来插手后发国家的政治、经济、文化等，促使后发国家不自觉地对西方国家现代化政治、经济发展模式亦步亦趋，引发这些国家政治动荡，继而诱发西方国家的干预，形成内部动荡和外部干预的恶性循环。

第三，次贷危机、新冠疫情等使得西方现代化模式在化解经济社会发展矛盾上的弊端和劣根性充分暴露，特别是寡头垄断、新自由主义、分离主义、排外主义、民粹主义等思潮在西方社会肆虐，使得中产阶级萎缩、种族矛盾激化、地区冲突加剧、福利国家崩塌等现象层出不穷，社会动荡经久不息。新冠疫情期间，《大西洋月刊》刊文指出："在漫长3月的每一个早上，美国人醒来发现自己成为了一个失败国家的公民。"这个国家没有国家计划，也没有前后一致的指令，政府任由家庭、学校和办公场所自行决定是否关闭和寻求避难。当发现检测试剂盒、口罩、防护服和呼吸机极度短缺时，州长们向白宫求助，而白宫却推诿搪塞，之后又要求私营企业提供帮助。各州和城市被迫卷入"竞标大战"，沦为价格欺诈和企业牟取暴利的牺牲品。②此外，新冠疫情初期，白宫政客刻意忽视疫情风险，将提振股市作为改善选情的重要砝码，坚持"救市"先于"救人"，使得美国百姓成为疫情下政党斗争的牺牲品。

---

① ［美］弗朗西斯·福山：《美国政治已经腐败透顶了吗？》，观察者网 2021 年 1 月 30 日，https://m.guancha.cn/FuLangXiSi-FuShan/2021_01_30_579725.shtml? s=wapzwyzzwzbt.

② 参见《新冠疫情暴露美国政治和社会深层次问题，美媒：我们生活在一个失败国家》，环球网 2020 年 5 月 11 日，https://world.huanqiu.com/article/3yBbD7cQIab.

新冠疫情期间，美国政府抗疫不力，导致大量企业倒闭、民众失业；美国少数族裔如非洲裔美国人的新冠同期住院率远远高于白人。这些都成为新冠疫情期间美国游行示威多发、冲突性事件不断的重要原因。

第四，现代化进程中普遍存在新型社会群体大量涌现的状况，比如技术精英、职业经理人、自由从业者、新媒体从业人员、海归、海待等等，这些群体之间的利益往往彼此冲突、不相兼容。大部分国家在解决这些矛盾上缺少经验和手段，实行议会制度的国家不仅不能够促进最大共识的形成，还会火上浇油般加剧这些群体的利益冲突，催化社会层面的分化与撕裂，引起国家内部的动荡与混乱。

（三）中国式现代化对活力与秩序难题的破解及其国际意义

中国式现代化充分发挥中国特色社会主义制度的优越性，以坚持党的领导、以人民为中心的理念、全面深化改革、加强社会治理为重要抓手，创新性地破解了活力与秩序难以兼顾的现代化难题，为国际社会提供了有益参照。

第一，中国式现代化以坚持党的领导来防止利益集团产生、消除政治腐败、凝聚民心民力。习近平总书记在纪念毛泽东同志诞辰130周年座谈会上的讲话中指出："中国式现代化是中国共产党领导的社会主义现代化，只有时刻保持解决大党独有难题的清醒和坚定，把党建设得更加坚强有力，才能确保中国式现代化劈波斩浪、行稳致远。"[①]中国共产党没有自己的特殊利益，是为人民谋幸福、为民族谋复兴、为世界谋大同的先进政党，代表最广大人民群众的根本利益。以史为镜，苏共亡党的重要原因就在于它产生了利益集团。中国共产党以苏为鉴，一方面坚持党的先进性纯洁性建设，持续推进反腐败斗争，确保党永远不变质、不

---

① 习近平：《在纪念毛泽东同志诞辰130周年座谈会上的讲话》，《人民日报》2023年12月27日。

变色、不变味；另一方面，一直强调坚决防止党内形成利益集团，防止领导干部成为利益集团的代理人、代言人。习近平总书记在中共十九届中央纪委五次全会上的讲话中指出："政治腐败是最大的腐败，必须消除党内政治隐患，坚决防止党内形成利益集团，如果党的权力被他们攫取、党的领导干部成了他们的代理人甚至自己就搞了利益集团，红色江山就会改变颜色。"[①] 中国共产党的先进性和纯洁性决定了它能够把各个阶级、各个阶层以及各个社会群体凝聚起来，实现各方面的利益，消除各种潜在的社会不满，不会造成社会动荡；中国共产党的先进性和纯洁性决定了它能够促使各民族在中华民族大家庭中像石榴籽一样紧紧抱在一起，因为我们党能够准确把握中华民族共同体意识和各民族意识之间的关系，不断引导各民族始终把中华民族利益放在首位，本民族意识要服从和服务于中华民族共同体意识，同时要在实现好中华民族共同体整体利益进程中实现好各民族具体利益；我们党努力建设一支维护党的集中统一领导态度特别坚决、明辨大是大非立场特别清醒、铸牢中华民族共同体意识行动特别坚定、热爱各族群众感情特别真挚的民族地区干部队伍，确保各级领导权掌握在忠诚干净担当的干部手中。

第二，中国式现代化坚持以"以人民为中心"的理念来统筹实现人民现实利益和长远利益。习近平总书记指出："江山就是人民、人民就是江山，打江山、守江山，守的是人民的心。"[②] 我们建设的现代化是以人民为中心的现代化，这样的现代化不仅要把实现人民对美好生活的向往作为重要的目标，而且能够充分发挥人民群众在现代化进程中的主体作用。不仅如此，中国式现代化是建立在人民民主基础上的现代化，人民群众能够决定现代化的成果由谁共享、怎样共享。这样的现代化会不断

---

① 《习近平谈治国理政》第 4 卷，外文出版社 2022 年版，第 507 页。

② 习近平：《在庆祝中国共产党成立 100 周年大会上的讲话》，人民出版社 2021 年版，第 11 页。

释放出社会矛盾累积的压力，因而不会因为社会矛盾长期得不到释放而不断累积压力，从而造成社会大地震和社会大断层的状况。这在很大程度上超越了一些西方资本主义国家在现代化进程中一味追求速度、拒绝救济贫困人口、将民众生死置之度外的做法。西方 19 世纪经济学家托马斯·罗伯特·马尔萨斯在《人口论》中提出过度的贫困救济可能会导致人口过快增长，加剧贫困和资源短缺，因此反对救济贫困人口；自由主义经济学家弗里德里希·哈耶克和米尔顿·弗里德曼也主张自由竞争，要通过市场机制而非救济穷人来解决贫困问题。近年来，一些已经完成了现代化的西方国家贫困人口大幅增加，其真实面目被揭穿；而中国式现代化则是"有情"的现代化，不断更新方式方法来满足人民对美好生活的向往。

第三，中国式现代化以全面深化改革为强大引擎来统筹解决发展问题。习近平总书记指出："只有改革开放才能发展中国、发展社会主义、发展马克思主义"[1]，"改革开放是决定当代中国前途命运的关键一招"[2]；邓小平同志也曾经用"一是拨乱反正，二是全面改革"[3]来概括我们党在十一届三中全会以来主要做的两件事，充分证明改革开放在推进中国式现代化过程中的重要性。进入新时代以来，中国式现代化"从五位一体总体布局、'四个全面'战略布局、新发展理念、五大支柱性政策、补短板防风险来把握发展战略重点"[4]，深入解决中国式现代化进程中所面临的一系列突出矛盾和问题，以全面深化改革调动各方面各领域的活力，

---

[1] 中共中央党史和文献研究院：《习近平关于全面从严治党论述摘编》，中央文献出版社 2021 年版，第 196—197 页。

[2] 习近平：《在庆祝中国共产党成立 100 周年大会上的讲话》，人民出版社 2021 年版，第 6 页。

[3]《邓小平文选》第 3 卷，人民出版社 1993 年版，第 141 页。

[4] 中共中央文献研究室：《习近平关于社会主义经济建设论述摘编》，中央文献出版社 2017 年版，第 330—331 页。

为中国式现代化注入强劲动力。习近平总书记指出，"我们之所以决定这次三中全会研究全面深化改革问题，不是推进一个领域改革，也不是推进几个领域改革，而是推进所有领域改革"①。全面深化改革通过全面统筹和精密协调，实现了跨领域、跨部门改革的综合推进，实现了对改革措施的系统化、整体化与协同化考量和运用，使得中国式现代化进程中遇到的经济、政治、文化、社会、生态等方面问题都可以得到更加有效、更加合理、更加及时的解决，从而避免因问题得不到解决而产生的不满和怨憎，不致引发新的深层次矛盾和不稳定因素。

第四，中国式现代化以加强社会治理来维护公平正义、保障社会稳定。社会建设是一个复杂的系统工程，需要政府、社会组织、企业和个人等多方面的参与和努力，以实现社会的全面进步和发展。中国式现代化注重加强社会建设，创造有利的社会环境和条件。马克思、恩格斯曾明确指出社会建设的重要性："生产将以所有的人富裕为目的"②，"所有人共同享受大家创造出来的福利"③，社会应该"给所有的人提供健康而有益的工作，给所有的人提供充裕的物质生活和闲暇时间，给所有的人提供真正的充分的自由"④。中国式现代化丰富和发展马克思、恩格斯关于社会建设的思想，通过各种配套政策、制度和措施来增进社会福祉，提升公共服务、社会管理水平以及改善公民的生活质量等，既包括教育、医疗卫生、就业、养老、社会保障，也包括环境保护、公共安全、社区服务等多个方面。习近平总书记在纪念马克思诞辰200周年大会上的讲话中指出："人民对美好生活的向往就是我们的奋斗目标。我们要坚持以

① 中共中央文献研究室：《十八大以来重要文献选编》上，中央文献出版社2014年版，第547页。

② 《马克思恩格斯全集》第46卷下册，人民出版社1980年版，第222页。

③ 《马克思恩格斯文集》第1卷，人民出版社2009年版，第689页。

④ 《马克思恩格斯全集》第21卷，人民出版社1965年版，第570页。

人民为中心的发展思想，抓住人民最关心最直接最现实的利益问题，不断保障和改善民生，促进社会公平正义，在更高水平上实现幼有所育、学有所教、劳有所得、病有所医、老有所养、住有所居、弱有所扶，让发展成果更多更公平惠及全体人民，不断促进人的全面发展，朝着实现全体人民共同富裕不断迈进。"① 近年来，中国在社会治理方面取得了长足进步。在公共安全方面，"美国权威民调机构盖洛普发布《2021年全球法律与秩序报告》，根据居民对当地警察信心、对自身安全感受以及盗窃、人身伤害或抢劫案件发生率等指标综合评价，中国得分高达93，位列全球第二，并已连续三年上升。此外，在盖洛普单独列出的'独走夜路感到安全'指数排名中，中国排名第三，91%的中国受访者认为独自走夜路是安全的"②。在环境保护方面，中国实施了一系列重大生态保护和修复工程，如天然林保护工程、退耕还林还草、三北防护林体系建设工程等，有效改善了生态环境，增强了生态系统服务功能，"坚定走生产发展、生活富裕、生态良好的文明发展道路，建设美丽中国，为人民创造良好生产生活环境，为全球生态安全作出贡献"③。

　　第五，中国式现代化注重统筹协调改革发展稳定之间的关系。改革是动力，发展是目的，稳定是前提，中国式现代化注意协调三者之间的关系。习近平总书记指出："要坚持把改革的力度、发展的速度和社会可承受的程度统一起来，把改善人民生活作为正确处理改革发展稳定关系的结合点。"④"发展是硬道理，稳定也是硬道理，抓发展、抓稳定两手都

---

① 《习近平在纪念马克思诞辰200周年大会上的讲话》，《人民日报》2018年5月5日。

② 熊丰、朱超：《新华时评："最有安全感的国家之一"底气何在？》，新华网2021年11月26日，http://www.news.cn/politics/2021-11/26/c_1128105402.htm.

③ 《习近平著作选读》第2卷，人民出版社2023年版，第20页。

④ 《习近平谈治国理政》，外文出版社2014年版，第68页。

要硬。"① "必须从纷繁复杂的事物表象中把准改革脉搏，把握全面深化改革的内在规律，特别是要把握全面深化改革的重大关系，处理好解放思想和实事求是的关系、整体推进和重点突破的关系、顶层设计和摸着石头过河的关系、胆子要大和步子要稳的关系、改革发展稳定的关系。"② 发展是解决经济社会一切问题的关键，改革是经济社会发展的主要动力，稳定是改革发展的前提和保证，没有这三者的有机统一，就难有社会的进步、人民的福祉。习近平总书记的重要论述，既同邓小平同志的稳定压倒一切、稳定是大道理的思想一脉相承，又与时俱进地实现了创新发展，这些重要论述为我们认识和处理改革发展稳定的关系提供了基本遵循。进入新时代以来，立足"新形势下我国国家安全和社会安定面临的威胁和挑战增多，特别是各种威胁和挑战联动效应明显"③ 的现实境遇，我国出台《中华人民共和国国家安全法》，对政治安全、国土安全、军事安全、文化安全、科技安全等 11 个领域的国家安全任务进行了明确，从法律层面为保障国家安全与稳定提供了坚实基础，为其他国家推进现代化提供了有益参照。

综上可见，中国式现代化在创新性地破解兼顾活力与秩序的难题上有许多经验，从中可以发现许多值得国际社会借鉴之处：要有一个坚强有力的政党来领导实现现代化，要始终把人民的利益放在推进现代化事业的第一位，要以全领域全方位的改革来解决现代化进程中面临的问题，要通过不断加强社会治理为良好秩序提供有力保障，要处理好改革、发展与稳定之间的关系，等等。

---

① 习近平：《坚持走中国特色社会主义社会治理之路　确保人民安居乐业社会安定有序》，新华社 2017 年 9 月 19 日。

② 习近平：《坚定不移全面深化改革开放　脚踏实地推动经济社会发展》，《人民日报》2013 年 7 月 24 日。

③ 中共中央文献研究室：《习近平关于社会主义社会建设论述摘编》，中央文献出版社 2017 年版，第 172 页。

二、破解了主权独立与现代化难以兼容的悖论

遍览各国的现代化进程，许多后发国家在追求实现现代化的进程中，往往受到外部势力的干涉和控制，不得不以放弃主权独立为代价来换取进入资本主义世界经济体系的门票，陷入主权独立与现代化不可兼容的悖论。中国式现代化跳出这一窠臼，实现了以主权独立为前提的现代化，形成了独具特色的现代化路径。党的二十大报告明确指出："党的百年奋斗成功道路是党领导人民独立自主探索开辟出来的，马克思主义的中国篇章是中国共产党人依靠自身力量实践出来的，贯穿其中的一个基本点就是中国的问题必须从中国基本国情出发，由中国人自己来解答。"[①] 这就为我们立足中国实际、独立自主推进中国式现代化提供了根本遵循。

（一）主权独立与现代化难以兼容的悖论及其根源

第二次世界大战之后，一批殖民地半殖民地国家赢得了争取民族独立的胜利，但随着冷战格局的出现，赢得独立地位的国家面临着一个矛盾的选择：保持主权独立，就无法实现现代化；要实现现代化，就要丧失主权独立。为什么会出现这样的悖论？原因主要有以下三点：

第一，这些国家选择的发展道路决定了其现代化的依附性。第二次世界大战后实现民族独立的国家选择的发展道路基本上是资本主义道路。资本主义世界体系特别是其政治经济体系是有等级秩序的，处在这一秩序最高层的就是西方少数发达国家。这些国家凭借自身的经济、政治、军事优势把那些不发达资本主义国家都纳入了自身的政治经济体系之中，一些新兴国家正是在这种依附性政治经济体系中实现自身现代化

---

① 习近平:《高举中国特色社会主义伟大旗帜　为全面建设社会主义现代化国家而团结奋斗——在中国共产党第二十次全国代表大会上的报告》,《人民日报》2022 年 10 月 26 日。

的。西方资本主义国家在以资本为中心的现代化进程中，凭借其经济发达、工业化水平高、技术先进、资本密集的优势掌握了世界经济的主导权，并作为中心国家从全球经济中获益；而经济欠发达、主要依赖原材料出口、工业化水平低、技术落后的国家，在全球经济中则处于弱势地位，饱受中心国家剥削，这些国家一旦遵循西方的经济理论和发展模式，其经济增长方式和发展制度就被西方国家格式化了。

第二，外国援助的附加条件造成了其现代化的依附性。这些新兴国家在实现现代化的过程中要接受外国援助，而外国援助所附加的条件使其依附性加深。针对这一点，依附理论的代表人物萨米尔·阿明在 1976 年就指出：人们甚至可以这样认为，多边援助带有迫使受援国接受一定技术模式和特定发展方略的更大危险性，"国际货币基金组织通常用'意向书'向请求援助的政府下达指示，指明该政府必须采取的经济措施，其中几乎一成不变地包含有使贸易和外汇体制自由化的内容。国际货币基金组织的'忠告'总是极力主张经济稳定与自由贸易，也不管他人有寻求较为均衡的增长和较少不平均分配的要求"[①]。这种被现代化的结果就是逐步丧失国家政治经济主权的独立性。一些新兴国家依附性的现代化，是丧失了国家政治经济主权的现代化，是我们极力避免的现代化。种种原因，包括追赶过程中不得不接受西方国家资金援助和技术转让的附加条件，导致很多国家陷入"特洛伊木马"陷阱之中，德国学者鲁道夫·哈曼早在 1983 年就已经指出了这一点。发展中国家的经济增长如今在很大程度上依赖着工业国家的技术转让，特别是生产技术被大型跨国公司所垄断，它们凭借着复杂的资本密集型技术，决定性地影响着当前世界市场的发展，并决定着发展中国家的工业化进程。也就是说，发展

---

① ［美］塞缪尔·亨廷顿等：《现代化：理论与历史经验的再探讨》，罗荣渠主编，上海译文出版社 1993 年版，第 82 页。

进程和结果已经被西方国家的技术与资金无情地锁定了。鲁道夫·哈曼非常明确地指出："国家主权和自治权作为这些国家最重要的政治价值，可能因为依赖外国技术而遭到破坏。"弗里德里希·李斯特的评语可以恰当地在这里加以引用："自从特洛伊人从希腊人那里接受了一匹木马的时候起，某些国家接受其他国家礼物的事就变得不可靠了。"[①] 李斯特对发达国家向不发达国家输出"特洛伊木马"始终有着一种警觉。

第三，文化主体性的丧失也造成了其现代化的依附性。许多国家追求现代化的进程中，在丧失政治经济主权的独立性的同时，也逐渐丧失本民族在国家文化建设方面的主导权和主动性。比如第二次世界大战后，日本、韩国等国家的传统文化深受现代文化冲击，欧美的电影、音乐、生活方式等以快餐文化、时尚文化的形式大量涌入并腐蚀这些国家，使这些国家在文化上无根、失魂，在哲学社会科学领域缺少传承与大师，缺少真知与灼见，无法坚守和巩固自身的文化主体性，进而造成这些国家缺乏从国家战略高度出发形成的哲学思想和科学理论，使其在精神层面长期依附于西方国家。

（二）中国式现代化对这一悖论的破解及其国际意义

中国式现代化在破解主权独立与现代化难以兼容的难题的进程中，主要有以下四个创新之处：一是坚持独立自主的外交政策，维护国家主权和独立；二是坚持社会主义市场经济体制，抵御资本主义市场经济的各种消极影响；三是以推进国防和军队现代化为国家主权独立保驾护航；四是以"第二个结合"巩固文化主体性，为维护国家主权与独立提供思想支持。

第一，中国式现代化坚持以独立自主的外交政策维护国家主权和独

---

① ［美］塞缪尔·亨廷顿等：《现代化：理论与历史经验的再探讨》，罗荣渠主编，上海译文出版社 1993 年版，第 281 页。

立。中国式现代化长期坚持独立自主的和平外交政策。1953年周恩来总理在会见印度代表团时第一次提出和平共处五项原则；习近平总书记指出"中国坚定奉行独立自主的和平外交政策，始终根据事情本身的是非曲直决定自己的立场和政策，维护国际关系基本准则，维护国际公平正义"①。中国式现代化既不走殖民扩张的老路，也不走依附性现代化国家的弯路，而是奉行独立自主的和平外交政策，一切国际事务都从中国人民的根本利益和各国人民的共同利益出发，根据事情本身的是非曲直来决定自己的立场和政策，不依附任何大国；绝不把自己的意志强加于人，也绝不允许任何人把他们的意志强加于中国人民。中国既坚持自身的独立自主，也尊重其他国家的独立自主，并为构建相互尊重、公平正义、合作共赢的新型国际关系不断努力。

　　一是中国式现代化坚持"不结盟"政策。邓小平同志指出"中国的对外政策是独立自主的，是真正的不结盟"②；习近平总书记指出"要相互尊重、平等协商，坚决摒弃冷战思维和强权政治，走对话而不对抗、结伴而不结盟的国与国交往新路"③。一些西方国家奉行"小团体主义"，常常由少数几个国家结合成一个利益共同体，比如北大西洋公约组织、五眼联盟、七国集团等军事或经济结盟组织，共同瓜分世界市场，剥削后发国家利益。一些西方国家按照国家利益、价值理念等，在国际交往中将国家分为盟友、战略伙伴、友好国家等级别，针对不同的国家实施差异化的应对策略，这往往造成国家间的对抗和冲突。中国式现代化倡导和引领不结盟交往模式，为广大发展中国家在国际舞台上追求独立自

---

① 习近平：《高举中国特色社会主义伟大旗帜　为全面建设社会主义现代化国家而团结奋斗——在中国共产党第二十次全国代表大会上的报告》，《人民日报》2022年10月26日。
② 中共中央文献研究室：《邓小平关于建设有中国特色社会主义的论述专题摘编》，中央文献出版社1992年版，第159页。
③ 《习近平著作选读》第2卷，人民出版社2023年版，第48页。

主、互利共赢贡献了中国智慧。

二是中国式现代化尊重各个国家主权独立。习近平主席指出："大国要尊重彼此核心利益和重大关切，管控矛盾分歧，努力构建不冲突不对抗、相互尊重、合作共赢的新型关系。只要坚持沟通、真诚相处，'修昔底德陷阱'就可以避免。"①周恩来同志也指出："我们要求民族独立的各个国家，彼此要互相尊重，互相同情。"②中国始终尊重各国主权独立和领土完整，积极参与联合国等多边组织和国际事务，对待不同国家，无论大小强弱，都能一视同仁，强调通过对话和协商解决国际争端，支持国际法和《联合国宪章》的原则，不断为构建更加平等的国际政治经济新秩序作出应有贡献。

三是中国式现代化坚持和平崛起。中国式现代化是中国追求实现和平崛起的现代化，中国不谋求霸权，并且旗帜鲜明地反对霸权主义和强权政治，跳出了国际上关于主导国和崛起国之间必有一战的"修昔底德陷阱"。习近平总书记指出："中国共产党将致力于维护国际公平正义，促进世界和平稳定。中国式现代化不走殖民掠夺的老路，不走国强必霸的歪路，走的是和平发展的人间正道。"③综观西方国家现代化进程，"国强必霸"是西方国家历史兴衰的普遍现象，每当有一个大国崛起时，就不可避免地与现有霸权国家产生剧烈冲突。"19世纪末、20世纪初，德国和日本相继崛起，试图通过战争建立新的世界霸权、瓜分世界"，"20世纪初美国崛起，20世纪中叶苏联崛起，20世纪下半叶成为美苏争霸的

① 习近平：《共同构建人类命运共同体——在联合国日内瓦总部的演讲》，《人民日报》2017年1月20日。
② 中华人民共和国外交部、中共中央文献研究室：《周恩来外交文选》，中央文献出版社1990年版，第351页。
③ 习近平：《携手同行现代化之路——在中国共产党与世界政党高层对话会上的主旨讲话》，《人民日报》2023年3月16日。

世纪"。① 中国超越"国强必霸"的逻辑,始终坚持和平崛起,始终秉持着和平、发展、合作、共赢的外交政策,从不谋求所谓的世界霸权,也不谋求他国屈服于、依附于自身。

四是中国式现代化维护各国人民共同利益。进入新时代以来,中国提出的"一带一路"倡议符合各国人民的共同利益。习近平总书记指出:"要切实加强务实合作,积极推进'一带一路'建设,努力寻求同各方利益的汇合点,通过务实合作促进合作共赢。"② 相比于西方国家具有排他性、封闭性的合作协议,"一带一路"倡议是实现共赢共享发展的重要区域合作平台,为共建国家带来了许多发展机遇。2013—2022 年,中国与共建国家双向投资累计超过 3800 亿美元,其中中国对外直接投资超过 2400 亿美元。截至 2023 年 6 月底,中国与五大洲的 150 多个国家、30 多个国际组织签署了 200 多份共建"一带一路"合作文件。③

五是中国式现代化倡导国家间平等交流对话。党的十八大以来,我国主导多个国际高端峰会,为解决区域问题和全球性问题提供平等交流对话平台。我国举办了首届"一带一路"国际合作高峰论坛、亚太经合组织(APEC)领导人非正式会议、二十国集团领导人杭州峰会、金砖国家领导人厦门会晤、亚信峰会、亚洲文明对话大会、中国国际进口博览会(CIIE)等多个峰会,展示了中国作为负责任大国的影响力和领导力,这为不同国家平等地参与区域问题的对话和协商提供了广阔平台和宝贵机会。

第二,中国式现代化以社会主义市场经济体制维护经济发展自主

① 陈曙光:《"世界之问"与中国方案》,人民出版社 2022 年版,第 69 页。
② 《习近平著作选读》第 1 卷,人民出版社 2023 年版,第 320 页。
③ 参见《推进高质量共建"一带一路"行稳致远——国新办发布会聚焦〈共建"一带一路":构建人类命运共同体的重大实践〉白皮书》,中国政府网 2023 年 10 月 10 日,https://www.gov.cn/lianbo/bumen/202310/content_6908233.htm.

性。回顾现代化历史进程，但凡试图通过模仿和追随西方国家实现现代化的国家，在经济上不可避免地都要在不同程度上发展资本主义，承受资本主义市场经济的种种消极影响，比如由剩余价值剥削所造成的劳资对立、由生产力发展和资本有机构成提高所造成的失业、由资本积累所造成的贫富两极分化、由无序生产所造成的生产过剩危机、由无组织无计划经济发展所造成的盲目发展、由产业链分工所造成的国际剥削，以及由金融市场的高度活跃和高风险所造成的金融领域的不稳定等。长久以来，世界经济体系由资本主义市场经济所主导，中国特色社会主义市场经济体制一方面可以规避资本主义市场经济所具有的种种缺陷，另一方面可以使中国少受由资本主义宰制的世界经济体系的压榨，从而保持中国经济的独立性和安全性。

社会主义市场经济是同社会主义基本制度结合在一起的，既可以发挥市场经济的长处，又可以发挥社会主义制度的优越性，使市场在国家宏观调控下对资源配置起决定性作用，确保国民经济能够平稳运行和有序发展。进入新时代以来，党中央持续坚持和完善社会主义基本经济制度，构建更加系统完备、更加成熟定型的高水平社会主义市场经济体制，并于 2020 年 5 月印发《关于新时代加快完善社会主义市场经济体制的意见》，明确指出要建设高标准市场体系，全面完善产权、市场准入、公平竞争等制度，筑牢社会主义市场经济有效运行的体制基础；以要素市场化配置改革为重点，加快建设统一开放、竞争有序的市场体系，推进要素市场制度建设，实现要素价格市场决定、流动自主有序、配置高效公平；完善政府经济调节、市场监管、社会管理、公共服务、生态环境保护等职能，创新和完善宏观调控，进一步提高宏观经济治理能力；以保护产权、维护契约、统一市场、平等交换、公平竞争、有效监管为基本导向，不断完善社会主义市场经济法治体系，确保有法可依、执法必严、违法必究。

　　基于此，中国式现代化以系统思维从整体视角加快建设现代经济体系，推动经济领域改革，使中国在世界经济版图中的优势地位日益凸显，为夯实中国经济的独立性奠定了更加坚实的基础。在生产环节，完善科技创新体系，实施创新驱动发展战略，"加快建设实体经济、科技创新、现代金融、人力资源协同发展的产业体系"[①]；在分配环节，建设体现效率、促进公平的收入分配体系，实现收入分配合理、社会公平正义、全体人民共同富裕，在现代化产业体系中增加知识、技术等高质量生产要素的收入，提高中等收入群体占比；在流通环节，"构建全国统一大市场，深化要素市场化改革，建设高标准市场体系"[②]，同时"依托我国超大规模市场优势，以国内大循环吸引全球资源要素，增强国内国际两个市场两种资源联动效应，提升贸易投资合作质量和水平"[③]；在公共服务方面，实施科教兴国战略、就业优先战略，健全社会保障体系，推进健康中国建设，增强人民的获得感和幸福感，为现代经济体系的构建提供重要支撑。在不断完善社会主义市场经济体制的基础上，推动构建现代经济体系，促使中国式现代化的经济发展具有相对独立性，不受资本主义政治经济体系的"钳制性"影响。

　　第三，中国式现代化以推进国防和军队现代化为国家主权独立保驾护航。习近平总书记明确指出："强国必须强军，军强才能国安。坚持党指挥枪、建设自己的人民军队，是党在血与火的斗争中得出的颠扑不破的真理。人民军队为党和人民建立了不朽功勋，是保卫红色江山、维护民族尊严的坚强柱石，也是维护地区和世界和平的强大力量。"[④] 进入 21

① 《习近平著作选读》第 2 卷，人民出版社 2023 年版，第 68 页。
② 《习近平著作选读》第 1 卷，人民出版社 2023 年版，第 24 页。
③ 《习近平著作选读》第 1 卷，人民出版社 2023 年版，第 27 页。
④ 习近平：《在庆祝中国共产党成立 100 周年大会上的讲话》，人民出版社 2021 年版，第 15 页。

世纪后，国防和军队现代化建设步伐加快，军事机械化水平和信息化建设都取得长足进步，在信息化战争环境中的威慑与实战能力也大幅增强。中国式现代化始终坚持科学地分析全球局势以及世界军事发展最新动态，准确判断我国国防和军队建设历史定位，成为推动国防和军队现代化建设实现跨越式发展的关键前提。国防和军队现代化的推进为中国式现代化进程中始终保持主权独立提供坚强后盾，主要体现为以下三点：

一是贯彻执行关于国防和军队现代化的理念方针。中国式现代化首先强调党对军队的绝对领导，通过加强党的组织建设、提高党员干部素质、推进党风廉政建设和反腐败斗争等措施，以"加强军队党的建设，开展'传承红色基因、担当强军重任'主题教育"①等确保党对军队的绝对领导，始终保持人民军队的性质、宗旨和本色，引导广大官兵传承红色文化、弘扬革命精神、牢记强军目标，增强使命感、责任感和荣誉感。其次，中国式现代化坚持富国与强军相统一的方针政策。富国是强军的基础和前提，强军是富国的重要保障和支撑，中国式现代化通过加强统一领导、顶层设计、改革创新和重大项目落实等措施，深化国防科技工业改革，推动军民融合向更深层次、更广领域、更高水平发展。

习近平总书记指出："坚持富国和强军相统一，强化统一领导、顶层设计、改革创新和重大项目落实，深化国防科技工业改革，形成军民融合深度发展格局，构建一体化的国家战略体系和能力。"②最后，中国式现代化强调战斗力是人民军队的核心竞争力，是检验军队建设成效的根本标准。军队"一切工作都必须坚持战斗力标准，向能打仗、打

---

① 《习近平著作选读》第 2 卷，人民出版社 2023 年版，第 44 页。
② 《习近平著作选读》第 2 卷，人民出版社 2023 年版，第 45 页。

胜仗聚焦"①。

二是国防和军队现代化取得显著成就。习近平总书记指出："铭记伟大胜利，推进伟大事业，必须加快推进国防和军队现代化，把人民军队全面建成世界一流军队。"② 在世界新军事革命正在发生并孕育新的重大突破的背景下，我国军事电子信息技术快速发展，全球定位系统、军用计算机技术、军用软件技术、雷达技术和军用微电子技术取得新突破。首先，在海军方面，我国舰艇数量发展速度十分迅猛，海军建设迈入发展的快车道，各种先进舰艇陆续服役。辽宁舰航母、山东舰航母、福建舰航母、055 型万吨驱逐舰、052D 型导弹驱逐舰和 075 型两栖攻击舰的服役，标志着我国已拥有一支强大的人民海军。其次，在陆军方面，我国已经拥有规模庞大的陆军，并装备大量坦克、自行火炮和导弹等现代化武器，具备强大的陆战能力；我国陆军具备卓越的机动能力、火力打击能力和信息化作战能力，能够实现广泛的战场覆盖和纵深作战；装甲兵、炮兵、导弹兵、空降兵等多兵种协同作战，使我国陆军在陆地作战中占据明显优势。最后，在空军方面，我国空军已经具备强大的空战和对地攻击能力，初步形成了一支具备威慑力的作战力量，我国第五代战斗机歼 –20 以及歼 –35A 在综合性能上已具备与美国先进战机相抗衡的能力。

三是国防和军队现代化促使"共和国脊梁"日益坚挺。最为直观的体现是，国防和军队现代化为我国海外护航、迅速撤侨等提供了坚强的后盾。2012 年 12 月，随着中非共和国反政府武装攻占越来越多的城市，该国国内的 311 名中国公民的生命财产安全受到了严重威胁，我国外交部当即和喀麦隆等周边国家进行协商，成功撤离了 308 名中国公民；

---

① 《习近平著作选读》第 2 卷，人民出版社 2023 年版，第 44 页。
② 《习近平著作选读》第 2 卷，人民出版社 2023 年版，第 361 页。

2015 年 3 月，沙特等国与也门爆发冲突，上级命令中国海军第 19 批护航编队暂停执行在亚丁湾的护航任务，立即前往也门执行撤侨任务，在接到上级命令后，中国海军立即组织 054A 型导弹护卫舰临沂舰、潍坊舰和 903 型远洋综合补给舰微山湖舰星夜兼程向也门亚丁港海域机动，并于 3 月 29 日顺利抵达亚丁港，在所有国家中，中国是唯一一个派出军舰救人的国家。

第四，中国式现代化以"第二个结合"巩固文化主体性。习近平总书记指出："理论自觉、文化自信，是一个民族进步的力量；价值先进、思想解放，是一个社会活力的来源。国家之魂，文以化之，文以铸之。"[①] 文化对于塑造社会价值观、传承历史文化、提升国家软实力、促进经济发展、推动社会创新等具有不可替代的作用，更为维护国家主权与独立提供思想支持。中国式现代化始终坚持文化领域改革的自主性，特别是注重将马克思主义基本原理与中华优秀传统文化相结合。习近平总书记明确提出"'第二个结合'让马克思主义成为中国的，中华优秀传统文化成为现代的，让经由'结合'而形成的新文化成为中国式现代化的文化形态"[②]，进一步为文化领域改革指明了方向。新时代以来，党将文化领域的改革提升到中华民族伟大复兴的高度加以部署，不断深化对文化领域改革的规律性认识，取得了系列创新成果，文化领域改革实现了不断"满足人民日益增长的精神文化需求，巩固全党全国各族人民团结奋斗的共同思想基础，不断提升国家文化软实力和中华文化影响力"[③] 的目标，既得到其他国家认可，也令世界人民向往，中华文化的国际影响力不断扩大。

---

① 《习近平著作选读》第 2 卷，人民出版社 2023 年版，第 164 页。
② 习近平：《在文化传承发展座谈会上的讲话》，《求是》2023 年第 17 期。
③ 习近平：《高举中国特色社会主义伟大旗帜　为全面建设社会主义现代化国家而团结奋斗——在中国共产党第二十次全国代表大会上的报告》，《人民日报》2022 年 10 月 26 日。

中国式现代化通过吸收中国传统文化中的优秀元素（如儒家文化的大同思想、道家文化的自然观念等），与马克思主义基本原理相结合，成功地构建了一条符合中国国情、历史和文化特点的发展道路。这一路径不仅增强了文化自觉、文化自信和文化自强，也为解决现代化过程中的各种社会矛盾提供了理论支撑和实践指导，凸显出文化在推动中国特色社会主义现代化建设中的重要作用和深远影响。新时代以来，中国式现代化从"增强实现中华民族伟大复兴的精神力量"的高度，把握和推进文化建设与发展，不断从意识形态、精神谱系、核心价值观、道德水准、文明素养等更高的层面认识文化发展方向、作用和意义，不仅注重文化事业、文化产业作为文化艺术感性方面的功能发挥，而且更加注重发挥其与民族复兴、社会发展、时代进步紧密契合的精神意义和文明价值，推动构建中华民族现代文明，以文化主体性的巩固为国家主权与独立提供精神和思想层面的支持。

综上可见，中国式现代化在破解主权独立与现代化难以兼容的悖论的进程中，首先在政治上注重维护国家主权和独立，在经济上注重抵御资本主义市场经济的各种消极影响，在国家安全上注重推进国防和军队现代化，在思想文化上注重巩固文化主体性，这些都为中国在实现现代化进程中保持自身独立性提供了有力支撑，也为后发国家解决主权独立与现代化难以兼容的问题提供了宝贵经验。

三、避免了"福利主义陷阱"和"中等收入陷阱"

世界现代化进程中，西方国家和后发国家在追求经济增长的过程中常常面临着"福利主义陷阱"和"中等收入陷阱"两大考验，一些国家由于长期实行高福利政策，需要时刻警惕"福利主义陷阱"所带来的种种危机，一些国家由于深陷"中等收入陷阱"，国民经济长期疲软又无法得到改善。中国在追求现代化的过程中吸取这些国家的教训，充分认识到分配问题、产业链布局和国民经济持续发展的重要性，采取有力措施成功避免了这两大陷阱及其危害，为其他国家避免这两个陷阱贡献了中国智慧和中国方案。

（一）何为"福利主义陷阱"和"中等收入陷阱"？

第一，"福利主义陷阱"是孵化各种社会危机的"温床"。"福利主义陷阱"通常指某一国家或地区持续超过政府财力为社会提供住房、养老、医疗、教育、救济等一系列福利保障，从而导致政府陷入财力透支、举借外债甚至国家破产等窘境中。一些西方国家长期违背政府财政"量入为出"的基本法则，如希腊等国依靠高负债、北欧国家依靠高财政赤字构建"从摇篮到坟墓"的高福利社会政策，这些国家的国民即使不从事任何工作，也能终生享有极其可观的福利待遇，这就造成巨大的财政赤字和公共债务缺口，使得国家在承担其他职能上不可持续。许多西方学者认为，盲目推行的高福利政策已经成为制约经济发展的不利因素。[1]还有一些西方国家的政党为了在政治博弈中获得更多的选票，往往会承诺提供超过国家财政承受能力的高福利，最终导致许多选民对政府高福利政策产生依赖心理，失去工作动力成为懒汉，一旦有降低个人福利的政策出台，就会爆发大规模的游行示威活动，对经济社会发展造成了严重的影响。此外，拉美一些国家也因长期实行高福利社会政策，导致财政赤字和债务危机，陷入"福利主义陷阱"。

福利主义最早于19世纪末期就开始流行，本质上是资本主义国家为缓和社会矛盾、挽救资本主义制度所进行的局部改良。但是在现代化进程中，逐渐衍生出"福利主义陷阱"，引发各种危机：持续性的高福利开支使政府财政负担过重，政府提高税率又使得企业和个人的经济负担加重，导致经济无法良性循环；高福利政策催生的民众依赖心理使得降

---

[1]　参见《欧洲高福利制度亟须深层次改革》，《人民日报》2019年7月12日。

低福利的风险增大，因为有可能引起社会动乱；政府举借外债导致政府破产的风险增大；政党竞选时对选民承诺的高福利政策常常无法全部兑现，使政府信誉降低、社会动荡风险增大；经济全球化使得各个国家之间经济关系日益密切，某一国家陷入"福利主义陷阱"，往往会牵涉其他国家，引起一系列不良连锁反应。

第二，"中等收入陷阱"是许多国家难以脱身的"沼泽地"。第二次世界大战后，西方国家大力推动技术革命和构建全球产业链，凭借其在技术、资金、金融、非政府组织上的优势等占据全球产业链上游，并牢牢掌控高附加值的环节，攫取全球化进程中绝大部分利益。一些国家在现代化进程中凭借自然资源、人口等优势，很快使人均收入达到了一定水准，但是由于低端制造业转型失败，工资水平长期停留在由低端制造业所带来的中等收入阶段，这些国家长期处于全球产业链的低附加值环节，无法找到新的经济增长点，被迫掉入"中等收入陷阱"，国民经济也持续减速或长期缓慢增长。世界银行《东亚经济发展报告（2006）》归纳总结这一现象，并指出当今世界很少有中等收入经济体顺利进阶到高收入经济体，大多数国家在进入中等收入阶段以后会长期停滞、无法摆脱，难以使人均国民收入达到高收入水平。（根据2024年世界银行标准，人均国民收入高于4516美元但低于14005美元的属于中等偏上收入经济体，超过14005美元的属于高收入经济体）

拉丁美洲的巴西，其经济社会发展水平虽然位居拉美国家前列，但是近半个多世纪以来长期停滞在中等收入水平而未能进入高收入经济体行列，是深陷"中等收入陷阱"的典型代表之一，其背后存在许多原因：一是过早去工业化。巴西的工业化开始较早，并且较快实现了预期目标，于是开始施行去工业化，导致大量农业转移人口无法进入制造业，而进入低端服务业，使得自身长期处于全球产业链中下游。二是巴西一度施行"出口导向型发展模式"，却未能解决先前因"进口替代战略"而产生的种种问题，最后只能通过举借外债、消除通胀等措施来解决问题，使得经济发展中的深层次矛盾长期得不到解决。三是巴西目前所采取的税制、工资制度、养老金改革等都需要大量资金作为支撑，但是巴西长期陷在"中等收入陷阱"中，经济危机长期存在，使得国民经济疲软，无法为改革提供财力支持，形成恶性循环。

综上可见，"福利主义陷阱"和"中等收入陷阱"涉及的主要问题聚焦在分配领域、产业链布局和国民经济持续发展上，中国式现代化充分认识到这三点的重要性，成功避免了这两大陷阱。

（二）中国式现代化避免这两大陷阱的方法及其国际意义

基于避免"福利主义陷阱"和"中等收入陷阱"的关节点在于分配问题、产业链布局和国民经济持续发展三个方面，中国式现代化通过推进共同富裕、优化产业链结构布局、完善分配制度跨越了这两大陷阱。

多措并举推进共同富裕。中国式现代化深刻认识到"福利主义陷阱"的危害，坚持"共同富裕是中国特色社会主义的根本原则，所以必须使发展成果更多更公平惠及全体人民，朝着共同富裕方向稳步前进"[1]，并强调"共同富裕……是中国式现代化的重要特征。我们说的共同富裕是全体人民共同富裕，是人民群众物质生活和精神生活都富裕，不是少数人的富裕，也不是整齐划一的平均主义"[2]。基于此，中国式现代化进程中，一是统筹协调推进共同富裕。既注重大力推动以公有制为主体、多种所有制经济共同发展，充分发挥公有制经济在促进共同富裕中的重要作用，提供各种政策支持来促进非公有制经济健康发展和非公有制经济人士创业就业，最大限度地将贫困扼杀在摇篮里；又注重坚持人民至上的发展理念，正确处理效率与公平的关系，构建初次分配、再

---

① 中共中央文献研究室：《十八大以来重要文献选编》上，中央文献出版社 2014 年版，第78—79 页。

② 习近平：《扎实推动共同富裕》，《求是》2021 年第 20 期。

分配、三次分配相互协调的基础性制度安排，加大中等收入群体比重，增加低收入群体收入，合理调节高收入，取缔非法收入，形成中间大、两头小的橄榄型分配结构，为共同富裕的实现铺路架桥。二是民生保障建设促进共同富裕。西方发达国家在社会保障上面的支出看似巨大，实际上在国家垄断集团的控制下，大量本该应用于民生保障建设的资金，大部分流入了国际垄断资本的口袋。美国人口普查局的数据显示，2021年美国贫困率为11.6%，即有接近4000万的美国人口陷入贫困中，号称"人人平等"的美国陷入"贫者愈贫，富者愈富"的怪圈。中国式现代化超越西方"以资本为中心"的现代化的"民生陷阱"，注重在经济发展和财力可持续的前提下不断保障和改善民生，持续缓解民众生活压力、增进百姓福祉，既保障民众福利，又有助于推进共同富裕。习近平总书记指出："社会保障是保障和改善民生、维护社会公平、增进人民福祉的基本制度保障，是促进经济社会发展、实现广大人民群众共享改革发展成果的重要制度安排，发挥着民生保障安全网、收入分配调节器、经济运行减震器的作用，是治国安邦的大问题。"[1] 三是循序渐进推进共同富裕。习近平总书记指出："共同富裕是一个长远目标，需要一个过程，不可能一蹴而就，对其长期性、艰巨性、复杂性要有充分估计，办好这件事，等不得，也急不得。"[2] 一些西方发达国家的工业化已经搞了几百年，但是迄今仍然没有解决共同富裕问题，贫富悬殊、社会分配不均等问题反而越来越严重，"福利主义陷阱"的不良后果也造成严重危害。因此，中国式现代化既尊重"循序"的科学规律，又把握"渐进"的发展方向，坚持"循序"与"渐进"的辩证统一，注重长远目标和阶段性目标的有机衔接，取得了脱贫攻坚的全面胜利，探索出一条符合中

---

① 《习近平著作选读》第 2 卷，人民出版社 2023 年版，第 447 页。

② 习近平：《扎实推动共同富裕》，《求是》2021 年第 20 期。

国国情的现代化道路。中国式现代化对共同富裕发展道路的探索，为世界上那些希望切实提高人民生活水平的国家提供了有益参考。

第二，优化产业链结构布局。习近平总书记指出："要及时将科技创新成果应用到具体产业和产业链上，改造提升传统产业，培育壮大新兴产业，布局建设未来产业，完善现代化产业体系。要围绕发展新质生产力布局产业链，提升产业链供应链韧性和安全水平，保证产业体系自主可控、安全可靠。"[①]进入新时代以来，习近平总书记高度重视产业链在推动建设制造强国中的重要作用，多次强调优化产业链结构布局，从而推动产业结构升级，避免低端产业产能过剩，阻滞产业链全面升级，陷入"中等收入陷阱"。2023 年 9 月以来，在国资委等部委的推动下，中央企业开展"产业链融通发展共链行动"，通过加强产业链协同创新，推动产业链上下游企业加强合作，整合科技创新资源，引领发展战略性新兴产业和未来产业，加快形成新质生产力，充分保障中国经济发展避开"中等收入陷阱"。

第三，不断完善分配制度。习近平总书记就分配问题明确指出："把蛋糕分好，形成人人享有的合理分配格局。"[②]分配制度既影响收入分配结构，又影响贫富差距水平，因此中国式现代化注重通过不断地完善分配制度来避免"福利主义陷阱"和"中等收入陷阱"。一是坚持和完善按劳分配为主体、多种分配方式并存的分配制度。习近平总书记指出："要贯彻以人民为中心的发展思想，完善分配制度，健全社会保障体系，强化基本公共服务，兜牢民生底线，解决好人民群众急难愁盼问题，让现代化建设成果更多更公平惠及全体人民，在推进全体人民共同富裕上

---

① 《习近平在中共中央政治局第十一次集体学习时强调：加快发展新质生产力　扎实推进高质量发展》，《人民日报》2024 年 2 月 2 日。

② 习近平：《扎实推动共同富裕》，《求是》2021 年第 20 期。

不断取得更为明显的实质性进展。"① 分配制度是实现社会公平正义、提高经济效率、维护社会稳定、消除社会不平等现象以及促进人才流动和资源配置的重要方式。西方国家的收入分配制度实际上是以按资分配为基础，存在严重的社会分配不公、贫富两极分化等问题。尤其是以美国为代表的部分西方国家，为了获得大资本的选票，总统候选人不遗余力地为减税站台。中国式现代化打破西方以资本为分配标准的制度，坚持按劳分配为主体、多种分配方式并存，实质上推动了社会整体福利的最大化。二是切实发挥政府在初次分配、再分配、第三次分配中的调节作用。习近平总书记指出："分配制度是促进共同富裕的基础性制度。坚持按劳分配为主体、多种分配方式并存，构建初次分配、再分配、第三次分配协调配套的制度体系。"② 西方经济学家提出了"涓滴效应"，为西方的经济分配制度辩护。"涓滴效应"是指在经济增长过程中，财富首先集中于富人和企业，随后通过他们的消费和投资，逐渐"涓滴"至经济体系中的普通工人和中下层消费者。然而实践表明，这使得经济不平等现象更加严重。英国学者约翰·米尔斯就指出："在刚刚逝去的四分之一世纪中，几乎所有的发达国家都存在一种退步现象，即从收入和财富分配方面较低程度的分化状况退步到较高程度的分化状况。而那种较低程度的分化状况是人们在二十世纪经过整整四分之三世纪左右的奋斗才得以实现的。"③ 法国学者托马斯·皮凯蒂也通过分析大量的历史数据发现，资本回报率（r）通常高于经济增长率（g），自 20 世纪 70 年代以来，税收政策放宽和金融市场自由化导致资本回报率大幅上升，财富不平等再

---

① 习近平:《在第十四届全国人民代表大会第一次会议上的讲话》,《人民日报》2023 年 3 月 14 日。

② 习近平:《高举中国特色社会主义伟大旗帜　为全面建设社会主义现代化国家而团结奋斗——在中国共产党第二十次全国代表大会上的报告》,《人民日报》2022 年 10 月 26 日。

③ ［英］约翰·米尔斯:《一种批判的经济学史》,高湘泽译,商务印书馆 2005 年版,第 62 页。

度加剧。造成这些现象的根本原因在于，资本主义国家以维护资本利益为出发点，不想也不能去采取危害资本利益的行为。中国式现代化注重建立公平、合理的税收制度，通过调整个人所得税、企业所得税等税收政策，缩小收入分配差距；注重加大社会保障投入，完善养老、医疗、教育等社会保障制度，为低收入群体提供基本生活保障；注重通过转移支付手段，如扶贫资金、救灾资金等，对特定地区或人群进行财政补贴，缓解贫困和不平等状况。三是着力扩大中等收入群体，增加低收入者收入，调节过高收入。习近平总书记指出："坚持多劳多得，鼓励勤劳致富，促进机会公平，增加低收入者收入，扩大中等收入群体。"[1]"完善个人所得税制度，规范收入分配秩序，规范财富积累机制，保护合法收入，调节过高收入，取缔非法收入。"[2]中国式现代化鼓励和支持中等收入群体中的有志之士创业创新，提供创业扶持政策和创新资金支持，帮助他们实现事业发展和收入提升；改革个人所得税制度，加大对资本利得、财产转让等非劳动所得的税收征管力度，防止财富过度集中；加强对企业高管薪酬、垄断行业收入分配等领域的监管，建立健全收入分配的规范和约束机制，防止收入分配不公和过高收入现象的发生；鼓励和支持高收入群体参与社会公益事业，通过慈善捐赠、公益投资等方式回馈社会，促进财富的合理流动和再分配。

综上可见，中国式现代化通过推进共同富裕、优化产业链结构布局、不断完善分配制度来解决可能使中国陷入"福利主义陷阱"和"中等收入陷阱"的问题，并让中国成功避开了这两大陷阱，为世界各国提供了成功范例和重要参考。

---

① 习近平：《高举中国特色社会主义伟大旗帜　为全面建设社会主义现代化国家而团结奋斗——在中国共产党第二十次全国代表大会上的报告》，《人民日报》2022 年 10 月 26 日。
② 习近平：《高举中国特色社会主义伟大旗帜　为全面建设社会主义现代化国家而团结奋斗——在中国共产党第二十次全国代表大会上的报告》，《人民日报》2022 年 10 月 26 日。

第五章

中国式现代化创造了人类文明新形态

  人类文明新形态是中国共产党团结带领中国人民在开创中国特色社会主义、推进中国式现代化进程中创造的新型文明形态，是兼具创新性与发展性、民族性与世界性的社会主义文明形态。从创新性维度来看，人类文明新形态是在对资本主义文明形态进行扬弃的基础上，深刻总结文明发展经验而形成的一种全新的文明形态；从发展性维度来看，人类文明新形态是一种在实践中发展的文明形态，以发展赋予人类文明形态新的丰富内涵，体现了具体的、历史的统一；从民族性维度来看，人类文明新形态是基于中国国情、彰显中国特色，蕴含着鲜明的中华文明基因的文明形态；从世界性维度来看，人类文明新形态具有世界意义，"拓展了发展中国家走向现代化的途径，给世界上那些既希望加快发展又希望保持自身独立性的国家和民族提供了全新选择"[①]。

  "对历史最好的继承就是创造新的历史，对人类文明最大的礼敬就是创造人类文明新形态。"[②] 创造人类文明新形态是中国共产党在推进中国式现代化过程中为人类文明进步所作出的巨大贡献。习近平总书记强

---

① 习近平：《决胜全面建成小康社会　夺取新时代中国特色社会主义伟大胜利——在中国共产党第十九次全国代表大会上的报告》，《人民日报》2017 年 10 月 28 日。

② 习近平：《在文化传承发展座谈会上的讲话》，《求是》2023 年第 17 期。

调：中国式现代化的本质要求是"坚持中国共产党领导，坚持中国特色社会主义，实现高质量发展，发展全过程人民民主，丰富人民精神世界，实现全体人民共同富裕，促进人与自然和谐共生，推动构建人类命运共同体，创造人类文明新形态"[①]。中国式现代化作为一种全新的人类文明形态，不仅创造了不同于资本主义的物质文明新形态、政治文明新形态、精神文明新形态、社会文明新形态和生态文明新形态，还为人类实现现代化提供了科学理论指导和文明实践参照。一言以蔽之，中国共产党推进中国式现代化的过程，也就是以中国式现代化创造人类物质文明新形态、人类政治文明新形态、人类精神文明新形态、人类社会文明新形态以及人类生态文明新形态的过程。

一、创造了人类物质文明新形态

"中国式现代化，打破了'现代化＝西方化'的迷思，展现了现代化的另一幅图景，拓展了发展中国家走向现代化的路径选择，为人类对更好社会制度的探索提供了中国方案。"[②] 中国式现代化作为一种从根本上区别于西方的现代化模式，不仅重塑了中国的经济和社会面貌，也向世界展示了一条可持续发展的新道路。中国式现代化克服了西方现代化发展模式的弊端，创造了以兼顾效率与公平、经济快速发展和社会长期稳定、"并联式"发展为主要内容的人类物质文明新形态。

（一）中国式现代化创造了兼顾效率与公平的文明形态

习近平总书记指出："中国式现代化既要创造比资本主义更高的效率，又要更有效地维护社会公平，更好实现效率与公平相兼顾、相促

---

① 习近平：《高举中国特色社会主义伟大旗帜　为全面建设社会主义现代化国家而团结奋斗——在中国共产党第二十次全国代表大会上的报告》，《人民日报》2022 年 10 月 26 日。
② 《习近平在学习贯彻党的二十大精神研讨班开班式上发表重要讲话强调　正确理解和大力推进中国式现代化》，《人民日报》2023 年 2 月 8 日。

进、相统一。"① 中国式现代化所倡导的兼顾效率与公平的文明形态，体现了一种既追求经济增长又注重社会公平的发展理念，为人类文明新形态的创造指明了方向。

首先，兼顾效率与公平，关键是推动高质量发展。以高质量发展促进效率与公平的实现，是中国式现代化战略的核心目标之一。没有物质生产力极大提高的高质量发展，既不可能有高质量的效率，也不可能有高质量的公平。高质量发展本身既是做大"蛋糕"的前提，也是分好"蛋糕"的关键。在推动经济高质量发展的过程中，需要正确处理好经济增长和物质分配的关系，在做大"蛋糕"的同时分好"蛋糕"，让现代化建设成果更多更公平惠及全体人民。其次，兼顾效率与公平，核心是促进全体人民共同富裕。习近平总书记指出：共同富裕是中国特色社会主义的根本原则，实现共同富裕是我们党的重要使命。他还强调："我们追求的发展是造福人民的发展，我们追求的富裕是全体人民共同富裕"，要"让发展成果更多更公平惠及全体人民，不断促进人的全面发展，朝着实现全体人民共同富裕不断迈进"。② 中国式现代化是全体人民共同富裕的现代化，是在保证效率的前提下实现公平的现代化，体现了兼顾效率与公平的原则。全体人民共同富裕的发展目标强调在推动经济发展的同时，要完善促进机会公平的制度机制等，让每个人都有人生出彩的机会，确保发展成果更加公平地惠及所有人。比如：健全基本公共服务体系，提高公共服务水平，增强均衡性和可及性；健全就业公共服务体系，完善重点群体就业支持体系，加强困难群体就业兜底帮扶；统筹城乡就业政策体系，破除妨碍劳动力、人才流动的体制和政策弊端，消除影响平等就业的不合理限制和就业歧视，使人人都有通过勤奋劳动

① 习近平：《推进中国式现代化需要处理好若干重大关系》，《求是》2023年第19期。
② 中共中央宣传部：《习近平新时代中国特色社会主义思想学习纲要》，学习出版社、人民出版社2019年版，第45页。

实现自身发展的机会；健全终身职业技能培训制度，推动解决结构性就业矛盾；促进多层次医疗保障有序衔接，完善大病保险和医疗救助制度；健全分层分类的社会救助体系；等等。最后，处理好效率与公平的关系，抓手是完善分配制度。习近平总书记强调，"正确处理效率和公平的关系，构建初次分配、再分配、三次分配协调配套的基础性制度安排"[①]。中国式现代化着重于调整和优化初次分配、再分配、三次分配机制，力求通过市场机制合理确定劳动、资本、土地、知识等生产要素的收益分配比例，同时加强税收、社会保障、转移支付等再分配调节手段，有效缩小收入差距。此外，通过慈善事业和公益活动等形式的三次分配，鼓励社会力量参与到缩小贫富差距、促进社会公平正义中来。完善的分配制度旨在激励各类主体积极参与经济社会发展，同时确保社会的公平性和正义性，促进社会的和谐稳定。

总之，中国式现代化通过这三个方面的深入实践，展现了一种既注重发展效率，又强调公平正义的现代化道路。这种道路不仅推动了中国经济的快速增长和社会的全面进步，也为全球提供了有益的经验和启示，展示了在全球化和复杂多变的国际环境下实现经济社会可持续发展的可能路径。

（二）中国式现代化创造了经济快速发展和社会长期稳定的文明形态

新中国成立七十多年来，我们党领导人民创造了世所罕见的经济快速发展奇迹和社会长期稳定奇迹。中国式现代化所塑造的经济快速发展与社会长期稳定的文明形态，是在贯彻新发展理念、持续改善民生以及提升治理效能三个关键方面系统实践和深入推进的结果，巧妙地平衡了经济增长与社会和谐的关系。这种文明形态不仅实现了经济的飞速发展，而且保持了社会的稳定与持续进步，为解决发展中的矛盾和挑战提

[①] 《习近平谈治国理政》第 4 卷，外文出版社 2022 年版，第 144 页。

供了有益的经验和启示。

首先，贯彻新发展理念。新发展理念包括创新、协调、绿色、开放、共享五个方面，是中国式现代化的指导思想之一。中国式现代化"坚持面向世界科技前沿、面向经济主战场、面向国家重大需求、面向人民生命健康"[1]，积极实施创新驱动发展战略，加快实现高水平科技自立自强，不断提升国家创新能力和经济核心竞争力，把科技成果应用在实现社会主义现代化的伟大事业中。协调发展理念促进中国式现代化经济社会行稳致远，坚持协调发展，增强发展的平等性、包容性和可持续性，实现城乡间、区域间的均衡发展。绿色发展理念彰显了中国式现代化对历史新阶段富国之道的科学把握，推进绿色发展，推进能源结构和产业结构的绿色转型。开放发展理念着力于解决中国式现代化发展过程中的内外联动问题，"中国发展离不开世界，世界发展也需要中国。中国通过改革开放实现自身发展，创造了中国奇迹，同时又通过自身发展为世界进步贡献力量"[2]。坚定不移奉行互利共赢的开放战略，继续从世界汲取发展动力，也让中国发展更好惠及世界，把中国梦和周边各国人民美好生活的愿望对接起来，使中国式现代化更深层次参与全球经济合作与竞争。共享发展理念则确保中国式现代化的发展成果由全体人民共同分享，不断提升人民的获得感、幸福感和安全感。在新发展理念的指引下，"我国经济实力实现历史性跃升。国内生产总值从五十四万亿元增长到一百一十四万亿元，我国经济总量占世界经济的比重达百分之十八点五，提高七点二个百分点，稳居世界第二位；人均国内生产总值从三万九千八百元增加到八万一千元。谷物总产量稳居世界首位，十四

---

[1] 习近平：《高举中国特色社会主义伟大旗帜　为全面建设社会主义现代化国家而团结奋斗——在中国共产党第二十次全国代表大会上的报告》，《人民日报》2022 年 10 月 26 日。
[2] 《习近平集体会见博鳌亚洲论坛现任和候任理事》，《人民日报》2018 年 4 月 12 日。

亿多人的粮食安全、能源安全得到有效保障"[1]，有力验证了中国式现代化的实践伟力。其次，持续改善民生。持续改善民生是中国式现代化能够实现社会长期稳定的关键。通过提高就业质量和人民收入水平、完善社会保障体系、加强公共服务建设等措施，有效解决了民众最关心、最直接、最现实的利益问题。同时积极推进教育、医疗卫生、住房保障、老龄化等领域的改革和政策创新，进一步增强了社会的公平正义，有效缓解了中国式现代化发展过程中产生的社会矛盾，增强了社会的凝聚力和稳定性。最后，提升治理效能。提升治理效能是中国式现代化成功的重要保证。通过政治体制改革、法治建设、反腐败斗争等措施，不断优化政府治理结构，提高决策的科学性和透明度。同时，加强社会治理创新，推动政府职能转变，强化公共服务和市场监管，实现了社会管理的精细化、法治化、智能化。这一系列治理优化和创新，有效提升了政府的公信力和执行力，为中国式现代化的开拓提供了可靠的政治保障和长期稳定的社会环境。

总之，中国式现代化创造的这一文明形态，通过贯彻新发展理念、持续改善民生以及提升治理效能等多方面的努力，展示了一条独特的发展道路。这种道路不仅推动了中国经济的快速增长和社会的全面进步，也为全球其他国家推进现代化进程提供了有益的经验和启示。

（三）中国式现代化创造了"并联式"的文明形态

中国式现代化既有各国现代化的共同特征，更有基于自己国情的中国特色，是共性和个性的辩证统一。习近平总书记指出："我国现代化同西方发达国家有很大不同。西方发达国家是一个'串联式'的发展过程，工业化、城镇化、农业现代化、信息化顺序发展，发展到目前水平

---

① 习近平：《高举中国特色社会主义伟大旗帜　为全面建设社会主义现代化国家而团结奋斗——在中国共产党第二十次全国代表大会上的报告》，《人民日报》2022 年 10 月 26 日。

用了二百多年时间。我们要后来居上，把'失去的二百年'找回来，决定了我国发展必然是一个'并联式'的过程，工业化、信息化、城镇化、农业现代化是叠加发展的。"① 中国式现代化所创造的"并联式"的文明形态，反映了我国发展过程中注重全面性与协调性、紧迫性与叠加性的有机统一。

首先，发展战略的多重协调性。"并联式"文明形态强调在发展过程中要兼顾物质文明建设、政治文明建设、精神文明建设、社会文明建设、生态文明建设，把"五大文明"作为一个整体，实现整体推进、协调发展。这种多重协调性的发展战略要求在推动经济快速增长的同时，还需保障社会公平正义，实现政治文明进步，促进文化繁荣兴盛，以及保护和建设生态环境，旨在避免单一发展模式可能导致的资源耗竭、环境破坏和社会不平衡等问题。其次，发展时间的压缩紧迫性。与西方现代化相比，中国式现代化属于典型的后发型现代化。"中国式现代化既独立自主、自力更生，又在对外开放中广泛借鉴和吸收西方现代化进程中的经验，通过激发内生动力与和平利用外部资源相结合的方式来实现国家发展"②，中国用几十年的时间走完西方发达国家用两三百年走过的现代化进程，在较短的时间内实现了从农业社会到工业社会再到后工业社会的转变。与此同时，中国式现代化也面临着建设社会主义现代化强国在时间节点上的紧迫性。以 2050 年为时间节点，我国需要在不到 30 年的时间内完成向现代化强国的转型，这对中国式现代化的发展效率、发展质量、发展速度等均提出了更高的要求。最后，发展任务的高度叠加性。中国式现代化采用"并联式"发展模式，注重多领域叠加进行、并

---

① 中共中央文献研究室：《习近平关于社会主义经济建设论述摘编》，中央文献出版社 2017 年版，第 159 页。
② 《为人类和平与发展作出更大贡献——中国式现代化的世界意义⑥》，《人民日报》2023 年 3 月 7 日。

联推进，显著区别于西方现代化"串联式"发展模式。中国式现代化进程中需要同时处理多项复杂的任务，包括工业化、信息化、城镇化、市场化、国际化等。这些任务相互关联，相互影响，构成了一个复杂的系统。在这个系统中，任何一个领域的发展都可能影响到其他领域，因此需要高度的整合能力和系统思维能力来确保各项任务协同推进，实现社会经济的全面发展。

总之，中国式现代化所创造的"并联式"文明形态，通过在不同发展维度上的并行推进和相互促进，展现了一种全新的现代化模式。这种模式不仅为中国自身的发展提供了有效的路径，也为世界各国探索现代化道路提供了有益的参考和启示。

二、创造了人类政治文明新形态

中国式现代化不仅推动了经济和社会的快速发展，而且在政治领域创造了人类政治文明新形态。这一新形态对内以全过程人民民主为核心、以中国特色社会主义民主政治为主要内容，对外以合作共赢而非零和博弈的全球治理为主要内容，展现了一种全民参与、彰显中国智慧的政治文明新样态。

（一）中国式现代化创造了全过程人民民主的文明形态

马克思、恩格斯说："民主是什么呢？它必须具备一定的意义，否则它就不能存在。因此全部问题在于确定民主的真正意义。"[1] 现代化与民主相伴而生，没有现代化就没有民主，没有民主就没有现代化。全过程人民民主是我们党团结带领全国人民在中国式现代化实践中开创的真正适合中国国情的社会主义民主新形态，"是全链条、全方位、全覆盖的民主"[2]，可以更好保障人民权益，激发人民创造伟力。

---

① 《马克思恩格斯全集》第7卷，人民出版社1959年版，第304页。
② 《习近平谈治国理政》第4卷，外文出版社2022年版，第261页。

首先，坚持以人民为中心。习近平总书记指出，"践行以人民为中心的发展思想，发展全过程人民民主，维护社会公平正义"[①]。全过程人民民主的根本出发点和落脚点是人民。我们党在推进中国式现代化的进程中，始终把以人民为中心作为开展一切工作的最高准则。进入新时代，人民不仅对物质生活提出更高的要求，也在民主、法治、公平、正义等方面表现出"只增不减"的热情和关注度。全过程人民民主积极回应人民现实关切和民主需求，充分调动人民有序政治参与积极性，拓宽人民民主参与渠道，确保人民在国家政治生活和社会治理中具有广泛而持续的决策权、管理权和监督权等权利，从而有效避免了西方金钱政治、党派纷争、政治极化等带来的民主弊端。其次，坚持以问题为导向。习近平总书记强调："民主不是装饰品，不是用来做摆设的，而是要用来解决人民需要解决的问题的。"[②] 全过程人民民主在实践中强调以问题为导向，即通过不断发现和解决发展过程中的问题来推动社会进步和治理能力的现代化。坚持以问题为导向的"民主"要求政府和社会各界持续关注现代化发展中人民群众最关心、最直接、最现实的利益问题，将问题的发现和解决作为推动发展的动力，促使政策和措施更加精准有效，进一步增强人民群众的获得感、幸福感、安全感。最后，坚持以制度为载体。中国式现代化在深化全过程人民民主的过程中，特别强调以制度为载体，建立和完善中国特色社会主义民主政治制度。"党的二十大报告对新时代新征程发展全过程人民民主作出重要部署和安排，提出加强人民当家作主制度保障、全面发展协商民主、积极发展基层民主、巩固和发展最广泛的爱国统一战线等任务要求和工作重点，制度建

---

① 《习近平谈治国理政》第 4 卷，外文出版社 2022 年版，第 9 页。
② 《习近平谈治国理政》第 4 卷，外文出版社 2022 年版，第 258 页。

设和体系完善的要求贯穿始终。"① 通过坚持以习近平新时代中国特色社会主义思想为指导、坚持中国共产党的领导、坚持人民主体地位、坚持中国特色社会主义政治发展道路、坚持全面依法治国等，使全过程人民民主制度更加健全，推动全过程人民民主制度化、规范化、程序化水平进一步提高。这种制度化、规范化的民主实践形式，既保证了人民群众的知情权、参与权、表达权、监督权等政治参与权利的实现，也为中国式现代化的健康发展提供了坚实的制度保障。

总之，坚持以人民为中心、以问题为导向、以制度为载体，是中国式现代化深化全过程人民民主的三大原则。这三大原则相互关联、相互作用，共同推动了全过程人民民主这一民主样态的发展和完善，使中国式现代化成为具有强大生命力和影响力的文明形态。

（二）中国式现代化创造了中国特色社会主义民主政治的文明形态

习近平总书记指出："在中国，发展社会主义民主政治，保证人民当家作主，保证国家政治生活既充满活力又安定有序，关键是要坚持党的领导、人民当家作主、依法治国有机统一。"② 中国式现代化创造了一种独特的社会主义民主政治形态，这一形态关键在于坚持党的领导、人民当家作主、依法治国三者有机统一。"三统一"彰显了我国社会主义民主政治制度的特殊优势和强大生命力，深化了对民主政治发展的规律性认识，为中国式现代化的政治发展道路提供了科学指引和根本遵循。

首先，坚持党的领导是中国式现代化的首要原则。习近平总书记指出："党的领导直接关系中国式现代化的根本方向、前途命运、最终成败。党的领导决定中国式现代化的根本性质，只有毫不动摇坚持党的

---

① 汪铁民：《推动全过程人民民主制度化、规范化、程序化水平进一步提高》，《人民日报》2023 年 5 月 5 日。

② 中共中央文献研究室：《习近平关于社会主义政治建设论述摘编》，中央文献出版社 2017年版，第 41 页。

领导，中国式现代化才能前景光明、繁荣兴盛；否则就会偏离航向、丧失灵魂，甚至犯颠覆性错误。"[1] 中国共产党作为最高政治领导力量，确保了国家政治稳定、经济发展和社会进步的正确方向。党的领导是全面的、系统的、整体的，体现在对重大政策的制定、战略方向的确定以及国家发展的全局协调上。同时也要不断加强党的建设，推进党的自我革命，提高党的领导能力和治理能力，能够确保党的领导下中国式现代化各项改革发展稳定任务的顺利实施，有效应对国内外各种风险挑战。其次，人民当家作主是中国式现代化的基本原则之一，是中国特色社会主义民主政治的本质和核心。这一原则确保了人民通过各种途径和形式参与国家政治生活，通过人大系统行使立法权、监督权和决定重大事项的权利，确保人民能够管理国家事务、经济和文化事务、社会事务。通过建立健全民主制度、丰富民主形式、拓展民主渠道，不断增强人民群众政治参与的获得感、幸福感、安全感。最后，依法治国是中国式现代化的基本方略。党的二十大报告提出："必须更好发挥法治固根本、稳预期、利长远的保障作用，在法治轨道上全面建设社会主义现代化国家。"[2] 这一原则强调要按照宪法和法律办事，保证国家的所有工作和社会生活的方方面面都在法律轨道上运行。推动全面依法治国向纵深发展，建设社会主义法治国家，不断完善法律体系，以良法善治保障中国式现代化，在法治轨道上推进中国式现代化取得更大成就。

总之，党的领导、人民当家作主、依法治国三者有机统一，构成了中国特色社会主义政治体制的根本特征，是中国式现代化能够成功实施的关键。这种有机统一确保了国家治理的效率和效力，使得政治稳定、

---

① 《习近平在学习贯彻党的二十大精神研讨班开班式上发表重要讲话强调　正确理解和大力推进中国式现代化》，《人民日报》2023 年 2 月 8 日。

② 习近平：《高举中国特色社会主义伟大旗帜　为全面建设社会主义现代化国家而团结奋斗——在中国共产党第二十次全国代表大会上的报告》，《人民日报》2022 年 10 月 26 日。

经济发展、文化繁荣、社会和谐、生态良好成为可能。通过坚持党的领导，不断完善社会主义民主政治，推进全面依法治国，中国式现代化的政治文明形态展现出强大的生命力和广阔的发展前景。

（三）中国式现代化创造了合作共赢而非零和博弈的新型国际关系文明形态

中国式现代化创造了合作共赢而非零和博弈的文明形态，体现了一种超越传统对抗、强调合作与共享的国际关系新理念。这种文明形态强调在全球化背景下，各国利益紧密相连，面对共同的挑战和问题，应采取合作的态度，通过构建平等、开放、合作、共享的国际体系，摒弃零和博弈，实现互利共赢。

首先，倡导国际安全观。在博鳌亚洲论坛 2022 年年会开幕式上，习近平主席从全人类前途命运出发，首次提出全球安全倡议，强调"我们要坚持共同、综合、合作、可持续的安全观，共同维护世界和平和安全"[1]。在国际关系中，中国式现代化创造的合作共赢而非零和博弈文明形态，主张从价值观念上摒弃冷战思维及零和博弈的习惯性做法，主张超越传统的安全观念，倡导国际安全观，强调共同安全、综合安全、合作安全、可持续安全。国际安全观不仅仅局限于军事安全，还包括政治、经济、文化、环境等多方面的安全，且安全不应是某一国家独享的，而应由国际社会共同维护。其次，构建开放型世界经济。习近平主席在世界经济论坛 2017 年年会开幕式上指出："我们要坚定不移发展开放型世界经济，在开放中分享机会和利益、实现互利共赢。"[2]合作共赢而非零和博弈体现了中国式现代化对全球经济治理的贡献。中国积极参与和推动国际贸易与投资自由化、便利化，反对保护主义和单边主义，

---

① 《习近平谈治国理政》第 4 卷，外文出版社 2022 年版，第 451 页。
② 《习近平谈治国理政》第 2 卷，外文出版社 2017 年版，第 481 页。

倡导构建开放型世界经济。通过高质量共建"一带一路"推动更大范围、更宽领域、更深层次的对外开放，积极与合作伙伴共同探索经济合作和发展新模式，推动构建互利共赢的国际经济合作关系。最后，推动多边主义和全球治理改革。党的二十大报告强调："中国积极参与全球治理体系改革和建设，践行共商共建共享的全球治理观，坚持真正的多边主义，推进国际关系民主化，推动全球治理朝着更加公正合理的方向发展。"[①]在全球治理体系中，中国式现代化强调多边主义的重要性，坚决反对霸权主义和强权政治，积极创新全球治理制度框架与行为准则，支持以联合国为核心的多边机构主持公道、厉行法治、促进合作、聚焦行动，倡导国际社会在相互尊重、平等协商的基础上，共同应对全球性问题，增强全球治理的代表性、包容性、有效性，推动全球治理体系向更加公正合理的方向发展。

总之，中国式现代化所创造的合作共赢而非零和博弈的新型国际关系文明形态，为国际社会提供了一种新的相处之道。这种文明形态强调的是合作与共享的精神，提醒各国在全球化的今天，更多地寻求合作而非对抗，共同促进人类社会的进步和发展。它不仅体现了中国对人类命运共同体理念的坚持和推广，也为解决全球性问题提供了有效路径，推动构建一个更加和平、稳定、开放、包容的世界。

三、创造了人类精神文明新形态

中国式现代化作为一种立足中国发展实际而形成的独特发展模式和发展道路，其在精神文明建设方面也取得了许多备受瞩目的历史性成就。中国式现代化在全面推进中华民族伟大复兴的伟大实践中注重物质

---

① 习近平：《高举中国特色社会主义伟大旗帜　为全面建设社会主义现代化国家而团结奋斗——在中国共产党第二十次全国代表大会上的报告》，《人民日报》2022 年 10 月 26 日。

文明与精神文明协调发展，大力发展社会主义先进文化，努力建设中华民族现代文明，创造了人类精神文明新形态。这不仅为中国自身的进步提供了强大动力，也为人类文明的进步和世界文明的发展提供了新的视角和思路。

（一）中国式现代化创造了物质文明和精神文明相协调的文明形态

在传统意义上，现代化常常被理解为物质生产力的提高和经济的迅速增长。习近平总书记在谈及现代化时，多次提到物质文明和精神文明相辅相成、相互促进，强调两者之间协调发展。他指出"实现中国梦，是物质文明和精神文明均衡发展、相互促进的结果"[1]，明确"中国式现代化既要物质财富极大丰富，也要精神财富极大丰富"[2]。中国式现代化是物质文明和精神文明相协调的现代化，不仅重视物质财富的积累和生活水平的提高，也注重精神世界的建设和精神文明的发展。

一方面，中国式现代化注重物质文明的发展。"我们必须更加重视和始终坚持发展生产力，必须把经济建设作为全党全国工作的中心，各项工作都要服从和服务于这个中心。"[3]自改革开放以来，中国始终坚持以经济建设为中心，通过引进外资、吸收国外先进技术和管理经验，实现了经济的高速增长和产业结构的升级。没有现代化建设的物质基础，就没有精神文明的舞台。在推进中国式现代化过程中，物质文明的建设是至关重要的一环。进入新时代以来，以习近平同志为核心的党中央不断推进经济高质量发展，推动由中国制造向中国创造稳步迈进，产业转型升级步伐明显加快。这种发展模式使中国经济获得了长足的发展，中国成为世界第二大经济体，并让数亿人口摆脱了贫困，提高了人民的生

①　习近平：《论党的宣传思想工作》，中央文献出版社 2020 年版，第 68 页。
②　习近平：《必须坚持自信自立》，《求是》2024 年第 14 期。
③　何毅亭：《新时代·新思想》，人民出版社 2020 年版，第 114 页。

活水平，取得了一系列令世界瞩目的历史性经济成就。由此，中国式现代化使经济发展实现了历史性跨越，物质文明建设取得了里程碑式进步。

另一方面，中国式现代化也注重精神文明的提升。在推进中国式现代化的过程中，精神文明的建设同样是不可或缺的一部分。习近平总书记强调："文化是一个国家、一个民族的灵魂。文化自信是更基础、更广泛、更深厚的自信，是一个国家、一个民族发展中更基本、更深沉、更持久的力量。"① 中华优秀传统文化源远流长，其所包含的思想理念和价值观念，对当代社会的现代化建设仍具有深刻的启示意义。我们党历来重视国家文化建设和精神文明发展。新时代以来，以习近平同志为核心的党中央更加强调文化自信，弘扬社会主义核心价值观，倡导社会和谐稳定的文化氛围。在中国式现代化的进程中始终推动"第二个结合"，不断推进中华优秀传统文化的创造性转化和创新性发展，实现马克思主义与中华优秀传统文化的互相成就。文化软实力是一个国家综合国力的重要组成部分，在现代化的进程中，中国不仅注重技术创新和经济增长，还着力于文化软实力的提升，推动文化产业的繁荣和传统文化的传承，通过文化产业的发展、文化遗产的保护与传承，将传统文化和现代价值相结合，推动精神文明的提升。同时我国也鼓励文化创新和多元交流，推动人类精神文明的交流与互鉴。通过举办文化交流活动、开展人文合作等方式，推动不同国家和民族之间的相互理解和交流。这种开放包容的态度以及对多元文化的尊重，为人类精神文明的新发展提供了广阔的空间。这不仅使人们更好地认识自己的文化身份，也促进了不同文化之间的对话和理解，推动了人类精神文明的交流和融合。

总之，中国式现代化注重推动物质文明和精神文明的互动发展，在

---

① 中共中央宣传部:《习近平新时代中国特色社会主义思想学习纲要》，学习出版社、人民出版社 2019 年版，第 138 页。

实现物质文明和精神文明协调发展方面取得了显著成就。中国式现代化的发展路径展示了一种独特的文明形态，走出了一条具有中国特色的现代化道路，塑造了一个既具有现代化水平又具有深厚文化底蕴的国家形象。这种发展模式不仅带动了经济的快速增长，也促进了文化软实力的提升，为建成富强民主文明和谐美丽的社会主义现代化强国奠定了坚实基础。同时，这种新的文明形态不仅反映了中国的特色和贡献，也对人类精神文明的发展产生了积极影响。

（二）中国式现代化创造了社会主义先进文化的文明形态

习近平总书记在多个重要场合对社会主义先进文化作出重要论述："发展社会主义先进文化、广泛凝聚人民精神力量，是国家治理体系和治理能力现代化的深厚支撑"[1]，强调"我们要以更大的力度、更实的措施加快建设社会主义文化强国，培育和践行社会主义核心价值观"[2]。中国式现代化所创造的社会主义先进文化的文明形态是一种以马克思主义为指导，包含政治文化、经济文化、社会文化和精神文化等多个层面的文明形态，深刻体现了现代价值观念文明内涵。

首先，在政治文化方面，中国式现代化注重政治制度的创新与发展，旨在实现人民当家作主。这体现在建立健全人民代表大会制度、多党合作与政治协商制度、民族区域自治制度等方面。我们要坚持中国共产党的领导，发展社会主义民主政治。世界上没有完全相同的民主，应该有各自的民主形式，这种政治文化的创新与发展，为社会主义先进文化的形成打下了基础。其次，在经济文化方面，中国式现代化注重经济发展与文化建设相互促进。经济体制改革的成功实践，为文化产业的快

---

[1] 《中共中央关于坚持和完善中国特色社会主义制度　推进国家治理体系和治理能力现代化若干重大问题的决定》,《人民日报》2019 年 11 月 6 日。

[2] 《习近平在第十三届全国人民代表大会第一次会议上的讲话》,《人民日报》2018 年 3 月 21 日。

速崛起提供了有力支持。经济发展是社会主义现代化建设的基础和条件，文化建设是社会主义现代化建设的重要内容。经济体制的不断完善，促进了文化产业的多样化发展，推动了文化事业的繁荣。再次，在社会文化方面，中国式现代化注重人民群众的全面发展和幸福生活。中国式现代化强调教育、医疗、社会保障等公共服务的均等化和普惠化。党中央始终努力让人民群众在经济发展中共享发展成果，在社会保障中共享安全感，在文化建设中共享精神富足。中国式现代化也注重传统文化的传承与创新，倡导文化多样性，促进了民族团结和文化交流，为社会主义先进文化的形成和发展夯实了基础。最后，在精神文化方面，中国式现代化注重价值观引领和道德建设。习近平总书记指出："一个民族、一个国家的核心价值观必须同这个民族、这个国家的历史文化相契合，同这个民族、这个国家的人民正在进行的奋斗相结合，同这个民族、这个国家需要解决的时代问题相适应。"[1] 中国式现代化以社会主义核心价值观为指导，倡导社会责任、公平正义、爱国主义等价值观念，是在精神文明建设中的创新和贡献，旨在引导社会和个人实践中的价值取向，塑造共同的精神追求。一方面，中国式现代化的目标与社会主义核心价值观的价值要求相契合。"中国式现代化的目标是到 21 世纪中叶建成富强民主文明和谐美丽的社会主义现代化强国。中国式现代化本质要求的规定，既对应社会主义现代化强国的目标，也体现了社会主义核心价值观国家层面的价值目标。其中，实现高质量发展是国家走向富强的必由之路，发展全过程人民民主是国家走向民主的内在要求，丰富人民精神世界是国家走向文明的内在需要，实现全体人民共同富裕、促进人与自然和谐共生是国家走向和谐的必然选择。中国式现代化的本质规

---

[1] 习近平：《青年要自觉践行社会主义核心价值观——在北京大学师生座谈会上的讲话》，《人民日报》2014 年 5 月 5 日。

定，诠释了国家层面的价值目标。"①另一方面，社会主义核心价值观增强了中国式现代化的国际感染力。社会主义核心价值观在增强中国式现代化影响力方面起到了关键作用。社会主义核心价值观在国家层面提倡富强、民主、文明、和谐的价值目标，为中国式现代化与世界良性互动提供了精神动力和价值导向。中国式现代化通过深化社会主义核心价值观的实践，能够更加自信地立足国际舞台，展现出独特的发展魅力和影响力，影响着社会主义先进文化弘扬与传播的高度、深度和广度。

　　总之，中国式现代化创造了社会主义先进文化的文明形态，在人类精神文明的形态上注入了新的内涵。这一形态体现在政治文化、经济文化、社会文化和精神文化等多个层面，包括政治制度创新、经济发展与文化建设相互促进、人民群众全面发展和幸福生活、价值观引领和道德建设等方面。中国式现代化不仅推动了经济的快速发展和社会的全面进步，也在文化和精神层面上为人类社会的发展提供了新的动力和方向，推动了人类精神文明进步。

（三）中国式现代化创造了中华民族现代文明的文明形态

　　习近平总书记在文化传承发展座谈会上提出了"在新的起点上继续推动文化繁荣、建设文化强国、建设中华民族现代文明，是我们在新时代新的文化使命"②的重大论断。在现代化进程中，中国共产党注重挖掘中华优秀传统文化中所蕴含的思想智慧和价值观念，充分发挥其在现代社会中的积极作用，从而创造了既具有传统文化底蕴又具备现代内涵的中华民族现代文明。中华民族现代文明作为一种全新的文明形态，与中国式现代化推动精神文明发展、丰富人民精神世界的本质要求不谋而合。可以说，中国式现代化创造人类精神文明新形态的过程就是建设中

---

① 柏晓斐、陈金龙：《中国式现代化的价值观》，《光明日报》2023 年 4 月 10 日。

② 习近平：《在文化传承发展座谈会上的讲话》，《求是》2023 年第 17 期。

华民族现代文明的过程。

首先，从历史逻辑来看，中华民族现代文明的发展承载着深厚的历史性，这不仅仅体现在其源远流长的文化传承上，更体现在这一过程展现了中华文化在不同历史阶段对自身的包容和创新。其一，连续性。习近平总书记指出："如果不从源远流长的历史连续性来认识中国，就不可能理解古代中国，也不可能理解现代中国，更不可能理解未来中国。"[①] 从古至今，无论在哲学思想、文学艺术，还是在社会制度和生活习俗中，中华文化都呈现出跨越时空的持久魅力和深远影响。这种文化的连续性保证了中华民族身份和文化认同的稳定性，为实现中华文明现代化转型和发展为全新现代文明形态打下坚实的基础。其二，包容性。习近平总书记强调："中华文明的包容性，从根本上决定了中华民族交往交流交融的历史取向，决定了中国各宗教信仰多元并存的和谐格局，决定了中华文化对世界文明兼收并蓄的开放胸怀。"[②] 无论是历史上的佛教文化本土化还是近代以来的西学东渐，抑或马克思主义中国化时代化，中华文明以其开放包容的文明特质，在面对现代化的各种挑战时，不仅保留了其独特的文化特质，还同世界其他文明互通有无，在兼收并蓄中历久弥新。其三，创新性。习近平总书记指出："中华文明的创新性，从根本上决定了中华民族守正不守旧、尊古不复古的进取精神，决定了中华民族不惧新挑战、勇于接受新事物的无畏品格。"[③] 面对新时代的要求和挑战，中华文化不是简单地守旧或模仿，而是在继承传统的基础上进行创新和发展。这种创新体现在对传统文化元素的新解读、对传统思想的现代应用，以及艺术、科技、经济等领域的创新实践。通过这样的

---

① 习近平：《在文化传承发展座谈会上的讲话》，《求是》2023 年第 17 期。
② 习近平：《在文化传承发展座谈会上的讲话》，《求是》2023 年第 17 期。
③ 习近平：《在文化传承发展座谈会上的讲话》，《求是》2023 年第 17 期。

创新，中华民族现代文明不断充实和发展，形成了既有深厚传统文化底蕴，又能满足现代社会需要的文明形态。

其次，从实践逻辑来看，中国式现代化与中华民族伟大复兴紧密相连，有机统一于中国特色社会主义伟大实践。"中华民族现代文明是中华文明在现代性语境中的形态呈现，是在以中国式现代化全面推进中华民族伟大复兴实践进程中创造的现代文明，是中国式现代化的文化形态，中国式现代化赋予中华民族现代文明的独特内涵，表明在世界现代化发展进程中，除了肇始于西方的资本主义现代化实践逻辑和叙述体系外，可以在推进中国式现代化实践中创造全新的中华民族现代文明新形态。"[①]

最后，从价值逻辑来看，中华民族现代文明的发展与中国式现代化之间价值相通体现在对传统文化价值观的现代诠释和实践，特别是弘扬社会主义核心价值观、推动社会和谐发展以及增强文化自信等方面。这种价值相通不仅促进了中国特色社会主义文化繁荣发展，也为中国式现代化提供了坚实的价值基础和不竭的精神动力。其一，弘扬社会主义核心价值观。中华民族现代文明的发展强调传统文化价值观与社会主义核心价值观的融合。在这一过程中，传统文化中的仁爱、正义、礼义、智慧等价值观被重新诠释，与富强、民主、文明、和谐等社会主义核心价值观相结合，形成了具有中国特色的现代价值导向。其二，推动社会和谐发展。中华民族现代文明对于社会和谐的追求与中国式现代化的目标是一致的。在现代化进程中，注重解决发展不平衡不充分的问题，强调经济发展与社会公平、环境保护的平衡，体现了从中华优秀传统文化中提炼出的和谐共生思想。其三，增强文化自信。中华民族现代文明的发

---

① 李斌:《中华民族现代文明对于创造人类文明新形态的价值意蕴》,《宁夏社会科学》2024年第1期。

展与中国式现代化一样强调增强文化自信。在全球化背景下，面对西方文化的冲击，中国通过挖掘和弘扬中华优秀传统文化，增强了民族文化的自信心和自豪感；通过文化遗产保护、传统文化创新转化和国际文化交流，展示了中华文化的独特魅力和现代价值，提升了国民的文化自信，为中国式现代化提供了坚强的精神支柱。

总之，中国式现代化创造的中华民族现代文明的文明形态，不仅注重物质文明的提升，更注重精神文明和文化认同的深化。中国式现代化的实践表明，通过挖掘和利用中华优秀传统文化的丰富资源，可以有效促进社会的全面发展，为世界精神文明的进步贡献中国智慧和中国方案。

四、创造了人类社会文明新形态

社会文明的发展是物质文明、政治文明、精神文明和生态文明四大要素交互作用而向前推进的过程。中国式现代化将社会文明作为核心理念之一加以推进，创造了以社会团结安定有序的良好局面、共建共治共享的社会治理模式和构建人类命运共同体为主要内容的人类社会文明新形态。

（一）中国式现代化创造了社会团结安定有序的文明形态

习近平总书记指出："国家安全是民族复兴的根基，社会稳定是国家强盛的前提。"[1] 中国式现代化作为一个独特的文明发展模式，融合了中国传统文化和西方现代化理念，在推动国家现代化的同时，也塑造了社会团结安定有序的文明形态。

首先，中国式现代化与社会团结。中国式现代化为社会团结提供了

---

[1] 习近平：《高举中国特色社会主义伟大旗帜 为全面建设社会主义现代化国家而团结奋斗——在中国共产党第二十次全国代表大会上的报告》，《人民日报》2022 年 10 月 26 日。

强大的凝聚力。一方面，中国式现代化强调共同理想，如全面建成小康社会、实现中华民族伟大复兴等目标，内在地凝聚了全社会的共识和力量。中国式现代化是人口规模巨大的现代化，这就意味着我国14亿多人口都要迈入现代化社会，规模超过现有发达国家人口的总和。面对这道世界难题，中国共产党坚持以人民为中心的发展思想，兑现现代化道路上一个都不能少、一个民族都不能少的庄严承诺，经过接续奋斗，打赢了人类历史上规模最大的脱贫攻坚战，在中华大地上全面建成小康社会，增强了社会团结力。另一方面，中国式现代化强调公平正义，通过改革开放和法治建设，不断完善社会制度，减少社会不公，增强了社会凝聚力。社会公平正义是中国式现代化实现人民对美好生活向往的着力点之一。公平正义的价值追求贯穿我国现代化建设的各个历史阶段，中国式现代化向前推进一步，公平正义的实现也就更进一步。完善的体制机制和制度体系是实现公平正义的重要保证。只有通过科学的制度安排，对有限的社会资源进行合理分配，才能有效调节利益关系、化解矛盾冲突，才能维护社会公平正义。改革开放以来，中国特色社会主义克服苏联现代化封闭僵化的模式缺陷，同时突破西方资本至上的现代化途径，走出了一条与时俱进、体现公平正义的现代化新路。

其次，中国式现代化与社会安定。中国式现代化为社会带来了相对稳定的发展环境。一方面，中国式现代化创造了一定物质条件，经济稳步增长，为社会提供了稳定的就业机会和收入来源，减少了社会的不安定因素。经济社会越发展，越有利于维护社会安定；与此同时，维护社会安定也是经济社会发展的目标。回顾2023年，在面对复杂严峻的国际环境和艰巨繁重的国内改革发展稳定的任务时，我国国民经济回升向好，高质量发展扎实推进，民生保障有力有效，主要预期目标圆满完成。未来中国式现代化建设仍要牢牢抓住经济建设这个中心，为维护社会安定提供更坚实的物质基础。另一方面，中国式现代化致力于全面发展，让人们的物质和精神生活共同富裕，努力创造人全面发展的人类文明新形态。人类社会每一次工业化的进步都伴随着文明的升华、人民精神世界的丰富。中国式现代化将物质富足、精神富有作为根本要求，从中华文明"仓廪实而知礼节，衣食足而知荣辱"的思想中汲取智慧，在抓好物质文明建设的同时，一以贯之抓好精神文明建设，自觉摒弃了西方物质主义膨胀的现代化，使现代化回归人的现代化这一本质。

最后，中国式现代化与社会有序。中国式现代化也为社会带来了一定程度的有序性。一方面，中国式现代化强调法治建设，健全法律体系，加强了执法和司法力量，维护了社会的秩序。法治兴则国兴，法治强则国强。中国式现代化坚持依法治国、依法执政、依法行政共同推进，坚持法治国家、法治政府、法治社会一体建设，全面增强全社会尊法学法守法用法意识和能力。在全面建设社会主义现代化国家的新征程上，要持续深入推进全面依法治国，发挥法治在维护社会有序方面的积极作用。另一方面，中国式现代化不断完善公共服务体系，提升了教育、医疗、社会保障等公共服务水平，使社会资源分配有序化。公共服务发展和民生建设是推进中国式现代化的重要抓手，是美好生活具象化与现实化的重要路径，是推进共同富裕的重要着力点。当前，我国基本公共服务体系日益健全完善，基本公共服务供给水平稳步提升。但随着经济社会发展，人民群众对美好生活的需要日益增长，期盼有更好的教育、更稳定的工作、更满意的收入、更可靠的社会保障、更高水平的医疗卫生服务、更舒适的居住条件，这对我们健全基本公共服务体系、不断提高公共服务水平提出了新的更高要求。

总之，中国式现代化创造的社会团结安定有序的文明形态，为社会治理提供了基本遵循和基本经验，为增强社会的团结力和凝聚力提供了新的思路，为全面建成社会主义现代化强国提供了和谐的社会氛围和稳定的社会秩序。

（二）中国式现代化创造了共建共治共享的社会治理文明形态

习近平总书记指出："要完善共建共治共享的社会治理制度，实现政府治理同社会调节、居民自治良性互动，建设人人有责、人人尽责、人人享有的社会治理共同体。要加强和创新基层社会治理，使每个社会细胞都健康活跃，将矛盾纠纷化解在基层，将和谐稳定创建在基层。"① 中国式现代化所创造的共建共治共享的社会治理模式，不仅是一种具体的治理机制，更是一种全新的社会文明形态的体现，为人类社会文明的进步提供了新的思路和范例。

首先，共建强调参与性与普遍性的文明实践。在共建的过程中，中国式现代化强调社会治理的普遍参与性，社会治理不再只是政府的责任，社会成员也承担着相应的社会治理责任。社会的每个成员都有能力也有责任对社会的发展作出贡献，通过广泛参与社会治理，不同群体能够在实践中加深对社会建设艰巨性与复杂性的认识，从而增强整个社会的凝聚力和向心力。这种共建的治理理念在根本上改变了以政府为主导的自上而下的线性治理模式，促进了一种平等、互助的社会关系构建，提升了社会治理的系统性和实效性。其次，共治强调协同性与正义性的文明进步。共治的实践体现了中国式现代化对社会治理"空间正义"的重视。"柏拉图在《理想国》中陈述了城邦正义，揭示了理想城市空间对空间正义的生成与固化，认为'城邦正义就是大的正义，个人正义就是小的正义'。这种空间正义观在大卫·哈维地理唯物主义理论中也有迹可循，'领地再分配式正义是社会资源以正义的方式实现公正的地理分配'。"② 换言之，对"空间正义"的追求就是对社会治理过程中公平正义的追求，这也是社会治理的理想化追求。在共治模式下，通过政府、

---

① 《习近平谈治国理政》第 4 卷，外文出版社 2022 年版，第 338 页。
② 王炎：《以共建共享推进社会公平正义》，《人民论坛》2020 年第 8 期。

市场、社会组织以及公民个体等多主体的协同合作，构建一个多元化的社会治理体系，能够更好地平衡不同利益、有效地解决社会矛盾，推动社会公平正义的实现，还能保障治理决策的民主性和科学性，提高治理的效率和适应性。这种对公平正义的追求，是对传统发展模式的一种超越，展示了中国式现代化对人类社会文明发展的重要贡献。最后，共享强调公平性与可持续性的文明价值。打造新时代共建共治共享的社会治理格局，必须坚持人民主体地位，坚持共建是基础，共治是关键，共享是根本。加强和创新社会治理，必须坚持发展为了人民、发展依靠人民、发展成果让全体人民共享。共享从社会治理成果的分配机制出发，强调了公平性和可持续性的文明价值。中国式现代化通过确保发展成果公平分享，不仅促进了社会的和谐稳定，也体现了对未来发展的长远考虑，实现了对传统发展模式的超越，提出了一种更加公正、更加可持续的社会治理观。

总之，中国式现代化开创的共建共治共享的社会治理文明形态，不仅为中国经济社会发展提供了有效的治理路径，也为世界其他国家和地区治理社会提供了新的思路和选择，对全人类社会文明的进步具有重要的意义和影响，体现了中国作为一个大国在促进人类文明进步方面的担当和智慧。

（三）中国式现代化创造了人类命运共同体的文明形态

中华文明自古以来就有海纳百川、兼收并蓄的传统，倡导"各美其美，美美与共"，具有强大的包容性，这是中华文明五千多年来生生不息的法宝。进入新时代，中国式现代化创造的人类文明新形态拓展了人类文明向更高文明阶段演进的路径，其包含的经济动能、文明理念、进步追求将进一步凝聚人类命运共同体的价值共识。

首先，中国式现代化为经济全球化提供了广阔空间。中国式现代化在实现经济繁荣和社会进步的过程中，积极利用经济全球化为其发展提供了广阔的空间。经济全球化是当今世界经济发展的重要特征，中国充分认识到经济全球化所带来的机遇和挑战，不断推动自身现代化进程。一方面，中国充分利用了经济全球化的市场机遇。随着全球市场的开放和融合，中国逐渐成为世界上较大的商品生产和消费市场。中国积极参与国际贸易体系，加入世界贸易组织，与世界各国建立了广泛的经贸合作关系。通过与其他国家的贸易往来，中国不仅提高了自身的国际竞争力，还吸引了大量外国投资和技术，促进了国内产业的转型升级和优化发展。另一方面，中国利用经济全球化的机遇加强了与世界各国的交流与合作。通过参与国际组织、举办国际会议、开展文化交流等方式，中国积极推动构建开放型世界经济，促进了全球治理体系的完善和发展。同时，中国还倡导共商共建共享的全球治理观，推动构建更加公平、公正、包容的国际经济秩序，为全球经济发展和繁荣作出了积极贡献。在不断适应和引领全球化进程中，中国将继续发挥积极作用，为构建开放型世界经济和实现全球共同发展作出新的更大贡献。

其次，中国式现代化为文明多样性发展构建了良性互动新机制。中国式现代化作为一种独特的发展模式，不仅推动了中国自身的现代化进程，还为世界各国的文明多样性发展构建了良性互动的新机制。中国式现代化在尊重和保护各种文明的基础上，促进了文明之间的交流、融合和共存，为构建人类命运共同体提供了重要支撑。一方面，中国式现代化强调文化自信和文明交流。中国传统文化有着五千多年的历史积淀，强调和谐共生、包容互鉴的价值观念。在现代化进程中，中国充分肯定自身文化传统的价值，并致力于与世界其他国家开展广泛的文明交流。通过举办文化交流活动、建立文化交流机制等方式，中国与其他国家加强了文明互鉴，推动了各种文明的共同繁荣和发展。另一方面，中国式现代化展现人类进步新价值。实现人的自由全面发展是中国共产党的价值追求，这里的人包括全体中华儿女在内的世界各国人民。中国共产党领导的中国式现代化道路遵循全体人民的文明逻辑，打赢脱贫攻坚战，为人类减贫事业作出巨大贡献。这些伟大实践是站在人类文明发展史上对西方现代化的一种彻底批判和反思，也必将以其独特的人本价值意蕴对世界文明演进产生巨大影响。

最后，中国式现代化为人类进步与解放事业提供了动力牵引。在中国的现代化进程中，经济的腾飞、社会的稳定、人民生活水平的提高等一系列变化不仅改变了中国自身的面貌，也对世界产生了深远的影响，为全人类的进步与解放事业注入了新的活力。其一，中国式现代化通过经济发展为人类进步提供了动力。中国的现代化道路注重经济建设，不断推进产业升级、技术创新和市场开放。中国经济的快速发展不仅使中国成为世界上较大的商品生产和消费市场，还为全球经济增长提供了强劲动力。中国的现代化进程促进了世界各国经济的互联互通，推动了全球产业链的优化和升级，为全球经济的稳定和繁荣作出了积极贡献。其二，中国式现代化强调人民的解放与幸福。中国的现代化进程不仅关注经济增长，更注重人民的获得感和幸福感。中国不断加强社会保障体系建设，提高医疗、教育、养老等公共服务水平，让全体人民共享发展成果。通过脱贫攻坚、社会保障制度改革等举措，中国不断增强了人民的获得感和幸福感，为全球解放事业提供了成功的范例和有益的启示。其三，中国式现代化强调文明交流与互鉴。中国在现代化进程中，始终坚持开放包容的理念，积极推动与世界其他国家的文明交流与互鉴。通过举办文化交流活动、促进人文交流合作等方式，中国加强了与其他国家的文化交流，促进了不同文明之间的相互理解与尊重，为全球文明的共同进步提供了新的动力。

总之，中国式现代化所创造的人类命运共同体的文明形态，是有力回答和解决当今世界面临的时代之问的中国方案，在以中国式现代化推动中华民族伟大复兴的新征程上，也必将为世界文明发展作出卓越贡献，为携手开创人类更加美好的未来贡献重要的中国力量。

五、创造了人类生态文明新形态

中国式现代化在推进生态文明建设方面取得了显著成就，创造了人类生态文明新形态，这不仅是对中国传统文化中"天人合一"理念的现代诠释，也是对全球环境治理和可持续发展作出贡献的重要体现，开辟了人与自然和谐共生、生产发展、生活富裕、生态良好的新道路，为全球生态文明建设提供了有益的经验和示范。

（一）中国式现代化创造了人与自然和谐共生的文明形态

中国式现代化所创造的人与自然和谐共生的文明形态，深刻体现了中国式现代化对于可持续发展和生态文明建设的独到见解和实践。这种文明形态不仅回应了全球环境变化带来的挑战，也提出了一种旨在实现经济发展、社会进步与环境保护三者平衡的发展模式。

首先，坚持生态优先的发展理念。习近平总书记一再强调："生态文明建设是关系中华民族永续发展的根本大计"，"要像保护眼睛一样保护生态环境，像对待生命一样对待生态环境，多谋打基础、利长远的善事，多干保护自然、修复生态的实事，多做治山理水、显山露水的好事"。[1] 中国式现代化强调生态文明的重要性，坚持生态优先的现代化发展理念，将生态保护置于经济发展的优先位置，不以牺牲环境为代价追求经济增长，加快经济社会发展全面绿色转型，把碳达峰、碳中和纳入经济社会发展和生态文明建设整体布局，充分认识到实现碳达峰、碳中和目标的紧迫性和艰巨性，使环境产生更大的生态效益、经济效益和社会效益，真正地实现生产发展和生态保护和谐共存。其次，走好绿色低碳发展的新赛道。中国式现代化不走西方发达国家先污染后治理的老

---

① 习近平：《推动我国生态文明建设迈上新台阶》，《求是》2019 年第 3 期。

路，稳扎稳打走好绿色低碳发展新赛道。在具体实践中，中国式现代化推出了一系列旨在促进绿色低碳发展的政策和措施，包括大力发展可再生能源，如风能、太阳能，减少对化石能源的依赖；推进能源消费和产业结构的优化升级；实施碳排放交易系统等市场化机制，鼓励减排和节能，以及加大环境治理和生态修复力度，提升生态环境质量。经过不懈努力，中国式现代化的生态根基更加牢固，绿色底色不断厚植，人民群众的生态环境获得感、幸福感、满足感显著增强。最后，全民参与生态文明建设。

习近平总书记指出："生态文明是人民群众共同参与共同建设共同享有的事业，要把建设美丽中国转化为全体人民自觉行动。每个人都是生态环境的保护者、建设者、受益者，没有哪个人是旁观者、局外人、批评家，谁也不能只说不做、置身事外。"[①] 中国式现代化所创造的人与自然和谐共生的文明形态还体现在鼓励和促进全民参与生态文明建设上。建设人与自然和谐共生的现代化，必须锻造一支生态环境保护铁军，激发社会力量和全体人民共同参与生态文明建设的内生动力，营造全民保护生态环境的社会氛围。要采取教育、媒体宣传和社会活动等方式，增强公众的节约意识、环保意识和生态责任感，鼓励公众通过节能减排、绿色出行、垃圾分类等日常行为，参与到生态文明建设中来。

总之，中国式现代化创造的人与自然和谐共生的文明形态，不仅为中国的可持续发展提供了有效路径，也为全球生态文明建设贡献了中国智慧和中国方案。这种文明形态强调的是一种长期视角下的平衡发展，寻求人的福祉与地球生态系统健康之间的和谐，为未来人类社会的发展提供了新的思考和实践范例。

---

① 习近平：《推动我国生态文明建设迈上新台阶》，《求是》2019 年第 3 期。

（二）中国式现代化创造了走生产发展、生活富裕、生态良好发展道路的文明形态

"生态环境保护和经济发展是辩证统一、相辅相成的，建设生态文明、推动绿色低碳循环发展，不仅可以满足人民日益增长的优美生态环境需要，而且可以推动实现更高质量、更有效率、更加公平、更可持续、更为安全的发展，走出一条生产发展、生活富裕、生态良好的文明发展道路。"[1] 中国式现代化创造的走生产发展、生活富裕、生态良好发展道路的文明形态，体现了一种全面、均衡、可持续的发展观念。这一文明形态不仅关注经济增长的速度和规模，更注重发展的质量和效益，以及人的全面发展和对自然环境的保护。

首先，经济发展与产业升级。中国式现代化通过技术创新和产业升级推动经济结构优化，着力打造绿色低碳循环发展的产业体系。中国式现代化"统筹推进重点领域绿色低碳发展。推进产业数字化、智能化同绿色化深度融合，加快建设以实体经济为支撑的现代化产业体系，大力发展战略性新兴产业、高技术产业、绿色环保产业、现代服务业。严把准入关口，坚决遏制高耗能、高排放、低水平项目盲目上马"[2]，加大力度统筹产业结构调整，以循环经济为基础，以绿色管理为保障，协同推进降碳、减污、扩绿、增长，积极构建绿色金融体系、实施绿色税收政策，利用经济手段激励绿色低碳发展，提高全社会的生产效率和国际竞争力，旨在构建一个资源节约型、环境友好型的产业体系，推动经济持续健康发展的同时，实现环境的可持续利用。其次，坚持生态惠民、生态利民、生态为民。习近平总书记强调："环境就是民生，青山就是美丽，蓝天也是幸福"[3]，"良好生态环境是最公平的公共产品，是最普惠的

---

[1] 《习近平谈治国理政》第 4 卷，外文出版社 2022 年版，第 361 页。
[2] 《中共中央国务院关于全面推进美丽中国建设的意见》，《人民日报》2024 年 1 月 12 日。
[3] 习近平：《推动我国生态文明建设迈上新台阶》，《求是》2019 年第 3 期。

民生福祉"①。中国式现代化坚持以人民为中心的发展思想，不断满足人民群众日益增长的优美生态环境需要，重点解决损害人民群众健康的突出生态问题，坚持精准治污、科学治污、依法治污，持续打好蓝天、碧水、净土保卫战，为人民群众提供更多优质的生态产品，使人民群众实实在在感受到生态环境质量提升。最后，生态文明与环境保护。习近平总书记强调："要统筹各领域资源，汇聚各方面力量，打好法治、市场、科技、政策'组合拳'，为美丽中国建设提供基础支撑和有力保障。"② 中国式现代化要依靠法治，在法治轨道上推进生态环境治理，全面推进法治自然建设，用最严格制度、最严密法治来落实生态环境的保护；中国式现代化要依靠市场，充分发挥市场潜力，调动市场主体保护生态环境的积极性、主动性，积极探索推广绿水青山转化为金山银山的路径；中国式现代化要依靠科技，强化科技创新对美丽中国建设的关键支撑作用，以科技创新促进生态环境保护，加快把科技创新优势转化为生态保护优势；中国式现代化要依靠政策，坚持节约优先、保护优先、自然恢复为主的方针，实施重大生态工程、加强环境污染治理、推广绿色生产和消费模式，有效提升生态环境质量，筑牢中国式现代化生态根基，构建人与自然和谐共生的美丽中国。

总之，中国式现代化所创造的这一文明形态，展现了一条融合经济发展、社会进步和生态保护的发展道路，为世界提供了新的发展理念和可持续发展的范例，展示了全球化时代各国实现共同发展、共享繁荣的可能路径。

---

① 中共中央文献研究室:《习近平关于社会主义生态文明建设论述摘编》，中央文献出版社2017年版，第4页。

② 习近平:《以美丽中国建设全面推进人与自然和谐共生的现代化》，《求是》2014年第1期。

（三）中国式现代化创造了共建全球生态文明的文明形态

在 2019 年中国北京世界园艺博览会开幕式上，习近平主席指出：
"建设美丽家园是人类的共同梦想。面对生态环境挑战，人类是一荣俱
荣、一损俱损的命运共同体，没有哪个国家能独善其身。……只有并肩
同行，才能让绿色发展理念深入人心、全球生态文明之路行稳致远。"[1]
中国式现代化不仅推动中国生态文明建设取得巨大成就，也为化解全球
生态难题、共建全球生态文明贡献中国智慧。

一方面，坚持共同但有区别的责任原则。在"领导人气候峰会"
上，习近平主席指出："共同但有区别的责任原则是全球气候治理的基
石。"[2]"共同责任"是开展全球生态治理的前提。保护全球生态环境是
世界各国的共同责任，世界各国都有责任和义务参与到全球生态的保护
与治理之中。"区别责任"是开展全球生态治理的关键。世界各国由于
所处发展阶段、经济实力等不同，在开展全球生态治理的过程中要突出
国家、民族和地区在环境治理上的差异责任。国际社会要充分肯定发展
中国家应对气候变化所作的贡献，为发展中国家治理环境提供资金、技
术、能力建设等方面支持，从而促进全球生态正义，更好推进全球生态
环境保护与治理。

另一方面，践行多边主义，开展国际合作。面对全球环境和气候治
理的新样态，"没有哪个国家能够独自应对人类面临的各种挑战，也没有
哪个国家能够退回到自我封闭的孤岛"[3]。中国积极践行多边主义，广泛
开展全球生态治理的国际合作，不断完善"一带一路"绿色发展倡议，
在南南合作框架下提供生态环保援助和技术支持，将中国式现代化的生

---

[1]《习近平谈治国理政》第 3 卷，外文出版社 2020 年版，第 375 页。

[2]　习近平：《共同构建人与自然生命共同体——在"领导人气候峰会"上的讲话》，《人民日
报》2021 年 4 月 23 日。

[3]《习近平谈治国理政》第 3 卷，外文出版社 2020 年版，第 46 页。

态治理经验与世界其他国家互通有无，推动共建国家实现绿色发展优势互补，共同推进全球生态文明建设。我国广泛邀请"一带一路"共建国家与国际组织共同建设"一带一路"绿色发展国际联盟，主动搭建生态环境保护相关的数据共享中心，目前共有 40 多个国家的 170 多个合作伙伴参与绿色发展国际联盟，参加数据共享中心建设。

总之，中国式现代化坚持建设美丽中国与共建地球家园相统一，从全人类的整体利益和长远利益出发创造了全球生态文明新形态，功在当代，利在千秋，为实现全球生态正义提供了中国智慧、中国方案与中国力量。

第六章

中国式现代化重塑世界现代化发展格局

中国式现代化坚持把马克思主义基本原理同中国现代化具体实际相结合、同中华优秀传统文化相结合，准确把握共产党执政规律、社会主义建设规律、人类社会发展规律，借鉴吸收人类一切优秀文明成果。中国式现代化既是中国的又是世界的，既立足时代又引领时代，打破了"现代化＝西方化"的迷思，勾勒了世界现代化新图景，有效推动全球治理体系大变革，对当今世界开创现代化模式新图景、重塑现代化建设新格局、创造人类文明新形态都具有重要的意义。

一、打破了"现代化＝西方化"的迷思

一般来说，人类社会的现代化进程肇始于 16 世纪至 18 世纪西方形成的资本主义国家，它以工业革命和资本主义生产关系的确立为标志。西方现代化虽然大大推动人类现代化发展，但蕴含着一系列内在矛盾。中国式现代化坚持以人民为中心的价值导向，统筹推进"五位一体"总体布局，开创了以人的逻辑驾驭资本逻辑的现代化之路，破解了西方"单向度"现代化模式的弊病，破除了"西方文明中心论"的思想认知。

（一）开创了以人的逻辑驾驭资本逻辑的现代化之路

资本作为投入到生产过程中追求自身增殖的剩余价值，是一种追求自我扩张的"市场权力放大器"，具有推动社会生产力系统不断扩张

的强大动力。资本主义生产关系的确立大大推动了资本主义的发展和人类现代化的前进步伐。具体来说，主要表现为以下四点：一是社会生产的规模化、专业化。在生产社会化条件下，不仅生产资料在使用上社会化，即有限的生产资料由原来单个生产者使用变成大批生产者共同使用，生产过程也社会化，生产从一系列的个人行动变成一系列的社会行动，产品从单个人的产品变成社会性产品。随着生产专业化的发展，一件综合性很强的产品由许多工厂协作生产，低成本、高速度、大规模的生产为资本主义生产力大发展创造了基本条件。二是科技的进步和机械化生产的广泛应用。激烈竞争迫使资本家把不断提高生产效率作为资本生存和发展的手段，由此大大推动人类科学技术的进步和机械化生产的广泛应用。"在 19 世纪 30 年代，即英国工业革命即将宣告完成之时，专利注册数字达到了 2453 项。因此，英国 18 世纪 60 年代开始的新发明始终保持着上升的趋势。"[①] 到 19 世纪中期，英国捷足先登，首先完成了产业革命，纺织、冶金和煤炭成了英国产业革命中建立起来的三大支柱工业。"继英国产业革命之后，其他一些资本主义国家也先后进行了产业革命。到 19 世纪 60—70 年代美、法、德等国先后完成了产业革命。"[②]"英、法、德再加上美国，经过 19 世纪中期的快速'冲刺'，大体都是在 70 年代前后基本成为工业化国家。1870 年，四国工业产值之和已占世界总产值的 78%。"[③] 三是资本主义民主政治的建立。商品经济的内在逻辑是等价交换和自由竞争，在政治上要求一种具有普遍形式的平等和自由与之相适应。在 17—18 世纪，以洛克、卢梭等著名哲学家为代表的资产阶级启蒙思想家，率先提出了"人人生而平等""我的权利是天赋的"等

---

① 谢朝斌：《工业化过程与现代商品流通：发展与变革的国际考察》，东方出版社 1995 年版，第 117 页。

② 张菲洲等：《马克思主义原理》，蓝天出版社 1989 年版，第 177 页。

③ 韦定广：《"世界历史"语境中的人类解放主题》，人民出版社 2004 年版，第 234 页。

主张，首创了著名的"天赋人权说"和"社会契约论"。这些民主思想，集中反映了资产阶级要求自由贸易、发展资本主义经济的愿望。资产阶级革命胜利后，资产阶级在宪法和法律上确认了这些民主思想，建立了体现资产阶级利益的国家制度，包括政党政治、直接选举、代议制度等。四是世界交往的普遍发展。世界市场和普遍交往是资本向全世界扩张的必然结果，是资本的无限增殖和扩张本性的外在表现。"资本按其本性来说，力求超越一切空间界限。"①资本的规模扩张必然伴随着资本的空间扩张，要求在全球范围内配置资源，冲破一切民族国家的地理界限，使一切国家的生产和消费都成为"世界性的"。资本全球扩张所产生的影响远不止物质生产领域，精神生产也具有了世界性。"各民族的精神产品成了公共的财产。民族的片面性和局限性日益成为不可能，于是由许多种民族的和地方的文学形成了一种世界的文学。"②

　　总之，现代化肇始于西欧，最初代表是英美等国家，后扩展至全球。资本主义现代化推动了西方社会从农业文明时代进入崭新的工业文明时代，在这一过程中，资本是主导力量，其发展逻辑遵循的是"以资本为中心"的物化逻辑，这一发展逻辑在推动工业文明取得辉煌成就的同时也造成一系列现代性危机。具体来说，主要体现为：一是以追求资本的无限增殖为根本目标，必然导致物的增值与人的贬值之间的内在矛盾。在生产资料私有制的资本主义社会，生产的社会化促进了经济的发展，而其私有制的经济基础又决定了其价值观以个人利己主义为内核，并使经济力量变成了统治、奴役人的物质力量，人的独立性被物的独立性所取代，导致了资本的增殖与人的贬值，并且资本逻辑必须也必然要用人的贬值的方式来换取资本的增殖。二是在资本主义工业化进程中，

①《马克思恩格斯全集》第 46 卷下册，人民出版社 1980 年版，第 16 页。
②《马克思恩格斯选集》第 1 卷，人民出版社 2012 年版，第 404 页。

资本家一方面会不断扩大再生产，另一方面会最大程度压低生产成本，占有工人的剩余价值，将全社会的购买力压到尽可能低的水平，由此必然引发社会生产能力无限扩大和劳动者购买力相对缩小的矛盾，并最终导致经济危机。三是社会两极分化和阶级矛盾的尖锐化。占有他人的劳动是资本的生存法则，资本的扩张是以占有工人剩余价值为前提的。资本增殖不可避免地造成社会两极分化和严重的阶级对立。四是对外扩张与殖民掠夺。马克思认为，殖民主义在殖民地承担了"双重的使命"："一个是破坏的使命"，"另一个是重建的使命"。[1] 世界市场的形成与殖民地的开发和掠夺密不可分。世界市场和国家交往在资本主义国家殖民其他国家的过程中不断得以拓展和深化，亚非拉多数国家在西方列强的炮舰攻击下失去了抵御能力，逐渐沦为欧美资本主义列强的殖民地、半殖民地。资本主义国家殖民掠夺不仅为其提供原料产地和商品销售市场，也给殖民地带来了深重的灾难。随着资本主义生产关系的全球性扩张，形成了少数西方发达国家对多数发展中国家压迫和掠夺的现代世界体系，除了少数精英，大多数发展中国家的民众享受不到经济增长和现代化带来的好处。

中国共产党是按照马克思主义建党原则建立起来的政党，人民性是中国共产党最大的政治属性。1921 年 7 月，党的一大党纲明确指出，"党的根本政治目的是实行社会革命"[2]。之后，中国共产党在推动中国式现代化进程中始终注重以自身政治立场、价值理念和创新性实践，引领和推动中国现代化道路的探索实践。1942 年 5 月，毛泽东同志在延安文艺座谈会上的讲话中明确指出："我们是站在无产阶级的和人民大众的立

---

[1] 《马克思恩格斯选集》第 1 卷，人民出版社 2012 年版，第 857 页。

[2] 《中国共产党历次党章汇编（1921—2017）》，中国方正出版社 2019 年版，第 60 页。

场。"①"为什么人的问题，是一个根本的问题，原则的问题。"②新中国成立之后，中国共产党成为全国范围的执政党，毛泽东同志多次强调在执政条件下践行党的宗旨，坚持"为人民执政"的重要性。他指出："共产党就是要奋斗，就是要全心全意为人民服务，不要半心半意或者三分之二的心三分之二的意为人民服务。"③

改革开放之后，针对我国生产力落后的现实，邓小平同志将党的初心与改革开放实践结合起来，明确指出："人民生活长期停止在很低的水平总不能叫社会主义。"④"每一个党员必须养成为人民服务、向群众负责、遇事同群众商量和同群众共甘苦的工作作风。"⑤邓小平同志还指出，我们做任何事情，都要看人民拥护不拥护、赞成不赞成、高兴不高兴、答应不答应。江泽民同志强调："我们要在全党形成坚决相信群众，紧紧依靠群众，一切以人民群众的利益为重，事事向人民负责，老老实实向人民群众学习的良好风尚。"⑥胡锦涛同志也强调："充分相信群众，紧紧依靠群众，保持同人民群众的血肉联系，始终是我们党立于不败之地的力量源泉，始终是我们党和国家事业发展最具有决定性的因素。"⑦

党的十八大以来，习近平总书记明确提出党的初心使命、以人民为中心、共享发展等重大命题，并作出"加强党的政治建设，要紧扣民心这个最大的政治""检验我们一切工作的成效，最终都要看人民是否真正得到了实惠""始终把人民放在心中最高的位置"等一系列论断。在实践中，以习近平同志为核心的党中央始终把人民安居乐业放在心上，

---

① 《毛泽东选集》第3卷，人民出版社1991年版，第848页。
② 《毛泽东选集》第3卷，人民出版社1991年版，第857页。
③ 《毛泽东文集》第7卷，人民出版社1999年版，第285页。
④ 《邓小平文选》第2卷，人民出版社1994年版，第312页。
⑤ 《邓小平文选》第1卷，人民出版社1994年版，第217页。
⑥ 《江泽民文选》第1卷，人民出版社2006年版，第99页。
⑦ 《胡锦涛文选》第2卷，人民出版社2016年版，第140页。

用心用情用力解决人民群众急难愁盼的问题，取得脱贫攻坚、全面建成小康社会等一系列历史性成就。党的十九届六中全会总结了一百年来党领导人民进行伟大奋斗积累的十条宝贵历史经验，其中第二条是"坚持人民至上"。党的二十大把"坚持以人民为中心的发展思想"确立为全面建设社会主义现代化国家必须牢牢把握的重大原则，将"必须坚持人民至上"确立为习近平新时代中国特色社会主义思想的世界观和方法论重要内容之一。

（二）破解了西方"单向度"现代化模式的弊病

西方现代化是以"物的逻辑"为主导的现代化，资本主义对私有财产的崇拜，导致物对人的支配和统治，阻滞了人的自由全面发展。在西方现代化之初，资本主导地位的确立的确大大促进资本主义生产力的发展，但是，物质财富积累的背后是物欲横流、私欲膨胀、精神贫乏。见物不见人的发展逻辑使得人成为"单向度的人"，社会沦为"单向度的社会"。对此，马克思、恩格斯在《共产党宣言》中指出："它无情地斩断了把人们束缚于天然尊长的形形色色的封建羁绊，它使人和人之间除了赤裸裸的利害关系，除了冷酷无情的'现金交易'，就再也没有任何别的联系了。"① 不仅如此，这种金钱关系也被运用到家庭生活之中。"资产阶级撕下了罩在家庭关系上的温情脉脉的面纱，把这种关系变成了纯粹的金钱关系。"② 在价值标准上，金钱成为衡量人的价值标准，资产阶级生活腐化堕落现象也非常明显。对此，恩格斯在《英国工人阶级状况》一文中指出资本主义社会中人们价值观面临的问题："金钱确定人的价值：这个人值一万英镑（he is worth ten thousand pounds），就是说，他拥有这样一笔钱。谁有钱，谁就'值得尊敬'"③。后来，马克思在《1848

---

① 《马克思恩格斯文集》第 2 卷，人民出版社 2009 年版，第 34 页。
② 《马克思恩格斯文集》第 2 卷，人民出版社 2009 年版，第 34 页。
③ 《马克思恩格斯文集》第 1 卷，人民出版社 2009 年版，第 477 页。

年至 1850 年的法兰西阶级斗争》中也指出："在资产阶级社会的上层，不健康的和不道德的欲望以毫无节制的、时时都和资产阶级法律本身相抵触的形式表现出来，在这种形式下，投机得来的财富自然要寻求满足，于是享乐变成放荡，金钱、污秽和鲜血汇为一流。"①

20 世纪 60 年代，马尔库塞在《单向度的人》中对发达资本主义社会"物质丰富，精神痛苦"的现象进行了进一步的批判。在马尔库塞看来，发达资本主义社会阶段，科学技术的发展和民众生活水平的提高，使得资本主义发展初期的清教禁欲主义被抛弃，民众为充裕的物质产品而乐此不疲。而正是在劳动生产率不断增长和商品越来越充裕的基础上，资本主义又开始了一种对人们的意识和下意识的操纵和摆布，使新的需要被一次又一次地渲染起来。但马尔库塞认为，追求物质享受并不是人的本质特征。人与动物不同，他并不满足于锦衣玉食，而更应追求精神需求。但是，在发达资本主义社会，物质需求成为人的主要需求，其结果就是：人们完全拜倒在商品拜物教面前了，也使得人们解放的需要和自我发展的需要都被遮蔽了。不仅如此，马尔库塞认为，现代西方社会推行高生产、高消费的措施也是维系资本主义制度生存与发展的需要。这不仅是因为刺激消费是资本主义经济持续增长的动力，也是因为制造"虚假的需求"是掩盖资本主义剥削实质，实现资本主义意识形态操控的需要。"在这里，社会控制所强求的正是对于过度的生产和消费的压倒一切的需要"②。因此，为了不断刺激人们的消费，资本主义社会就必须不断制造"虚假的需求"，通过国家的教育、报纸、杂志、电影、电视以及现代化的广告等手段，操纵大众爱好和需求，从而使"工人和他的老板享受同样的电视节目并漫游同样的游乐胜地"，它"表明

① 《马克思恩格斯文集》第 2 卷，人民出版社 2009 年版，第 82—83 页。
② ［美］赫伯特·马尔库塞：《单向度的人：发达工业社会意识形态研究》，刘继译，上海译文出版社 2006 年版，第 8 页。

现存制度下的各种人在多大程度上分享着用以维持这种制度的需要和满足",① 由此产生了一个不费力的、快乐的、满足和舒适的世界图象。而对社会个人来说，为了能够享用更高级的商品和服务，他必须拥有更强的购买力，为此，他必须更加努力地工作，挣更多的钱。结果是双重的：一方面，他努力工作，通过工作，他不仅满足了自己的物质需求，也使自己成为整个现存社会系统再生产的工具，支持了统治；另一方面，由于社会不同阶级的人从社会产品中获得了好处，以至于让人感觉人们之间并不存在多大的悬殊，阶级差别似乎消失。而文化商品以及其蕴含的观念变成了人们的生活标准时，不可避免地导致人们自主意识的消解。由此，现代社会呈现出这样一种状态，即"把浪费变为需要、把破坏变为建设的能力"②，对于社会个体来说，这种外在的社会控制使得"人们似乎是为商品而生活。小轿车、高清晰度的传真装置、错层式家庭住宅以及厨房设备成了人们生活的灵魂"③。它"作为一种内在化的力量，对个体施加影响，因为社会权威已被吸收进了个体的良心和无意识之中，并作为他自己的欲望、道德和满足的东西在起作用"④，从而使人的生活成为"单向度"的生活，人们的思想意识也变成了"单向度"的意识。

中国式现代化坚持以人民为中心，不仅要满足人民群众的衣食住行等物质需求，更要不断满足人民群众多样化、多层次、多方面的精神文

---

① ［美］赫伯特·马尔库塞：《单向度的人：发达工业社会意识形态研究》，刘继译，上海译文出版社 2006 年版，第 9 页。

② ［美］赫伯特·马尔库塞：《单向度的人：发达工业社会意识形态研究》，刘继译，上海译文出版社 2006 年版，第 10 页。

③ ［美］赫伯特·马尔库塞：《单向度的人：发达工业社会意识形态研究》，刘继译，上海译文出版社 2006 年版，第 10 页。

④ ［美］赫伯特·马尔库塞：《爱欲与文明：对弗洛伊德思想的哲学探讨》，黄勇、薛民译，上海译文出版社 2008 年版，第 25—26 页。

化需求。新民主主义革命时期，中国共产党在局部执政阶段就对经济、文化和社会建设进行了积极的探索，为构建"新世界"打下了良好的基础。新中国成立之后，中国共产党对新中国的经济、政治、文化建设都进行了有益的探索。但后期由于"左"倾思想的发展，社会主义建设遭受巨大挫折。改革开放后，以邓小平同志为主要代表的中国共产党人重新将党的工作重心转移到经济建设上来，通过改革开放，尤其是发展社会主义市场经济，推进社会主义物质文明建设。同时，针对市场经济发展中出现见利忘义、思想腐化、一切向钱看等问题，邓小平同志强调："要恢复和发扬我们党和人民的革命传统，培养和树立优良的道德风尚，为建设高度发展的社会主义精神文明做出积极的贡献。"[1] 在党的十二大报告中，邓小平同志明确提出坚持"两个文明一起抓"的战略方针。在此基础上，1986年9月28日党的十二届六中全会正式发布了《中共中央关于社会主义精神文明建设指导方针的决议》，对精神文明建设的战略地位、根本任务、策略方针等进行了统一部署。进入21世纪之后，随着社会主义现代化建设的深入推进，2002年11月，江泽民同志在党的十六大报告中明确提出"政治文明"概念，指出"发展社会主义民主政治，建设社会主义政治文明，是全面建设小康社会的重要目标"[2]，由此形成了中国特色社会主义物质文明建设、精神文明建设与政治文明建设"三位一体"的发展目标。党的十六大之后，针对现代化进程中收入分配、社会稳定、公平正义等方面出现的问题，以胡锦涛同志为主要代表的中国共产党人明确提出"构建社会主义和谐社会"的要求，中国特色社会主义建设的总体布局也由过去的"三位一体"发展为"四位一体"。党的十七大把"四位一体"总体布局写入党章修正案。之后，针对我国

---

[1] 《邓小平文选》第2卷，人民出版社1994年版，第209页。
[2] 《江泽民文选》第3卷，人民出版社2006年版，第553页。

生态环境建设面临的问题，党的十八大进一步把生态文明建设纳入中国特色社会主义建设的总体布局，至此，"五位一体"总体布局正式形成。与此相适应，形成了中国式现代化"五位一体"的文明体系，体现了中国式现代化文明体系的全面性、公平性、系统性、联动性。

（三）破除了"西方文明中心论"的思想认知

近代以来，西方资本主义文化曾长期占据世界主导地位。某些西方国家的学者认为，肇始于欧洲的西方文明是人类迄今为止唯一成功和正确的文明，理当成为世界文明的中心，代表性的观点主要有"历史终结论""普世文明论""文明冲突论"等。"历史终结论"认为："西方社会已经或正在走向所有的其他人类社会和民族都迟早要走向的某个唯一的目标和终点。"[①] 而这一终点就是西方的自由民主制。在"普世文明论者"看来，人类在文化上正在趋同，全世界各民族正日益接受共同的价值、信仰、方向、实践和体制。人们解释世界的思维方式与行为方式正趋于一致，形成所谓的"全球文化"。"文明冲突论"虽然认为不同国家、民族以及宗教的文化传统具有明显的差异性，但"文明冲突论"依然没有脱离"西方中心主义"的价值逻辑，认为"现代文明即西方文明，西方文明即现代文明"。"文明冲突论"在强调世界文化多样性的同时，对非西方文明的发展没有抱以愉快、平和的心态，却为西方文明受到的挑战感到深深的忧虑。亨廷顿认为，多元化和多极化是世界发展的大趋势，西方文明已经开始衰落，必须想办法延缓这种趋势。为此，美国必须加强与西欧的联盟，"当东亚人在经济上获得更大成功时，他们便毫不犹豫地强调自己文化的独特性，鼓吹他们的价值观和生活方式优越于西方

---

① ［美］丹尼尔·贝尔：《意识形态的终结：50年代政治观念衰微之考察》，张国清译，中国社会科学出版社2013年版，"2013年中文版译者序"第11页。

和其他社会"①。"'文明冲突论'根源是西方对抗性世界观"②。"文明冲突论"不仅放大了不同文明之间的文化差异，也为西方的文化扩张甚至武力扩张提供了理论依据。

总之，"西方文明中心论"强调西方文明的至上性与合理性，认为西方文明优于其他一切文明，其他地区的文明应该接受西方文明的价值观并逐渐全盘接受西方文明。我们应该看到，西方文明在发展之初的确大大推动了人类文明前进步伐，促使人与自然、人与人，以及人与社会的关系发生巨大变化。但资本主义基本矛盾决定它解决不了社会不公、阶级对抗、生态污染、全球范围内民族矛盾冲突加剧等一系列问题。对此，马克思和恩格斯指出，"因为社会上文明过度，生活资料太多，工业和商业太发达。社会所拥有的生产力已经不能再促进资产阶级文明和资产阶级所有制关系的发展"③。与"西方文明中心论"所传递的主客对立、多元冲突思维不同，中国式现代化创造的人类文明新形态立足于中国特色社会主义实践，根植于中华优秀传统文化，体现了科学社会主义的先进本质，有效破除了"西方文明中心论"的思想认知。

二、勾勒了世界现代化的新图景

人类现代化该如何实现？第二次世界大战之后，各国为探索本国现代化道路进行了多方面的探索，一些发展中国家在迈向现代化过程中，由于缺乏经验，往往试图通过嫁接或借鉴发达国家的制度体系来推进本国的现代化，然而，随着时间的推移，模仿西方现代化模式不仅没有有效推动本国的现代化进程，反而陷入"水土不服"的境地。中国共产党

---

① ［美］塞缪尔·亨廷顿：《文明的冲突与世界秩序的重建》，周琪、刘绯、张立平等译，新华出版社1998年版，第104—105页。
② 田德文：《"文明冲突论"错在哪里》，《人民论坛》2019年第21期。
③ 《马克思恩格斯文集》第2卷，人民出版社2009年版，第37页。

在推动中国式现代化进程中始终坚定不移地走自己的路，不仅积累了本国现代化的有益经验，也勾勒了世界现代化的新图景。

（一）世界主要国家现代化探索实践与思考

第一，拉美现代化及其经验教训。拉美是世界上种族和文化多元性较为显著的地区，包括阿根廷、墨西哥、巴西、智利等国家。拉美的现代化进程大致分为四个时期：第一个时期即 20 世纪 30 年代至 50 年代初，为初级进口替代工业化阶段。19 世纪拉美各国摆脱殖民统治获得独立后，曾长期推行以矿产品和农产品为主的初级产品出口导向战略。20 世纪 30 年代资本主义世界经济大危机的冲击迫使拉美改变旧模式，阿根廷、巴西、墨西哥首先开始推行初级进口替代工业化战略，建立本国的非耐用消费品工业体系，实现轻工业产品的自给，同时开始通过国家干预发展钢铁、石油等重化工业。第二个时期即 20 世纪 50 年代初到 60 年代中期，为进口替代工业化阶段，目的是在国家大力扶植下，有计划地促进国内民族工业的发展。这一阶段，许多拉美国家都建立起现代工业体系，实现了国民经济部门结构的巨大变化。"1950—1980 年，拉美地区经济年均增长 5.6%。据美洲开发银行提供的 25 个拉美国家的统计，1980 年拉美人均 GDP 达 2288 美元，居发展中国家前列。"[①] 第三个时期即 20 世纪 60 年代中期到 80 年代初，为进口替代和促进出口相结合阶段。实行结合政策较成功者有巴西、墨西哥和委内瑞拉。巴西以汽车、电子、飞机等为新的经济增长点，创造了世界瞩目的"巴西奇迹"，墨西哥和委内瑞拉则侧重以石油推动经济增长。第四个时期是 20 世纪 80 年代至今，在拉美这片辽阔而丰饶的大地上，涌现了一场轰轰烈烈的经济改革浪潮。在美国的压力和影响下，拉美国家大力推行经济私有化、贸易自由化、开放资本市场、减少政府干预等一系列新自由主义经济改

---

① 成龙：《国外中国模式研究评析》，人民出版社 2018 年版，第 125 页。

革措施。但是，改革的措施和遇到的困难颇为相似，并相互影响，由此形成了拉美独特的改革之路。应该承认，这一阶段，拉美国家由于改革开放曾经出现过较好的经济增长，即由于选择"外资主导型"开放道路而获得阶段性经济快速发展，但这种发展是以丧失经济、资源的控制权为代价的，而且放弃了政府调控所承担的社会公平目标，从而引发了严重的经济危机和社会动荡等一系列问题，主要表现为以下三点：一是经济增长低迷，持续时间长。"拉美的巴西、阿根廷、墨西哥、智利等国，在20世纪70年代均进入了中等收入国家行列，但直到2007年，仍然挣扎在人均GDP 3000～5000美元的发展阶段。"[①]2018年拉美地区最大经济体巴西实现增长1.1%，墨西哥为2%。二是社会两极分化严重。"直至21世纪初，拉美大多数国家的经济发展仍处于20世纪90年代的水平。贫困人口总数已经达到2.27亿，占到拉美国家总人口的44%，其中极端贫困人口已经达到1.03亿。"[②]三是通货膨胀严重。"世界银行在《全球经济展望报告》中指出，2021年拉美地区面临巨大的通胀压力，地区主要经济体的央行均难以实现其控制通胀的目标。墨西哥央行2021年连续上调利率，但通胀预期仍持续升温。最新数据显示，2021年全年墨西哥通胀率达7.36%，为20年来最高水平。巴西2021年通胀率为10.06%，创2015年以来新高。"[③]拉美现代化进程中出现上述问题的重要原因是推行新自由主义导致过度依赖外资，造成金融动荡；片面强调开放市场，忽视保护市场的重要性。在此情况下，拉美很多民族企业纷纷倒闭。

第二，东亚现代化的演进与得失——以韩国为例。第二次世界大战

---

① 周晖、周华：《历次国际金融危机比较与中国对策研究》，湖南大学出版社2012年版，第77页。

② 周晖、周华：《历次国际金融危机比较与中国对策研究》，湖南大学出版社2012年版，第79页。

③ 吴杰、彭敏、谢佳宁等：《拉美地区经济缓慢复苏》，《人民日报》2022年1月24日。

以后，随着大量殖民地和半殖民地先后独立，后发国家和地区开始积极谋求发展。代表性的国家和地区包括日本、韩国、新加坡、台湾、香港等。东亚经济的发展一直是 20 世纪后半叶世界上较重要的发展。这一发展进程始于 20 世纪 50 年代的日本。日本一度被看成很大的例外，即一个非西方国家成功地实现了现代化，并成为经济发达的国家。20 世纪 60—70 年代，这一发展进程蔓延到亚洲四小龙（韩国、新加坡和中国台湾、香港），并进而延伸到马来西亚、泰国和印度尼西亚等。东亚现代化发展的成功原因是多方面的，比如美国等资本主义国家对东亚新兴工业化国家和地区的制造品的经济需要，也与东亚各国积极走向国际市场，参与国际经济分工、合作与竞争，以及政府的干预有着很大的关系。以韩国为例，20 世纪下半叶，伴随着 1960 年李承晚的独裁统治被终结，朴正熙建立新的独裁政府，并加强国家对经济的干预，将金融体系国有化，为后来韩国政府走出新的发展模式——"发展型政府"模式奠定了基础。在此基础上，韩国政府大致经历了三个阶段，实现了韩国经济的腾飞。第一个阶段起源于 20 世纪 60 年代。韩国政府 1962 年与世界银行签订第一个贷款合同，同时期启动了韩国第一个五年计划，其间韩国政府在农业和工业产出方面采取保护主义，大力发展轻工业和劳动密集型产业，除了满足国内需求，也获得了一定的海外市场份额。第二个五年计划着重强调石化工业和电子电器，并逐渐形成出口导向型工业发展战略，迅速带动韩国经济发展。第二个阶段在 20 世纪 70 年代初，伴随着第三个五年计划展开，韩国重点实行重化工业产品代替轻工业产品的工业化发展战略。当时西方国家经历能源危机，将钢铁、化工等资本密集型产业转移到国外。韩国政府再次把握住机会，承接国际产业，迅速消化并推动了信息技术和生命科学产业发展，建立了技术和知识密集型产业。第三个阶段开始于 20 世纪 90 年代，韩国面临金融危机带来的重重困难，韩国政府提出"创造经济的创新发展战略"，以信息和数字技术为基础，大力发展新兴产业、智能制造业、零部件产业等，迅速占领国际出口市场，实现韩国在工业革命中的领先地位。在韩国经济政策和发展战略的引导下，韩国在同时期成为经济增长速度最快的国家。韩国曾在 2005 年首次跻身全球前十。2016 年韩国名义 GDP 为 14109.79 亿美元，居全球第 11 位，人均名义 GDP 为 27533 美元，居全球第 29 位。近年来，韩国在经济发展上取得了非常可观的成就，但是随着时代的变迁，如今韩国经济正面临困境。2022 年韩国实际 GDP 增长 2.6%，较 2021 年 4.1% 的增速大幅放缓。同时，2022 年是韩国近 14 年来首次出现贸易逆差，也是韩国 66 年来最大贸易逆差。2022 年韩国国税收入同比增长了 51.9 万亿韩元，但财政赤字总体达到了 117 万亿韩元。"韩国企划财政部发表的《2024 年经济政策方向》预测，2024 年韩国经济增长率为 2.2%，比 2023 年 7 月份发布的《2023 年下半年经济政策方向》提出的预测值下调了 0.2 个百分点。"① 目前韩国经济发展面临一系列困境，"短期来看，韩国增长面临需求端乏力、供给端恢复不充分以及宏观经济政策支撑作用难以发挥的现状，而迫于国内高通胀、汇率贬值等因素影响，政策调节难度加大"②。与此同时，韩国人还面临贫富差距扩大、社会矛盾加剧等问题。韩国 2021 年综合收入上游 0.1% 群体的年收入，是收入下游 20% 群体的 1400 倍。上游 0.1% 群体有 9399 人，他们的人均年收入为 33.3317 亿韩元（约合人民币 1753 万元），总收入占韩国全体国民人口收入的 10.4%。而收入下游 20% 群体约有 186 万人，他们的人均年收入为 238 万韩元（约合人民币 1.25 万元）。③ 韩国现代化进程中出现上述问题的原因是多方面的：一是全球需求疲软。全球经

---

① 韩雪萌：《韩国经济增速创 3 年来最低水平》，《金融时报》2024 年 1 月 31 日。

② 郝碧榕：《当前韩国经济形势分析与未来展望》，《中国经贸导刊》2023 年第 3 期。

③ 参见刘沐轩《韩国人幸福感全球垫底背后：房价 5 年上涨 80%，贫富收入差距达 1400 倍》，《时代周报》2023 年 3 月 21 日。

济增速放缓，导致全球半导体市场萎缩，其他国家对电子产品以及智能化生产的市场需求减少。二是韩国经济高度依赖出口，而其出口产品主要集中在半导体、化工、机电与运输设备等制造业领域。这些产业受到全球市场需求的影响很大，一旦出现波动，就会导致韩国经济增长动力减弱，贸易赤字加剧。三是美国对韩国经济的剥削。美国作为全球经济大国，对韩国经济的剥削也是导致韩国利润流失的重要原因之一。为了维护自身利益，美国不断加大对韩国经济的干预力度，通过贸易战、操纵汇率等手段，迫使韩国企业让出更多利润。此外，美国还通过跨国公司在韩国设立生产基地，将韩国作为"世界工厂"，从中获取大量利润。这种剥削行为让韩国经济承受巨大压力。四是财阀集团对韩国社会的严重影响。韩国经济长期以来由少数几家家族经营的企业集团主导，这些企业集团被称为"财阀"，如三星、LG、SK、乐天和现代等。这些企业在韩国经济中占有相当大的比重，对韩国的出口和经济发展作出了重要贡献，但也造成了腐败和社会贫富差距扩大等一系列问题。

第三，东欧现代化之路及其思考——以俄罗斯为例。俄罗斯的现代化发端于18世纪早期彼得大帝执政时期。亚历山大二世执政时期，通过改革废除了农奴制，将农民从封建依附体系中解放出来。但是由于地主的抵抗，土地所有权并没有转移到农民个体身上，而是转移到了农村，因此农民获得了自由却没有土地。1917年俄国十月革命胜利之后，列宁高度重视社会主义生产力的发展，认为无产阶级政党在取得政权以后必须将创造比资本主义更高的物质文明作为首要任务，把工作重心转移到发展经济上来。为推动俄国生产力的发展和现代化建设，列宁进行了一系列思考和探索，主要表现为以下四点：一是实行生产资料公有制。二是实行新经济政策，通过商品生产和商品流通促进社会主义生产力建设。三是注重利用资本主义科学技术、先进管理经验推进社会主义现代化建设。四是发展社会主义民主政治，保证人民当家作主的权利等。列宁去世之后，斯大林在推动俄国社会主义现代化探索实践中形成了斯大林模式。从当时来看，斯大林模式是对落后国家如何走向现代化的一种探索和创新，它开创了一条不同于资本主义发展模式的崭新道路，但是单一的生产资料公有制、排斥市场调节、实行指令性的计划经济体制等也抑制了经济社会发展活力。此外，政治领域的高度集权、思想文化领域的个人崇拜也严重阻碍了俄国现代化进程。1953 年斯大林去世之后，赫鲁晓夫、勃列日涅夫、戈尔巴乔夫等对苏联政治经济体制进行了改革，尤其是戈尔巴乔夫的"新思维"偏离了社会主义改革的方向，最终导致苏联解体。1992 年起，俄罗斯开始推行以"休克疗法"为依托的激进式经济改革方案，即通过经济自由化、实行严厉的财政政策、全面推行私有化政策并改变社会基本制度来加速由计划经济向市场经济的转轨，遏制通货膨胀以达到稳定宏观经济的目的。"休克疗法"脱离俄罗斯本国国情，照抄西方经济模式，造成俄罗斯经济严重下滑。"1992 年俄罗斯的国内生产总值比上年下降 14.5%（而 1991 年下降 5%），生产的国民收入下降 16.2%（1991 年, 10.5%），工业总产值下降 18%（1991 年, 8%），基本建设投资下降 40%（1991 年, 15%），货物运输量下降 14%（1991 年, 7%），零售商品流转额下降 3.5%（1991 年, 3.2%）。"[1]

　　世纪之交，普京接掌俄罗斯政权，彻底抛弃了新自由主义政策，为稳定国内政治、经济、社会局势，在中央与地方权力分配等方面采取了一系列强有力的政策和措施。"普京执掌俄罗斯政权前 8 年，居民实际收入增加了 1.5 倍，失业和贫困水平降低了一半，经济稳步发展。2000—2007 年，GDP 增加了 72%。2007 年 GDP 增长率达到过去 7 年来的最高水平 8.1%。"[2]2008 年 2 月 8 日，普京在国务委员会扩大会议上作了《俄

---

①　许新：《叶利钦时代的俄罗斯（经济卷）》，人民出版社 2001 年版，第 21—22 页。

②　李新：《俄罗斯经济再转型：创新驱动现代化》，复旦大学出版社 2014 年版，第 77 页。

罗斯 2020 年发展战略》的报告，第一次正式确立了国家的创新发展战略。围绕这个基本目标，普京规划了俄罗斯未来 12 年的教育、医疗和住房建设三大民生问题的解决方针。要提高居民生活水平，使中产阶级在整个居民结构中的比例不低于 60%，甚至达到 70%。目前俄乌冲突对俄罗斯经济产生了很大影响，2023 年，俄罗斯 GDP 增长 3.6%。

第四，中东现代化探索——以伊朗为例。1979 年伊朗伊斯兰共和国建立后，伊朗一直探索本国现代化建设的发展模式。19 世纪下半叶，模仿西方成为伊朗社会的时尚，器物层面、制度层面和思想层面的西化倾向是此间伊朗现代化的重要内容。电报成为连接首都德黑兰与其他地区的崭新方式。伴随着西方文化的传入和新式学校的建立，知识分子作为新兴的社会阶层在伊朗也得到发展。"自 19 世纪中叶起，伴随着西方的冲击和传统秩序的崩坏以及新旧社会势力的消长，伊朗社会的政治对抗逐渐由传统模式转变为现代模式。"[①] 巴列维国王时期，伊朗现代化取得很大发展。巴列维继位时正值第二次世界大战同盟国占领伊朗期间，他痛感旧制度阻碍国家进步，造成伊朗贫穷落后、任人宰割的局面，决心奋发图强，按照西方的模式改造国家，但在改造过程中也出现了一系列失误，突出表现为良莠不分地引进西方文化和西方生活方式，简单粗暴地强制改变某些伊斯兰习俗，严重触犯了伊斯兰教规和穆斯林群众的宗教感情。20 世纪 60 年代前期，霍梅尼在伊朗发动反国王的游行示威，遭到镇压，霍梅尼本人多次遭逮捕，后来被驱逐出境。1978 年 1 月，伊朗爆发了反对巴列维统治的大规模革命风暴，它与其后霍梅尼领导的"伊斯兰革命"交织在一起，终于迫使巴列维于 1979 年 1 月 16 日离开伊朗，流亡他国。2 月，霍梅尼结束流亡生活，回到伊朗接管政权。4 月 1日，宣布成立伊朗伊斯兰共和国。"伊斯兰革命"推翻了巴列维王朝的

---

① 哈全安:《伊朗通史》，上海社会科学院出版社 2020 年版，第 150 页。

君主专制统治，同时对抵制和清除某些西方腐朽生活方式的影响、防止贫富差距进一步扩大具有一定的积极作用，但全面伊斯兰化政策引发伊朗经济发展停滞、外交孤立等一系列问题。"毋庸置疑，霍梅尼时期的伊斯兰化发展道路，稳定了新生的伊斯兰政权，但这种在经济上推行全面伊斯兰化的激进政策并没有为伊朗人民带来福音。传统与现代的激烈交锋，保守的对内对外政策，导致伊朗外交上更加孤立"[①]。1989年霍梅尼去世和宪法修正使"后霍梅尼时代"伊朗经济发展出现新转机，结束了伊朗全面伊斯兰化的时代，逐步开始结构调整和经济改革。但是相比其他中东国家，这些改革与调整是渐进的和缓慢的。由于2008年世界金融危机以及2010年底开始的"阿拉伯之春"运动，伊朗也调整了经济政策，强调本国经济和产能发展，既要摆脱单一的石油经济结构，也要抵挡任何外来势力的重大影响，同时强调社会公平，让贫困阶层分享经济发展成果，简称"抵抗型经济"。不过，总的看来，目前伊朗依然没能摆脱经济高度依赖石油的弊端。2012年，由于西方加大了对伊朗的经济制裁，伊朗的石油收入大幅下降，但出口占比高达95%。直到2015年，伊朗的石油出口占比才下降到54.7%。2020年，伊朗的石油出口总额大约是200亿美元，仍然占到当年财政收入近一半。

综观不同地区现代化探索实践，如何处理独立自主与改革开放的关系，如何处理公平与效率的关系，如何处理发展市场经济与国家宏观调控的关系，如何统筹好发展与稳定的关系，等等，都是各国现代化建设过程中需要处理的重要难题。

（二）中国式现代化展现的现代化新图景

独立自主是中国共产党人将马克思主义同中国具体实际相结合得出的一个创造性结论。中国共产党在领导和推进中国式现代化实践中始终

---

① 姜英梅：《伊朗经济发展道路：探索与转型》，《阿拉伯世界研究》2017年第5期。

依据自己的国情探索中国式现代化道路，改写了现代化的世界版图，展现了人类现代化新图景。

第一，从实践举措来看，中国式现代化建设展现了现代化实践新图景。中国共产党在推动中国式现代化进程中始终依据中国国情，探索中国自己的现代化道路，尤其做到：一是坚持中国共产党领导，为中国式现代化提供根本保障。"中华民族走向伟大复兴的历史实践呈现出鲜明的'政党主导、政党创造、使命驱动'特征和独特的演进逻辑。"[1] 党的领导不仅确保中国式现代化始终坚持正确的方向，而且为中国式现代化提供理论引领、组织保障和精神支撑，凝聚建设中国式现代化的磅礴力量。二是依据本国国情规划现代化发展战略。改革开放之初，以邓小平同志为主要代表的中国共产党人就提出实现现代化的"三步走"发展战略，并在党的十三大得以正式确认。世纪之交，以江泽民同志为主要代表的中国共产党人继承并进一步发展了邓小平同志的发展战略，提出 21 世纪中国社会发展新"三步走"构想。中国特色社会主义进入新时代，以习近平同志为核心的党中央进一步提出全面建成社会主义现代化强国"两步走"战略安排。三是正确用好政府与市场这"两只手"，既要使市场在资源配置中发挥决定性作用，又要更好地发挥政府的作用，将政府的"有形之手"和市场的"无形之手"有机地结合起来。四是将坚持社会主义制度与深化改革开放结合起来，既坚持改革的中国特色社会主义性质和方向，又鼓励大胆创新，把改革的力度、发展的速度和社会可承受的程度统一起来，不断消除经济发展深层次体制障碍。中国特色社会主义道路因改革开放而愈加宽广，改革开放因中国特色社会主义道路而永保正确航向。五是以党的建设保持广大党员干部奋斗精神。在推动中

---

① 蒯正明、秦芬:《中国共产党百年奋斗创造"四个伟大成就"的内在逻辑与实践经验》,《探索》2022 年第 1 期。

国式现代化建设过程中，中国共产党始终以自我革命的精神打造和锤炼自己，通过加强党内思想教育、强化实践锻炼、严肃党的纪律等举措，广大党员干部时刻将党和人民的利益摆在首要位置，以不屈不挠的坚强意志、自强不息的精神风貌担当作为、干事创业。

第二，从实践成就来看，中国式现代化的巨大成就改写了现代化的世界版图。中国式现代化虽起点低、起步晚，但速度快、后劲足，仅用几十年的时间就走过了西方发达国家一两百年走过的路，让14亿多中国人民奔向了现代化的伟大征程，将人口规模巨大的"沉重压力"转变成现代化建设的"巨大优势"和持久动力。中国式现代化取得一系列伟大成就，具体表现为以下六点：一是我国经济建设成就斐然。2023年，我国国内生产总值超过126万亿元，居民人均可支配收入增长6.1%。以新时代十年为例，我国高技术产业营业收入从2012年的9.95万亿元，增长到2021年的19.91万亿元，规模翻了一番。高技术制造业占规模以上工业增加值比重从2012年的9.4%，提高到2021年的15.1%，规模以上高技术制造业工业企业数从2012年的2.46万家，增长到2021年的4.14万家，一大批具有国际竞争力的创新型领军企业茁壮成长。二是我国区域发展发生历史性变化、取得历史性成就。京津冀协同发展、长江经济带发展、粤港澳大湾区建设、长三角一体化发展、黄河流域生态保护和高质量发展等区域重大战略持续推进，推动形成优势互补高质量发展的区域经济布局。三是我国社会主义民主政治制度化、规范化、程序化全面推进。人民代表大会制度不断完善，中国共产党领导的多党合作和政治协商制度效能愈发彰显，城乡基层民主有序发展，人民知情权、参与权、表达权、监督权得到保障。四是随着我国公共文化服务体系建设深入推进，越来越多人享受到更加优质、便捷、个性化的公共文化服务。五是人民生活全方位改善，续写了社会长期稳定奇迹。经过全党全国各族人民共同努力，我国脱贫攻坚战取得全面胜利，历史性地解决了绝对贫困问题，创造了人类减贫史上的奇迹。新冠疫情暴发之后，面对这场百年来全球最严重的传染病大流行，坚持人民至上、生命至上，最大限度保护人民生命安全和身体健康，抗疫斗争取得重大战略成果。六是我国创造了举世瞩目的生态奇迹和绿色发展奇迹。党的十八大以来，以习近平同志为核心的党中央以前所未有的力度抓生态文明建设，开展一系列根本性、开创性、长远性工作，建立健全河湖长制、林长制，推行环境保护"党政同责"和"一岗双责"，全党全国推动绿色发展的自觉性和主动性显著增强，美丽中国建设迈出重大步伐，我国生态环境保护发生历史性、转折性、全局性变化。

三、加快了全球治理体系的大变革

第二次世界大战以来，人类社会步入了一个相对平稳的时代，为了维护和平、谋求发展，各个民族和国家之间展开更深层次、更大规模的经济交流、文化交流等活动。此外，随着现代交通运输工具的飞速发展，以及通信技术的发明和应用，全球资源、技术、资金、人才、产品和服务等要素的国际化配置越来越普遍。但我们也需要看到，全球化是西方资本主义国家主导的全球化，在西方资本主义国家主导的全球化中，全球治理体系呈现出以发达国家为中心、发展中国家为边缘的图景。进入 21 世纪，尤其是全球金融危机以来，虽然新兴经济体群体性崛起，但全球非正义问题依然突出，具体表现为以下三个方面：

第一，价值冲突。冷战结束后，美苏之间的意识形态较量结束了，但是以美国为代表的资本主义国家对外民主输出和意识形态扩张的脚步并没有停止。西方国家打着"普世价值"的旗号，对与自己文化价值观不同的国家实行一轮又一轮的"颜色革命"，输出西方政治经济模式，给全球经济社会发展造成一系列负面影响，阻碍全球正义的实现。具体来说，突出表现为以下三点：一是造成民主输入国发生严重内乱，出现政治内耗加剧、安全形势恶化，以及经济衰退等一系列问题。二是以意识形态为手段肆意打击被其视作对手的国家，严重阻碍了这些国家正常的发展进程，阻碍了这些国家探索适合本国国情的发展道路，影响全球经济长远发展。三是造成国际社会的分裂和对抗，严重影响国际社会的团结合作，危害人类和平与发展事业。

　　第二，全球共同发展面临诸多困境。过去几十年间，资本在全球范围内配置资源，实现了资本收益的快速增长，但世界贫富差距并没有因此缩小，主要表现为以下三点：一是财富占有不平等。根据托马斯·皮凯蒂所在的巴黎经济学院世界不平等实验室发布的《2022年世界不平等报告》，"从1995年到2021年，全球最富有的1%人口获取了38%的增量财富，而底层50%只获取了2%……在此期间，全球最顶级富有的0.1%人口所拥有的财富份额从7%上升到11%"[1]。二是收入不平等。"全球最富有的10%人口占有全球总收入的52%，而最贫穷的50%仅占有全球总收入的8.5%。"[2] 从区域分布情况来看，"世界上绝大部分财富集中在北美、欧洲和亚太等少数发达国家和地区，而人口占58%的广大发展中国家、最不发达国家和地区只拥有全球财富的15%左右，南北财富分配极度不平衡"[3]。三是全球生态非正义。长期以来，先发展的工业国家尤其是资本主义大国几乎都实行过高能耗、高污染的发展模式，时至今日，发达国家依然是全球资源主要消耗国。"发达国家的人口数量占到全球总人口的26%，但是其所消耗的主要资源和能源，却占全球总

---

① 李彦文：《〈2022年世界不平等报告〉：消除不平等是一种政策选择》，《社会科学报》2022年1月6日。

② 李彦文：《〈2022年世界不平等报告〉：消除不平等是一种政策选择》，《社会科学报》2022年1月6日。

③ 张占斌、孙志远：《全球财富分配红灯亮起，如何跨越财富"鸿沟"》，《人民论坛》2017年第2期。

消耗量的 80% 以上"①。

第三，全球治理体系和国际秩序存在不公正、不合理之处。就现行国际制度来说，它主要是按照发达国家的意志制定的，在制度原则和决策程序等方面明显有利于发达国家，主要表现为以下三点：一是国际生产体系、贸易体系的不平等。一些发达国家利用全球产业链领先优势，将高附加值生产环节牢牢控制在手里，掌控和主导全球产业链供应链。同时又通过国际组织和国内法律，以反倾销、反垄断等手段，打压发展中国家优势企业，以至于很多新兴市场国家和发展中国家长期被锁定在全球产业链价值链低端，不能平等分享经济全球化的红利。二是国际货币体系的不平等。在以美元为主导的国际货币体系中，全世界大部分国际储备资产以美元形式存在，其资产价值很大程度上受到美国政策的影响。如近年来，美国为了摆脱本国经济发展困境，通过"放水"和"加息"等方式向全世界转嫁自己的经济危机，输出通胀，收割世界财富。三是国际经济和货币组织的不平等。目前世贸组织、世界银行和国际货币基金组织等基本上按照发达国家的意志行事，广大发展中国家和新兴经济体在重大国际事务上的话语权与自身规模不匹配，在重大国际事务的决策中常常处于"失语"状态。

人类文明史表明，人类发展进步需要先进思想理念引领。正是有先进思想理念引领，才会凝聚人类正义力量，创造人类美好生活。为人民谋幸福、为人类谋进步是中国共产党的责任和使命。党的十八大以来，面对"世界怎么了""人类向何处去"的"世界之问""时代之问"，习近平总书记明确提出人类命运共同体理念。在和平共处五项原则发表六十周年纪念大会上，习近平主席明确指出："在当今国际关系中，公平正义还远

---

① 冯馨蔚：《全球生态非正义的本质与全球生态治理体系的价值追求》，《环境保护科学》2021 年第 6 期。

远没有实现。"[1]为此，他提出："我们将同世界各国一道，维护世界和平，捍卫公平正义，推进共同繁荣"[2]，在推进全球治理中要"坚持以公平正义为理念引领全球治理体系改革"[3]。人类命运共同体以全人类共同价值为价值支撑和价值导向，主张推动全球共同发展、合作共赢，构建国际政治经济新秩序。构建人类命运共同体可以从价值引领、发展基础和制度保障等层面引领和推动全球正义。在推动中国式现代化过程中，中国共产党把中国式现代化同推动构建人类命运共同体紧密结合起来，把中华民族伟大复兴同全人类的前途命运紧密结合起来，加快了全球治理体系的大变革，为构建公平正义的全球秩序贡献了自己的力量。

（一）以全人类共同价值引领全球治理体系变革

人类文明从哪里来？向哪里去？人类社会应该弘扬什么样的价值观？西方国家力主推行"普世价值"。从历史上看，西方"普世价值"最初来源于基督教，"普世性"背后隐藏着的先决条件是对基督教教义和规则的无条件接受。在17—18世纪资产阶级革命中，"自由""平等""博爱"等口号在西方社会广泛传播。在这一过程中，"普世价值"依附于"人文主义"和随后的"欧洲中心论"得到进一步发展。进入21世纪，打开"普世价值"扩张的思想版图，意识形态渗透的痕迹异常明显。"普世价值论者"认为，西方自由、民主、人权等具有广泛而永恒的"普适性"。由此，"普世价值论者"宣扬这样一种逻辑：现代化道路只有一条，正确的价值观也只有一个，西方的制度体系、价值标准与发展方式是人类唯一的前途和出路。

"普世价值观"的哲学基础是抽象人性论，然而，在现实的社会生

---

① 习近平:《论坚持推动构建人类命运共同体》，中央文献出版社 2018 年版，第 133 页。

② 习近平:《共倡开放包容　共促和平发展——在伦敦金融城市长晚宴上的演讲》，《人民日报》2015 年 10 月 23 日。

③ 习近平:《论坚持推动构建人类命运共同体》，中央文献出版社 2018 年版，第 538 页。

活中，人们总处在一定的历史条件下，处在一定的社会关系中。"普世价值观"用"抽象个人"代替复杂社会关系中"现实的人"，这决定其所宣扬的价值必然是脱离现实社会、脱离社会生产关系的价值。"一旦舍去这种现实社会关系而只抓住孤立个人的抽象共性，就舍去了作为社会关系的'价值'本身，更谈不上'普世价值'了"①。同时，由于脱离人们的现实生活和现实的社会关系，"普世价值""只看到了人类社会的政治属性，而忽视了人类社会的经济属性"②。由"普世价值"衍生的"国际标准"与"国际范式"实际上就是按照西方资本主义价值观塑造国际关系，维护西方主导的国际秩序。"普世价值观"与西方资本主义生产关系结合及其在全球推广必然导致全球范围内两极分化，衍生出一系列全球非正义困境。

全人类共同价值是世界上绝大多数国家和人民都认可、追求的价值，它是根据全人类共同、普遍的生活提炼而成的。习近平总书记指出："各国历史、文化、制度、发展水平不尽相同，但各国人民都追求和平、发展、公平、正义、民主、自由的全人类共同价值。"③全人类共同价值实现了对"普世价值"的全面超越，是人类命运共同体的价值支撑和价值导向，也是引领全球正义的先进价值理念。具体来说，主要体现在以下三个层面：

第一，两者世界观基础不同。"普世价值"是以抽象人性论为依据，热衷于人的共同性、普遍性，忽视人的社会差异和个性差异。抽象人性论将人归结为自我意识或纯粹的自然人，从人和动物相区别的意义上理解人，因而不能正确理解现实的人及其生活和实践状况，必然导致唯心

---

① 鲁品越、王永章：《从"普世价值"到"共同价值"：国际话语权的历史转换——兼论两种经济全球化》，《马克思主义研究》2017年第10期。
② 谢韬：《当"普世价值"遇上全人类共同价值》，《国际问题研究》2022年第5期。
③ 《习近平谈治国理政》第4卷，外文出版社2022年版，第425页。

主义的世界观。全人类共同价值观的世界观基础是辩证唯物主义和历史唯物主义。"离开实践单纯从理论上去讨论价值问题，是永远也讨论不清楚的。"① 全人类共同价值观立足于人们的社会交往实践，主张从人们的现实生活出发去追求价值，从实然出发去追求应然，从现实出发去追求远大理想、追求真善美。

第二，两者的内容和要维护的利益主体不同。"普世价值"以抽象的自由、平等、人权为内容，宣扬的是资产阶级价值观。西方国家推行"普世价值"的目的，绝非帮助其他国家发展经济、改善民生，而是维护西方资本主义国家的利益，服务于自己的霸权。"价值普世化作为西方话语体系的核心议题，需要借助一定的思想范式与载体，这就是普世价值应运而生的原因。"② 全人类共同价值的内容是"和平、发展、公平、正义、民主、自由"，它站在全人类共同利益的高度提炼不同国家、民族、地域、文化背景下的人的价值共识。"和平、发展是全人类共同价值中的基础与首要之维。"③ 对于广大发展中国家来说，和平的国际环境、人民生活水平提高对于国家社会进步具有更重要、更直接的意义。"没有发展，自由、民主都是徒有虚名，因为缺失先进生产力这个物质基础，人们连生存自由都难保障。"④ 对此，习近平主席明确指出："消除贫困依然是当今世界面临的最大全球性挑战。"⑤"要解决好各种全球性挑战……根本出路在于谋求和平、实现发展。"⑥ 总之，全人类共同价值将"和平、发展、公平、正义、民主、自由"六大要素统一起来，凸显发展的关键

① 黄枬森：《马克思主义哲学体系的当代构建》下册，人民出版社 2011 年版，第 898 页。
② 汤荣光：《普世价值论辩缘起与走向》，中央编译出版社 2013 年版，第 240 页。
③ 沈湘平：《深刻把握全人类共同价值的科学内涵与实践意义》，《思想政治工作研究》2022 年第 5 期。
④ 刘建飞：《引领：推动构建人类命运共同体》，中共中央党校出版社 2018 年版，第 115 页。
⑤ 习近平：《论坚持推动构建人类命运共同体》，中央文献出版社 2018 年版，第 267 页。
⑥ 习近平：《论坚持推动构建人类命运共同体》，中央文献出版社 2018 年版，第 247 页。

性作用，内含人类发展的基础条件（和平）、迫切需要解决的国际问题（公平、正义）和人类发展的目标指向（民主、自由）。全人类共同价值是强调人类命运紧密相连，它以整体思维、系统观念观照全人类的前途命运，维护全人类共同利益。

第三，两者的实践机制有着根本区别。"普世价值"往往与西方新自由主义结合在一起，与霸权主义、强权政治合流，否认国家之间、民族之间的差异，以自己的标准和要求去评判别人，充斥着意识形态扩张意图。不仅如此，西方资本主义国家还往往以"普世价值"为由胁迫他国选边站队，制造阵营对抗。从这个角度来看，"普世价值"实质上是霸权主义的"卫道士"，是西方意识形态扩张工具。全人类共同价值秉持"和而不同"和"交流互鉴"的理念，主张各个国家一律平等，倡导通过世界交往和相互协商化解彼此之间的分歧和矛盾。以全人类共同价值为引领的国家交往实践机制不仅有利于避免西方资本主义国家"以自我为中心"的价值优越感，促进世界文明的交流互鉴，也有利于从根本上超越资本主义国家奉行的形式正义观。

总之，全人类共同价值不是空洞的纯思辨的思想观念，不是基于抽象人性论的理论演绎，它直面"世界怎么了""人类向何处去"的时代课题，摒弃了西方资本主义国家"以自我为中心"的思维方式，着力维护全人类共同利益，是"世界各民族在共同利益、共同需求、共同发展的基础上形成的'共善'"[1]。全人类共同价值是人类命运共同体的价值支撑和价值导向，为构建人类命运共同体提供道义确证。弘扬全人类共同价值不仅有利于筑牢各国人民相知相亲的价值根基，也有利于凝聚全球伦理共识，引领全球秩序变革。

---

[1] 丁立群、黄佳彤：《人类命运共同体、共同价值与人类文明新形态》，《理论探讨》2022年第3期。

（二）在全球共同发展、合作共赢中推进全球正义

发展是世界各国的权利，而不是少数国家的专利。追求共同发展是构建人类命运共同体的题中应有之义。对此，习近平总书记强调中国在对外交往中要"坚持以维护世界和平、促进共同发展为宗旨推动构建人类命运共同体"[①]，"只有各国共同发展了，世界才能更好发展"[②]。中国是世界上最大的发展中国家。党的十八大以来，中国共产党领导人民集中力量办好自己的事，完成了全面建成小康社会的任务，提前10年实现《联合国 2030 年可持续发展议程》的减贫目标，对全球减贫贡献率超过70%。中国积极推进绿色低碳发展，提前实现对国际社会承诺的 2020 年碳减排目标，并承诺力争在 2030 年前实现碳达峰。中国在以新发展理念引领自身发展的同时，积极推动世界各国发展，以共同发展推动构建人类命运共同体，并以构建人类命运共同体为契机推动人类共同发展。具体来说，它包括以下四个方面的内容：

第一，扩大对外开放，让世界各国共享中国发展机遇。全球化虽然是一把"双刃剑"，但它是人类历史发展的大趋势。然而近年来，伴随世界经济增长持续低迷和世界格局深度调整，一些西方国家将利益的损失归结于全球化，从全球化的主要推手变成了全球化的反对者，推行"逆全球化"，具体表现：一是在经济层面，推行贸易保护主义，构筑贸易壁垒；二是在政治层面，民粹主义抬头和蔓延；三是在社会层面，反移民、大搞排外主义；四是在生态层面，推行生态孤立主义，如美国退出《巴黎协定》；等等。"逆全球化"实质是"'美国为王'的帝国体制基于现实主义原则对'西方主导型全球化'的战略性回归和系统性重

---

① 习近平：《论坚持推动构建人类命运共同体》，中央文献出版社 2018 年版，第 538 页。

② 习近平：《论坚持推动构建人类命运共同体》，中央文献出版社 2018 年版，第 7 页。

建"①。当全球化有利于他们从全球获取利益时,他们就极力推动全球化;当他们感到利益缩水时,就推行"逆全球化"。"逆全球化"不仅导致国际贸易摩擦与冲突增多,也增加了世界经济的不确定性,加深了发达国家与发展中国家的市场裂痕。面对西方资本主义国家推行的"逆全球化",习近平主席强调:"中国将始终做全球发展的贡献者……将自身发展经验和机遇同世界各国分享,欢迎各国搭乘中国发展'顺风车',一起来实现共同发展。"②党的十八大以来,中国实行了更加积极主动的开放战略,形成更大范围、更宽领域、更深层次的对外开放格局。为了推动对外开放,中国制定了《中华人民共和国外商投资法》《境外投资管理办法》《对外投资合作国别(地区)指南》等。目前,我国自贸试验区数量已经增至 22 家。党的二十大报告强调,我国要"推动建设开放型世界经济,更好惠及各国人民。……共同营造有利于发展的国际环境"③。

第二,加强对发展中国家的援助,推进人类减贫事业。目前,南北发展不平衡仍然是当今世界最大的不平衡。长期以来,由于自然环境、科学技术等因素的影响,很多发展中国家长期处于贫困之中。新冠疫情、全球通货膨胀进一步导致贫困地区的粮食产量下降。中国作为世界上最大的发展中国家,在全面建成小康社会的同时,始终致力于帮助广大发展中国家发展经济、改善民生。习近平主席指出:"中国在致力于自身消除贫困的同时,始终积极开展南南合作,力所能及向其他发展中国家提供不附加任何政治条件的援助,支持和帮助广大发展中国家特别是最不发达国家消除贫困。"④在实践中,中国的主要举措包括:一是实施

---

① 袁堂卫、张志泉:《逆全球化、再全球化的马克思主义分析》,《马克思主义研究》2019 年第 9 期。

② 习近平:《论坚持推动构建人类命运共同体》,中央文献出版社 2018 年版,第 257 页。

③ 习近平:《高举中国特色社会主义伟大旗帜 为全面建设社会主义现代化国家而团结奋斗——在中国共产党第二十次全国代表大会上的报告》,《人民日报》2022 年 10 月 26 日。

④ 习近平:《论坚持推动构建人类命运共同体》,中央文献出版社 2018 年版,第 267 页。

对外经济援助。"2013 年至 2018 年，中国累计对外提供援助 2702 亿元人民币"①。二是加强项目合作。如中国与老挝的合作项目中老铁路已于 2021 年 12 月正式开通运营。中国与印尼的合作项目雅万高铁在 2022 年 11 月 G20 峰会期间试验运行成功。雅万高铁是中国高铁首次全系统、全要素、全产业链在海外建设项目，大大深化了中国与印尼两国的经贸合作和人文交流。中方承建的越南河内轻轨吉灵—河东线是越南第一条城市轻轨，等等。三是推动合作平台建设，开展多种形式的援助。如通过中国国际减贫中心（2005 年成立，原名为中国国际扶贫中心）为发展中国家提供人才培养培训，深化中国与其他发展中国家在减贫领域的经验共享；通过建立南南合作与发展学院为发展中国家提供人力和技术支持等。此外，中国还通过派遣援外医疗队、志愿者等形式开展对外援助。"2013 年至 2018 年，中国向 80 多个国家派遣青年志愿者和汉语教师志愿者 2 万余名。"②

第三，高质量共建"一带一路"，实现互利共赢。"一带一路"是构建人类命运共同体的具体实践，也是中国推动全球共同发展的重大举措。对此，习近平总书记明确指出："我们提出'一带一路'倡议，就是要继承和发扬丝绸之路精神，把我国发展同沿线国家发展结合起来，把中国梦同沿线各国人民的梦想结合起来，赋予古代丝绸之路以全新的时代内涵。"③在推动"一带一路"过程中，中国始终坚持正确义利观，以义为先、义利并举，秉承以和平合作、开放包容、互学互鉴、互利共赢为核心的丝路精神，打造现代版互联互通的新格局。"互联"就是着眼于基础设施的联通，"互通"着眼于商品、资金、技术、人员等的高速

---

①　中共中央宣传部：《中国共产党的历史使命与行动价值》，人民出版社 2021 年版，第 83 页。

②　中华人民共和国国务院新闻办公室：《新时代的中国国际发展合作》，人民出版社 2021 年版，第 21 页。

③　习近平：《论坚持推动构建人类命运共同体》，中央文献出版社 2018 年版，第 339 页。

流通，基础设施和各领域互联互通，大大加强了中国经济同世界的联系，深化和扩大了各国之间的投资贸易合作。"2013 年至 2021 年，中国同'一带一路'沿线国家累计货物贸易额近 11 万亿美元，双向投资超过 2300 亿美元，加强联通带来的发展机遇充分显现。"① 此外，中国与共建国家还启动 50 多家"一带一路"联合实验室建设，不少国家开始拥有当地"制造"和"智造"。在应对新冠疫情期间，"一带一路"共建国家加强了抗疫合作，许多基础设施和民生项目都在抗疫中发挥了重要作用。总之，在保护主义抬头、经济全球化遭遇逆风的背景下，中国倡导和实施的"一带一路"不仅有力支持了相关国家的减贫事业，也有力推进了中国与共建国家的政策沟通以及各国在基础设施、贸易、资金等方面的互联互通，实现了共建各国民心相通。

第四，推动全球生态治理，打造生态共同体。人类文明史的发展是自然环境和社会经济相互作用的结果。推进全球生态治理是构建人类命运共同体的重要内容，也是彰显全球正义的应有之义。针对全球生态环境面临的问题，习近平主席多次在不同国际场合阐明保护全球生态环境的重要性。2015 年 9 月，他在第七十届联合国大会一般性辩论时的讲话中指出："建设生态文明关乎人类未来。国际社会应该携手同行，共谋全球生态文明建设之路。"② 在实践中，面对一些西方国家从国际环境保护合作领域退群的单边主义及不负责任行径，中国持续推动《联合国气候变化框架公约》及其《巴黎协定》全面有效实施。不仅如此，中国还积极参与全球环境治理合作。在发展清洁能源方面，中国帮助有关发展中国家建设了一批清洁能源项目。"中国支持的肯尼亚加里萨光伏发电站

---

① 《共建"一带一路"促进共同发展繁荣》，《人民日报》2022 年 10 月 11 日。
② 习近平：《论坚持推动构建人类命运共同体》，中央文献出版社 2018 年版，第 256 页。

年均发电量超过7600万千瓦时，每年帮助减少6.4万吨二氧化碳排放。"①在应对气候变化方面，中国于2015年宣布设立"气候变化南南合作基金"，"在发展中国家开展10个低碳示范区、100个减缓和适应气候变化项目及1000个应对气候变化培训名额的'十百千'项目"②，等等。

总之，共同发展是人类命运共同体的重要内容，是实现全球正义的必然要求。党的十八大以来，中国共产党在推动中国式现代化实践中始终注重通过扩大对外开放、加强对发展中国家的援助、实施"一带一路"等措施，为推动全球共同发展贡献自身的力量，以自己的实际行动推动全球正义。

（三）积极推动建立国际政治经济新秩序

我们应该看到，当前造成全球不公平、不公正的重要原因就是国际政治经济秩序不合理，构建人类命运共同体的重要内容就是要建立国际政治经济新秩序。对此，习近平主席强调："尽管当今世界霸权主义和强权政治依然存在，但推动国际秩序朝着更加公正合理方向发展的呼声不容忽视。"③"我们要继承和弘扬联合国宪章的宗旨和原则，构建以合作共赢为核心的新型国际关系，打造人类命运共同体。"④

推动建立国际政治经济新秩序不是全盘否定已有的国际组织、国际制度、国际规则，而是要在原有体系的基础上创新完善，使其更加公正合理。就具体实践来看，党的十八大以来，中国在推动构建人类命运共同体过程中，为建立公正合理的国际政治经济新秩序进行了多方面的探索和努力，具体包括以下四个方面：

---

① 中华人民共和国国务院新闻办公室：《新时代的中国国际发展合作》，人民出版社2021年版，第44页。

② 中华人民共和国国务院新闻办公室：《新时代的中国国际发展合作》，人民出版社2021年版，第45页。

③ 习近平：《论坚持推动构建人类命运共同体》，中央文献出版社2018年版，第532页。

④ 习近平：《论坚持推动构建人类命运共同体》，中央文献出版社2018年版，第254页。

第一，坚持共同但有区别的责任原则。合理的国际政治新秩序一方面要坚持国家主权平等的原则，尊重国家主权和领土完整，反对外部势力干涉他国内政，尊重各国人民自主选择的发展道路和社会制度，另一方面也要把各国拥有的权力和应承担的责任统一起来。鉴于发达国家和发展中国家在国家实力、承担能力等方面存在显著的差异，两类国家在承担国际责任时不能追求整齐划一、责任均担，而应遵循共同但有区别的责任原则。在推动全球共同发展过程中，要"增强发展中国家自主发展能力，推动发达国家承担更多责任，努力缩小南北差距"①。以全球生态治理为例，要实现全球生态正义，发达国家理应承担更多责任。正如习近平主席所指出的："我们应该创造一个奉行法治、公平正义的未来。……发达国家和发展中国家的历史责任、发展阶段、应对能力都不同，共同但有区别的责任原则不仅没有过时，而且应该得到遵守。"② 从权责平衡的角度看，由于大国在国际社会中拥有的权力大，可资利用的资源多，因此，大国理应承担更多的国际责任。对此，习近平主席明确指出："作为大国，意味着对地区和世界和平与发展的更大责任，而不是对地区和国际事务的更大垄断。"③ 在推动全球治理体系变革的实践中，中国以身作则，从本国的实际情况出发，承担与中国实际地位相称的国际责任，展现出大国的担当。

第二，推动全球经济治理机制变革。中国作为负责任大国，在推动构建人类命运共同体过程中一直推动全球经济治理机制变革。具体来说，主要做到：一是维护以联合国为核心的国际体系。联合国是世界上最重要的多边组织，推动全球治理首先要维护联合国在全球治理中的核

① 习近平：《论坚持推动构建人类命运共同体》，中央文献出版社2018年版，第132页。

② 习近平：《论坚持推动构建人类命运共同体》，中央文献出版社2018年版，第291页。

③ 习近平：《论坚持推动构建人类命运共同体》，中央文献出版社2018年版，第206—207页。

心地位，维护联合国权威，反对单边主义、霸权主义。二是推动变革不公正不合理的国际治理体系。现行金融、贸易等领域的国际合作机制主要由以美国为首的西方发达国家建立，以至于发展中国家的话语影响力及规则制定权受限，利益诉求不能得到很好的彰显。中国作为最大的发展中国家，积极支持和推动国际组织在公平公正基础上进行必要改革，特别是增加新兴市场国家和发展中国家的代表性和发言权。以世界贸易组织的改革为例，中国主张世界贸易组织改革要维护世界贸易组织核心价值和基本原则，特别是维护发展中国家的发展利益和政策空间，推动全球贸易自由化和便利化，完善贸易争端解决机制，使全球贸易更加规范、便利、开放。不仅如此，中国还在参与各种国际组织运行的过程中积极为争取发展中国家的利益而斗争。习近平主席明确指出："中国将继续同广大发展中国家站在一起，坚定支持增加发展中国家特别是非洲国家在国际治理体系中的代表性和发言权。"[1]

第三，强化与新兴大国的合作。近年来，以"金砖五国"为代表的一批新兴发展中国家快速发展，广大发展中国家总体实力不断增强，成为多极化趋势的主要动力和重要标志。新兴大国凭借自身实力的上升，强烈呼吁改变传统西方大国长期主导各种重大国际事务的局面，成为全球治理的重要参与者和建设者。目前新兴大国在国际事务中发挥越来越重要的作用，日益成为维护和促进世界和平与发展、推动国际治理体系变革的重要支柱和中坚力量。对此，2017年9月，习近平主席在福建厦门举行的金砖国家工商论坛开幕式上的讲话中指出："对经济全球化进程中出现的问题，我们不能视而不见，也不能怨天尤人，而是要齐心协力拿出解决方案。"[2]此外，中国还积极参与中国与东盟"10+1"合作机制、

---

① 习近平：《论坚持推动构建人类命运共同体》，中央文献出版社2018年版，第257页。

② 习近平：《论坚持推动构建人类命运共同体》，中央文献出版社2018年版，第472页。

G20 合作机制，推动构建更加紧密的上海合作组织命运共同体，助推全球治理体系朝着更加合理、公正的方向发展。

第四，践行真正的多边主义。多边主义是国际关系的基石，践行多边主义有助于维持开放包容的世界经济体系，有利于各国加强合作，支持广大发展中国家维护自身主权、安全、发展利益，切实维护公平正义的国际政治经济秩序。新中国成立以来，中国一直坚持独立自主、多边主义的外交政策。特别是在 20 世纪 80 年代初，中国就提出实行独立自主的不结盟外交政策。党的十八大以来，习近平总书记强调中国在国际交往中"倡导多边主义，反对单边主义、霸权主义，引导国际社会共同塑造更加公正合理的国际新秩序"①，"多边主义践行得好一点，人类面临的共同问题就会解决得好一点。国际规则应该是世界各国共同认可的规则，而不应由少数人来制定"②。坚持多边主义要秉持共商共建共享原则，摒弃国际关系中以大欺小、以强凌弱、以富压贫的强权行径，摒弃结盟对抗的旧思维。坚持多边主义还要警惕和反对伪多边主义。伪多边主义打着多边主义旗帜搞小圈子，制造对抗和分裂，其实质是单边主义、霸权主义。"我们要共同反对以多边主义之名行单边主义之实的各种行为，共同反对霸权主义和强权政治。"③ 总之，坚持多边主义超越了零和博弈思维，中国维护和践行真正的多边主义是推动构建人类命运共同体的重要举措，也彰显了中国推进全球正义所作出的积极努力。总之，当今世界处于大发展、大变革、大调整时期，建立健全国际政治经济新秩序，有利于更好维护广大发展中国家正当权益，更加关注发展中国家和新兴经济体的利益。人类命运共同体理念是对国际政治经济旧秩序的批判，也为建立什么样的国际政治经济新秩序指明了方向。新时代中国推动建

---

① 《习近平谈治国理政》第 4 卷，外文出版社 2022 年版，第 317 页。
② 《习近平谈治国理政》第 4 卷，外文出版社 2022 年版，第 428 页。
③ 《习近平谈治国理政》第 4 卷，外文出版社 2022 年版，第 428 页。

立国际政治经济新秩序的探索实践不仅有效推进了全球治理体系改革，也为推动全球正义提供了制度基础。

中国曾经是世界文明格局的重要一极。源远流长的中华优秀传统文化蕴含着丰富的全球正义思想，如《礼记·礼运》的"大道之行也，天下为公"、《尚书·尧典》的"协和万邦"、《荀子·议兵》的"四海一家"等。中国是一个有大国情怀的国家，中国共产党是有世界情怀的政党，为人民谋幸福、为人类谋进步是中国共产党的使命和奋斗目标。中国共产党自成立以来，在引领和推动中国式现代化进程中一直秉持为全人类发展作贡献的理念。新中国成立初期，中国共产党就提出和平共处五项原则。改革开放以来，中国一直是维护世界和平的重要力量，始终坚持对外开放政策，为实现自身发展和推动全球正义进行了不懈的努力。党的十八大以来，以习近平同志为核心的党中央以人类命运共同体理念引领和推动全球秩序变革，主要表现为以下三点：一是在价值观层面，人类命运共同体以全人类共同价值为支撑和引领。全人类共同价值超越了"普世价值"狭隘的意识形态规制和"以自我为中心"的思维方式，有利于凝聚全球伦理共识，引领全球正义。二是在发展层面，通过推动共同发展，助推公平、普惠的全球化。三是在国际秩序层面，通过建立更加公平公正的国际秩序，为全球正义提供制度保障。中国式现代化的上述探索对于推动人类文明交流与合作、推动人类文明发展都具有深远的意义。

第七章

中国式现代化拓展了发展中国家走向现代化的路径选择

中国式现代化打破了"现代化＝西方化"的迷思，展现了现代化的全新图景。这不仅对于中国实现符合自身国情和时代要求的现代化具有极大意义，而且拓展了发展中国家走向现代化的路径选择，为广大发展中国家走向现代化提供了重要机遇、新的路径和丰富经验，对其他发展中国家的现代化之路探索作出历史性贡献。

一、发展中国家走向现代化充满艰辛

通常意义上的现代化，指的是17—18世纪从欧洲起源，特别是工业革命以后逐渐扩散到全球的社会剧烈变迁和转型。近现代以来，伴随着西方早发内生型现代化国家的示范效应，追求现代化成为各个国家和民族的共识。然而，对于广大发展中国家来说，实现什么样的现代化、如何实现现代化，是长期以来都没有得到很好解决的重大历史课题，发展中国家推动发展、争取现代化的道路充满艰辛。

（一）发展中国家追求现代化的多种探索

20世纪特别是第二次世界大战结束以来，民族独立运动蓬勃发展，许多国家获得独立，分别推动和开展了追求现代化的探索，如东欧社会主义国家的现代化探索、东亚东南亚国家的现代化探索、拉美国家的现代化探索、中东伊斯兰国家的现代化探索等。

　　在苏联现代化模式的指导和影响下，民主德国、捷克斯洛伐克、南斯拉夫等东欧社会主义国家在 40 余年中基本上实践了一条苏联式现代化道路。这些国家现代化实践的主要标志是，追求将主流先进技术运用于工业，并且确保各项经济指标初步达到先进水平。东欧国家"一边倒"地选择了苏联现代化模式，虽然有的国家进行了一定程度的"本土化"改革，甚至像南斯拉夫那样进行了比较深入的改革，但总体来说对现代化的目标、路径、步骤、动力等仍然缺乏独立自主的思考和探索，未能立足本国国情、结合实际情况对现代化道路进行科学设计和稳妥布局，最终导致已建立的现代化基础随着东欧剧变、苏联解体而分崩离析。东欧社会主义国家的现代化探索虽然以失败告终，但其经验教训令人深思。发展中国家如何选择现代化路径？关键在于必须立足本国国情，探索适合本国发展、具有本国特色的现代化路径；必须遵循现代化发展的内在规律和人类社会发展规律，既要把先进科技成果运用于产业结构升级，又要注重以科技创新增强产业内生动力，实现可持续发展，真正走自主、创新的发展道路；必须回应和满足人民群众的发展诉求和实际需要，将现代化发展和人的自由全面发展有机结合，并实现二者相互促进。

　　第二次世界大战结束以后，世界迎来了相对和平的时期，发展中国家和地区积极探索现代化道路，形成了多种现代化发展模式，其中东亚东南亚国家先后走上了以出口为导向的现代化发展之路。这一出口导向模式在 20 世纪 50 年代始于日本，60—70 年代蔓延到新加坡、韩国和中国台湾、香港地区，进而延伸到泰国、马来西亚和印度尼西亚，并对越南、印度和菲律宾产生影响。在这一进程中，日本率先成功地实现了现代化，并且成为经济发达的国家；韩国、新加坡随后开始制订现代化计划，大力发展生产力，逐步实现工业化目标，经济得到迅猛发展。日本、韩国、印度尼西亚分别用了 33 年、11 年、17 年使人均产值翻了一番。

东亚经济的快速发展出乎许多人的意料，它是世界经济增长的重要组成部分，被称为"东亚奇迹"。奇迹背后是发展中国家充分发挥各种"后发优势"，采取高效率的发展方式，利用包括传统因素在内的一切可以利用的资源，通过有计划地学习、引进高新技术而获得生产力短时期、高速度、跳跃式的发展，并进行广泛的社会变革，迅速赶上先进工业国和适应现代世界环境的发展过程。

拉美国家的现代化探索始于 19 世纪 70 年代。当时拉美国家严重依赖欧美资本和市场，其经济动力依旧是出口初级产品，与殖民地时期如出一辙。1929 年爆发的世界经济危机，中断了拉美国家初级产品出口模式的现代化进程，拉美各国试图摆脱原先依附式发展路径，逐渐形成了进口替代工业化的发展模式，从此开始有意识地自主探索现代化道路。阿根廷经济学家普雷维什提出结构主义发展理论，认为实现工业化是解决发展中国家欠发达问题的唯一途径，"外围国家"应实施进口替代战略和贸易保护主义政策，强调国家和政府的作用，提倡进行"有计划的工业化"。这一理论为进口替代工业化的发展模式奠定了思想基础，成为一些拉美国家现代化探索的努力方向。在此背景下，拉美各国依靠丰富的自然资源，充分利用资源优势构建自主工业体系，以期摆脱依附他人及处于供应链末端的不利地位。20 世纪 70 年代，巴西、墨西哥、智利等国相继步入中等收入国家行列。然而，由于拉美国家生产的都是轻工业产品，其工业体系并没有实现真正的现代化。进入 20 世纪 70 年代以后，拉美国家面临技术瓶颈和资金困难双重阻力，因此被迫大量举借外债。受石油危机和美国干预等因素的影响，拉美各国无法按时偿还债务，在 20 世纪 80 年代爆发了"债务危机"，拉美地区现代化进程停滞。20 世纪 90 年代，新自由主义盛行，拉美国家普遍开始进行新自由主义政策导向的改革，但并未达到预想效果，贫富差距迅速扩大，一系列社会问题频出。近年来，拉美国家反思西方现代化道路的思潮此起彼伏，再次开启了自主探索现代化道路的进程。

中东伊斯兰国家的现代化探索肇始于西方的冲击和影响，其现代化历程充满艰难坎坷。近代以来，中东地区先后经历了持续两个世纪、三次高潮的现代化实践。第一次高潮是在奥斯曼帝国后期，大致从18世纪中叶持续到19世纪下半叶，时间长达百余年，其根本目的在于寻求救亡图存和强国之路，扭转帝国内忧外患的局面。这一时期的现代化改革运动最初聚焦于军事领域，呈现出鲜明的"重武"和"强军"特点，随后逐渐由器物层面的军事改革向政治、经济、文化、教育、法律和社会生活等领域全面拓展，勾勒了帝国全面变革的蓝图。第二次高潮是在两次世界大战之间。第一次世界大战后，奥斯曼帝国覆灭，中东地区诞生了土耳其、伊朗、沙特阿拉伯等第一批独立或形式上独立的民族国家。凯末尔率先在土耳其实施以政教分离为核心的世俗化、民族化改革，确立国家资本主义的发展模式。伊朗和阿富汗效法土耳其，沙特阿拉伯则依据伊斯兰教立国的原则在本国推行非世俗化的改革。第三次高潮是在第二次世界大战结束以来的半个多世纪。第二次世界大战后，中东国家陆续摆脱殖民枷锁，建立民族政权，现代独立国家体系形成。"民族国家是现代化的载体。"[1]受第二次世界大战后世界现代化浪潮的驱动，中东国家开始全面推进现代化。阿拉伯君主制、共和制国家以及伊朗、土耳其、阿富汗等国根据本国的具体国情，选择了不同的现代化道路，形成第二次世界大战后影响力最大的现代化运动。

（二）发展中国家既希望加快发展又希望保持自身独立性的愿望很难得到实现

综观世界现代化历程，既不存在定于一尊的现代化模式，也不存在放之四海而皆准的现代化标准。受接续传承的民族文化、复杂多元的历

---

① 王铁铮、闫伟：《中东国家现代化实践及历史反思》，《历史研究》2023年第2期。

史条件、激荡变革的指导思想等因素影响，每个国家具体的发展道路不尽相同。广大发展中国家在现代化探索和实践中，有的长期停滞落后，有的实现了依附性发展，有的在发展过程中陷入困顿，都没能探索出一条成功路径，发展中国家既希望加快发展又希望保持自身独立性的愿望很难得到实现。

从现代化的历史脉络和现实状况来看，处理好保持自身独立性和加快发展之间的关系，是走好现代化之路的一大难题。第一种情况是，有的国家利用特定的历史条件，在西方发达资本主义国家的帮助下实现了快速发展，完成了现代化，甚至步入发达国家行列，但这些国家的主权和发展自主性受到很大制约，一定程度上可以说，这些国家现代化的主动权并不在自己手里。第二种情况是，有的国家通过自身顽强奋斗，并借助外部支持，在国际风云变幻中维护了国家主权，保持了发展道路的独立性，也获得了一定程度的发展，但总的来说，这些国家的现代化道路步履维艰。第三种情况是，还有不少发展中国家既没有摆脱依附地位，也没能实现加快发展，它们为了快速发展选择跟随西方脚步，但学习西方模式并没有得到西方发达国家的庇护，反而成为西方发达资本主义国家实现自身利益的工具。

（三）发展中国家的现代化努力受挫有其深刻原因

正如普雷维什、弗兰克、桑托斯等"依附理论"学者所指出的，对于西方早发现代化国家与广大发展中国家来说，发达与不发达不是一个普遍发展过程的两个阶段，而是同一发展过程的两个相互关联的结果，即西方国家的发达正是以发展中国家的不发达为代价的。西方发达国家无论是 20 世纪中期以前推行赤裸裸的殖民主义政策，还是 20 世纪中期以后向发展中国家兜售"民主化"、新自由主义等方案，均使发展中国家的现代化努力处于不利境地。

发展中国家的现代化努力受挫根源于盲目的道路选择。一大批发展中国家在现代化探索中选择简单照搬西方提供的现代化方案，全盘接受西方国家为他们"量身定做"的发展战略，最终不但没能摆脱贫困落后、实现转型，反而长期陷入经济危机和社会动荡不安的混乱局面。一些发展中国家盲目学习西方，不仅使国家陷入矛盾集中爆发的"中等收入陷阱"，而且使国家发展失去自主性，缺乏内生动力。发展中国家在向西方学习的过程中，一方面由于自身基础差、底子薄，亦步亦趋也难以望其项背，另一方面由于一定程度上受西方国家控制，国家主权的脆弱性和经济上的依附性使得这些国家很难摆脱被动地位。这一切都说明了西方模式不是万能的，现代化不等于西方化、资本主义化，盲目学习西方资本主义国家的现代化模式是行不通的。

发展中国家的现代化努力受挫归根于自身的现实问题。广大发展中国家在现代化探索中多次经历经济危机。进入 21 世纪后，发展中国家内部发展严重失衡，利益冲突急剧增长，贫富差距越来越大，国家发展速度缓慢，甚至部分国家出现经济倒退现象。尤其是 2008 年世界金融危机爆发以来，发展中国家的经济长期处于萧条状态，甚至负债累累。发展中国家长期以来的债务危机是制约其经济增长的重要原因，发达国家对发展中国家的打压和剥削使得后发国家没有平等的发展机会，这在客观上加大了发展中国家实现现代化的难度。此外，军事政变频繁、国家动荡不安、民族问题和宗教问题错综复杂成为国家发展的巨大隐患。据统计，"1957—1997 年，由于内部冲突导致非洲国家政府'非宪'更迭共78 次,88 个国家元首和政府首脑被推翻"[①]，政局动荡使得国内建设难以有一个稳定的发展环境。21 世纪以后，局部战争集中发生在发展中国家，频繁的战乱使得这些国家难以稳定发展。宗教冲突引发的极端主义，对

---

① 曹胜：《中国特色社会主义道路对发展中国家的借鉴价值》，《青岛科技大学学报（社会科学版）》2014 年第 3 期。

国家发展和国际和平产生巨大威胁。

发展中国家的现代化努力受挫归结于创新思维的缺乏。分析发展中国家的现代化探索历程不难发现，无论是道路抉择还是科技运用，都经常缺乏创新思维。从宏观来看，迷信西方式现代化、照抄照搬西方发展模式，未能根据本国具体国情和现实发展需要走适合自己的道路，就是缺乏创新思维的表现。从微观来看，由于教育水平相对较低和创新思维缺乏，发展中国家的工业化进程缓慢，中低端产品占出口产品的比例较大，拥有自主知识产权的产品少之又少，产业结构不完善，产业体系不健全。"创新是引领发展的第一动力，是建设现代化经济体系的战略支撑。"[①] 只有创新，才能把核心技术牢牢掌握在自己手中，解决"卡脖子"问题；只有创新，才能实现自立自强，才能在国际舞台上具有竞争力，才能"争先"；只有创新，才能抢占发展先机，取得发展优势，赢得美好未来。

二、中国式现代化为发展中国家走向现代化提供了重要机遇

中国式现代化以其发展路径和发展成就，为发展中国家走向现代化提供了重要机遇。当前，世界之变、时代之变、历史之变正以前所未有的方式展开，和平赤字、发展赤字、安全赤字、治理赤字有增无减，世界又一次站在历史的十字路口。中国式现代化的实践和成就，为广大发展中国家推动现代化创造了有利条件。

（一）中国式现代化为发展中国家走向现代化提供了和平发展的机遇

中国式现代化是走和平发展道路的现代化，在坚定维护世界和平与发展的过程中谋求自身发展，又以自身发展更好维护世界和平与发展，

---

① 习近平:《决胜全面建成小康社会 夺取新时代中国特色社会主义伟大胜利——在中国共产党第十九次全国代表大会上的报告》,《人民日报》2017 年 10 月 28 日。

推动构建人类命运共同体，为发展中国家走向现代化提供了和平发展的条件和机遇。

中国式现代化坚持和平发展道路，为发展中国家走向现代化提供了条件。回顾历史，西方国家在追求现代化的过程中，既有对殖民地的压榨掠夺，也有与其他国家因争夺财富、矿产、土地等资源发动的战争。西方国家这种扩张掠夺式的现代化是以牺牲他国利益为代价的，给殖民地半殖民地的人民带来了深重的灾难，使非西方国家始终远远落后于发达国家、落后于世界整体发展水平。中国式现代化，是中国共产党一百多年奋斗过程中始终坚持胸怀天下、始终关注人类前途命运、始终谋求世界大同而探索的一条和平之路、发展之路。自古以来，中华文明就有着突出的和平性，中华民族骨血中蕴含着爱好和平、兼济天下的和平基因，决定了中国在现代化过程中，始终积极与其他国家和地区进行友好交往，摒弃了以侵略、剥削、压迫为特征的西方现代化发展弊端，这与传统西方国家对外侵略扩张、野蛮掠夺走向现代化的方式有着根本区别。中国作为世界上最大的发展中国家，从不进行扩张，从不输出动乱，带来的是安定，提供的是和平，为发展中国家走向现代化提供了良好环境。

中国式现代化维护世界和平，为发展中国家走向现代化创造了机遇。中国作为联合国安理会常任理事国之一，在国际上代表广大发展中国家的利益，始终坚持积极表达发展中国家和地区的诉求，在维护和平、伸张正义、劝和促谈方面发挥巨大作用，以实际行动努力为其他国家和地区创造安定和平的发展环境。中国在与世界各国往来中始终坚持独立自主的和平外交政策，坚持和平共处五项原则，推动构建人类命运共同体，提出全球治理观，积极履行世界大国维护和平的责任。"和平方舟"号医院船一次次鸣笛起航，向世界传递和平和友谊；汤加火山爆发、尼泊尔地震，运 −20 飞机载满物资前去援助；维和任务中，中国维和部队在步步惊心的扫雷场、危机四伏的巡逻路上勇毅前行。"30 多年来，中国军队先后参加 25 项联合国维和行动，派出官兵近 5 万人次……成为联合国维护和平的关键力量。"① 中国式现代化充分彰显了当代中国的使命与责任，为广大发展中国家谋求自身发展、紧跟时代步伐走向现代化创造了和平发展的机遇。

（二）中国式现代化为发展中国家走向现代化提供了维护安全的机遇

发展和安全，犹如车之两轮、鸟之两翼。党的二十大报告强调，"把维护国家安全贯穿党和国家工作各方面全过程，确保国家安全和社会稳定"②。中国式现代化将安全意识贯穿国家现代化全过程、各领域、多方面，坚持总体国家安全观，积极进行国际安全合作，在坚定维护自身安全的过程中，为广大发展中国家和地区创造国际安全环境和条件。

中国式现代化以坚定维护自身安全助力维护世界安全。现代化的历程已充分表明，安全与发展不可偏废、相互支撑。安全是发展的条件，没有安全保障的发展，难以实现国家和社会长久的发展进步。党的十八大以来，以习近平同志为核心的党中央提出"总体国家安全观"这一概念。"贯彻落实总体国家安全观，必须既重视外部安全，又重视内部安全，对内求发展、求变革、求稳定、建设平安中国，对外求和平、求合作、求共赢、建设和谐世界……既重视自身安全，又重视共同安全，打造命运共同体，推动各方朝着互利互惠、共同安全的目标相向而行。"③中国特色社会主义进入新时代，国际局势暗流涌动，我们面对前所未

---

① 国防部：《30 多年来中国军队先后参加 25 项联合国维和行动》，中国新闻网 2022 年 5 月 26 日，https://www.chinanews.com/mil/2022/05-26/9764214.shtml.
② 习近平：《高举中国特色社会主义伟大旗帜 为全面建设社会主义现代化国家而团结奋斗——在中国共产党第二十次全国代表大会上的报告》，《人民日报》2022 年 10 月 26 日。
③ 《习近平主持召开中央国家安全委员会第一次会议强调 坚持总体国家安全观 走中国特色国家安全道路》，《人民日报》2014 年 4 月 16 日。

有的风险挑战。全面贯彻落实总体国家安全观，努力开创新时代国家安全工作新局面，是推进中国式现代化过程中必须坚持做好的一项工作。总体国家安全观关键在总体，强调的是大安全概念。当今世界多极化、经济全球化、文化多样化深入发展，在推进中国式现代化过程中，中国妥善应对"黑天鹅""灰犀牛"等各类安全风险，对内积极保持自身安全和国内稳定，对外顺应世界发展变化新趋势，积极应对人类共同安全挑战，成为维护世界安全的重要力量，为发展中国家和地区创造了维护安全的条件。

中国式现代化以倡导国际安全合作助力维护世界安全。当前世界正经历百年未有之大变局，国际格局日新月异，各国面临的国际安全风险较过去呈现出更加复杂多变的特点，影响各国现代化进程的不确定、难预料因素显著增多。习近平主席指出："安全应该是普遍的。不能一个国家安全而其他国家不安全，一部分国家安全而另一部分国家不安全，更不能牺牲别国安全谋求自身所谓绝对安全。"①面对复杂严峻的国际形势，中国率先提出全球安全倡议，这是中国向国际社会提供的又一重要国际公共产品。这一倡议秉持共同安全理念，重视综合施策，坚持反对单边主义，坚持合作之道，不搞集团政治和阵营对抗，重视各国合理安全关切，反对把本国安全建立在他国不安全的基础之上，寻求可持续安全，为应对国际安全挑战贡献中国智慧。中国正以实际行动成为维护国际安全、促成国际安全合作的积极力量。2018 年中非合作论坛北京峰会开幕式上，中国承诺在共建"一带一路"、社会治安、联合国维和、打击海盗、反恐等领域推动实施 50 个安全援助项目。②2021 年中非合作论坛第

---

① 习近平：《积极树立亚洲安全观　共创安全合作新局面——在亚洲相互协作与信任措施会议第四次峰会上的讲话》，《人民日报》2014 年 5 月 22 日。

② 参见习近平《携手共命运　同心促发展——在 2018 年中非合作论坛北京峰会开幕式上的主旨讲话》，《人民日报》2018 年 9 月 4 日。

八届部长级会议开幕式上，中国再度承诺将为非洲援助实施 10 个和平安全领域项目。[①] 中国正积极妥善应对世界大变局中的动荡变革，既维护了自身安全，又在促成安全合作、维护国际安全方面发挥积极作用，为众多发展中国家走向现代化提供了维护安全的良好机遇。

（三）中国式现代化为发展中国家走向现代化提供了互利合作的机遇

实现现代化是世界各国人民的共同追求，各国都需要探索符合本国国情的现代化发展道路。中国在推进中国式现代化的过程中注重与其他国家实现合作共赢，为发展中国家走向现代化提供了互利合作的发展机遇，助力打造一个共同繁荣的世界。

中国式现代化以自身建设成就为世界提供繁荣发展机遇。中国式现代化重视经济建设，以巨大的物质进步作为自身和其他发展中国家实现现代化的重要现实基础。我们在推进现代化建设过程中，始终强调解放和发展社会生产力，促进经济持续快速增长。中国连续多年对世界经济增长贡献率超过 30%，中国经济增长蕴含着充足的中国底气和强大的中国信心。这表明，世界上最具盈利水平的消费市场在中国，中国实现经济在高基数基础上的中高速增长。在这一过程中，中国继续坚持对外开放，提供更多的贸易机会，不仅拥有更雄厚的对外投资实力，规模巨大的消费市场也吸引更多外国企业持续增加对华投资，中国已成为世界经济增长的重要引擎，为世界经济复苏注入强劲动力。

中国式现代化以推动国际友好合作助力其他国家和地区共同繁荣。中国坚定不移推进高水平对外开放，与世界分享着巨大的"中国机遇"。习近平主席强调："我们追求的不是中国独善其身的现代化，而是期待同

---

① 参见习近平《同舟共济，继往开来，携手构建新时代中非命运共同体——在中非合作论坛第八届部长级会议开幕式上的主旨演讲》，《人民日报》2021 年 11 月 30 日。

广大发展中国家在内的各国一道，共同实现现代化。"① 中国提出全球发展倡议，同《联合国 2030 年可持续发展议程》高度契合，尤其是呼应了广大发展中国家追求发展的心声。2023 年中国国际服务贸易交易会围绕 "开放引领发展　合作共赢未来" 年度主题，举办了 15.5 万平方米的展览展示、10 场高峰论坛、102 场专题论坛、18 场边会和 72 场推介洽谈，共达成 1100 余项成果。② 中国国际进口博览会已成为中国构建新发展格局的窗口、推动高水平开放的平台和全球共享的国际公共产品，2023 年举办的第六届进博会，仅亮相国家展的就有 69 个国家和 3 个国际组织，涵盖发达国家、发展中国家和最不发达国家。③ 截至 2023 年 10 月，我国已与 150 多个国家、30 多个国际组织签署了 230 多份共建 "一带一路" 合作文件，遍布全球五大洲。④ 历经十余年发展，共建 "一带一路" 已经成为深受欢迎的国际公共产品和国际合作平台，不断向世界提供新机遇。

（四）中国式现代化为发展中国家走向现代化提供了文明互鉴的机遇

实现现代化是中国人民乃至世界人民矢志不渝的奋斗目标，每个国家和民族的历史传统、文化积淀、基本国情不同，其发展道路必然有着自己的特色。中国式现代化既基于自身国情又借鉴各国经验，既传承历史文化又融合现代文明，为世界文化宝库增添了新的内容，同时促进了世界文明交流互鉴，创造了人类文明新形态。

中国式现代化以其文化形态为世界文明宝库作出贡献，为发展中

① 习近平：《建设开放包容、互联互通、共同发展的世界——在第三届 "一带一路" 国际合作高峰论坛开幕式上的主旨演讲》，《人民日报》2023 年 10 月 19 日。

② 参见潘俊强《参展企业超过九千家　达成成果一千一百余项　二〇二三年服贸会取得丰硕成果》，《人民日报》2023 年 9 月 7 日。

③ 参见李荣坤《在进博会感受文明交流互鉴之美》，《中国文化报》2023 年 11 月 17 日。

④ 参见邹伟、安蓓、陈炜伟等《"开拓造福各国、惠及世界的‘幸福路’"——习近平总书记谋划推动共建 "一带一路" 纪实》，《人民日报》2023 年 10 月 16 日。

国家走向现代化提供了优秀的文明资源。中华文明是世界上唯一绵延不断且以国家形态发展至今的伟大文明，以其突出的连续性、创新性、统一性、包容性、和平性，绽放在世界文明百花园。中国式现代化的文化形态是在接续传统文明的基础上，经过创造性转化、创新性发展而形成的。我们不断实现理论和实践上的创新突破，成功推进和拓展了中国式现代化，使中华民族最基本的文化基因与当代文化相适应、与现代社会相协调，把"中国性"和"世界性"有机融合起来，使中华文化的世界影响力越来越大。2021年，我国对外文化贸易额首次突破2000亿美元，同比增长38.7%。① 随着中国流行文化在海外的广泛传播和文化服务贸易实力的提高，中国不断将发展优势转化为话语优势，在国际上通过主张全人类共同价值、人类命运共同体、多元文化和谐共存和相互融通等理念，推动重构人类文明秩序，使"美国优先""新冷战"等价值观不断被消解。中国式现代化不仅推动中华文化走向世界，更为重要的是，它向发展中国家和地区传递了文明平等互鉴的思想意识。

中国式现代化以文明交流互鉴活动促进世界文明持续繁荣，为发展中国家走向现代化提供了平等的交流环境。文明没有高下、优劣之分，只有特色、地域之别。中国式现代化以寻求世界各国文化共性和发展的共同目标，为不同文明和谐共处、相互成就找到了一条正确路径。习近平总书记强调，相互尊重、和衷共济、和合共生是人类文明发展的正确道路。中国式现代化弘扬平等、互鉴、对话、包容的文明观，倡导以文明交流超越文明隔阂，以文明互鉴超越文明冲突，以文明共存超越文明优越，积极践行全球文明倡议，倡导所有国家尊重世界文明多样性，从而促进不同文明交流互鉴。在推进中国式现代化的过程中，中国不遗余力

———————————

① 参见《数说中国：2021年我国对外文化贸易额首次突破2000亿美元》，新华网2022年7月21日，http://www.xinhuanet.com/2022-07/21/c_1128852060.htm.

促进世界各国文明平等对话、交流互鉴，推动不同文明在交流互鉴中共同进步——举办中国共产党与世界政党高层对话会、中国共产党与世界政党领导人峰会，推动把世界多样性和各国差异性转化为发展活力和动力；举办亚洲文明对话大会，搭建亚洲乃至世界文明交流互鉴的重要平台；呼吁弘扬和平合作、开放包容、互学互鉴、互利共赢的丝路精神，致力于把"一带一路"建设成文明之路，促进世界文明绽放绚丽之花。

（五）中国式现代化为发展中国家走向现代化提供了永续发展的机遇

人靠自然界生活，为了生存和发展，人类必须与自然界进行物质、能量、信息的变换，现代化就是有效率地实现这种变换的过程。创造更多物质财富和精神财富以满足人民日益增长的美好生活需要，也包括了提供更多优质生态产品以满足人民日益增长的优美生态环境需要。这不仅是为中华民族永续发展谋，也是为保护地球家园计，从而为发展中国家寻求永续发展的正确道路。

中国式现代化坚持人与自然和谐共生，走可持续发展道路，为发展中国家走向现代化提供良好生态产品。人与自然是生命共同体，人类自诞生起就与自然紧密联系在一起，现代化使这一联系千百倍地拓展和深化。中国式现代化是人与自然和谐共生的现代化。习近平总书记指出："生态环境保护和经济发展是辩证统一、相辅相成的，建设生态文明、推动绿色低碳循环发展……可以推动实现更高质量、更有效率、更加公平、更可持续、更为安全的发展，走出一条生产发展、生活富裕、生态良好的文明发展道路。"[①] 这从理论和实践层面阐明了人与自然和谐共生的关系，进一步丰富和拓展了中国式现代化的内涵与外延。2015 年，习近平主席接受路透社采访时强调："气候变化是全球性挑战，任何一国

---

① 习近平：《努力建设人与自然和谐共生的现代化》，《求是》2022 年第 11 期。

都无法置身事外。"①2020 年，中国正式作出"力争 2030 年前实现碳达峰、2060 年前实现碳中和"的"双碳"目标承诺。中国将提高国家自主贡献力度，采取更加有力的政策和措施，同时呼吁世界各国必须迈出决定性步伐。我国作出碳达峰碳中和的承诺，符合全球能源发展的趋势，符合全球应对气候变化的趋势，为带动全球能源绿色低碳转型作出了自己的贡献。

中国式现代化积极参与全球生态治理，促进世界永续发展，为发展中国家走向现代化提供生态合作平台。面对日益严峻的生态问题，国际社会对于绿色低碳转型的呼声日益高涨。建设生态文明，实现永续发展，是当今全球生态治理的重大创举。中国在全球生态治理中积极展示大国担当，为全面推进全球生态治理提供中国方案。早在 2015 年第 21 届联合国气候变化大会上，中国就提出了以"人类命运共同体"推进全球环境治理的倡议。这场大会通过的《巴黎协定》共有 100 多个缔约方，对于推动全球环境治理具有重要意义。在实践中，中国始终致力于推进共建"一带一路"绿色发展，让绿色成为共建"一带一路"的底色。目前，中国与 30 多个国家及国际组织签署环保合作协议，与 31 个共建国家共同发起"一带一路"绿色发展伙伴关系倡议，与超过 40 个国家的 170 多个合作伙伴建立"一带一路"绿色发展国际联盟，与 33 个国家建立"一带一路"能源合作伙伴关系，广泛搭建了绿色交流与合作的平台。中国通过实际行动，推动各国人民携手共建人类命运共同体，尽显中国智慧和大国担当，为发展中国家走向现代化创造了永续发展的机遇。

---

① 《共同开启中英全面战略伙伴关系的"黄金时代" 为中欧关系全面推进注入新动力》,《人民日报》2015 年 10 月 19 日。

三、中国式现代化为发展中国家走向现代化提供了新的路径

中国式现代化在理论与实践相结合的探索中形成并完善了一些行之有效、行之高效、行之强效的路径，突破了以往现代化中的一些桎梏，拓展了发展中国家走向现代化的路径选择。

（一）采取适合本国国情的发展战略和发展模式

中国在历史文化和现实国情基础上进行现代化的实践探索，采取适合本国国情的发展战略和发展模式，破解了"现代化就是西方资本主义化"的思维定式，尊重了不同国家和民族实现现代化的自主性。

发展中国家的现代化道路不能机械遵循所谓的西方现代化标准答案。习近平总书记指出："世界上既不存在定于一尊的现代化模式，也不存在放之四海而皆准的现代化标准。"[1] 第二次世界大战后同时产生了两种现代化理论，一种植根于西方发达资本主义国家现代化实践，一种根源于以工业化为核心的欠发达国家现代化实践。但是，在理论和实践上，欠发达国家的现代化实践仍多参照西方发达资本主义国家的经验。如果缺乏对自身历史文化的尊重，寄希望于他国扶持，那就在现代化道路的开端便埋下了隐患。如有的国家虽在经济和科技上取得了举世瞩目的成就，但其现代化建设的自主能力相对偏弱，严重依赖外界，在外部强权的挤压之下，现代化建设就进入了长期增长缓慢甚至停滞的状态。

中国式现代化是独立自主探索符合本国国情又对传统现代化模式进行超越的现代化。第一，中国式现代化是具有自主性的现代化。从 20 世纪 50 年代起，我国开始探索符合本国特殊国情的自主建设现代化的道路。在这条道路上，中国共产党人进行了艰苦卓绝的努力：从实现"由农业国转变为工业国"，到把"四个现代化"概括为"小康社会"；从提

---

[1] 习近平:《新发展阶段贯彻新发展理念必然要求构建新发展格局》,《求是》2022 年第 17 期。

出"三步走"战略，到提出新时代"两步走"战略；从提出中国式现代化这一历史任务，到明确中国式现代化的五个特征……在这个过程中，中国式现代化所取得的举世瞩目的发展奇迹，可以表明自主探索现代化发展规律和自主选择现代化发展模式的历史重要性。第二，中国式现代化是具有超越性的现代化。尊重道路选择的自主性，并不意味着完全摒弃已有现代化模式的有益成果，而应在坚持社会主义性质不动摇的前提下，努力吸收世界文明成果，遵循社会发展一般规律，结合本国国情，完成对历史上现代化道路的超越。邓小平同志在南方谈话中提出："计划多一点还是市场多一点，不是社会主义与资本主义的本质区别"，"计划和市场都是经济手段"。[①] 这一著名论断突破了"社会主义与市场经济不相容"的陈旧观念，社会主义市场经济体制实现了生产资料公有制与市场经济的有机结合，实现了对资本主义现代化模式和以往代表社会主义建设方向的苏联模式的突破。从历史上看，"现代化"的概念源自西方，发展中国家容易陷入"西方中心论"的传统桎梏中。中国共产党不断深化对本国国情的认识，进行独立自主的探索和对历史经验的超越，为发展中国家的现代化思路破除了思维定式。

（二）吸收较发达经济体的资金和技术，实现跨越式发展

从工业革命开始，人类的现代化历程已有 200 余年。这就意味着，发展中国家的现代化是一种"赶超型"的现代化。中国式现代化体现了后发国家在长时间落后的境况下，必须探索跨越式发展道路，吸收较发达经济体的资金和技术以缩小差距。

发展中国家的现代化已不能再走"线性演化"发展道路，跨越式发展成为必然选择。西方发达资本主义国家用了 200 多年的时间，才使 10 亿左右的人口进入现代化行列，呈现出从传统社会到现代社会、从简单

①《邓小平文选》第 3 卷，人民出版社 1993 年版，第 373 页。

到复杂的序贯演化过程。如英国的现代化路径十分典型，工业革命带来的生产力飞速发展使英国从传统社会过渡到工业社会，随着开拓海外市场到生产国际化、资本国际化，英国的现代化进程总体呈现出线性演化的特性。但后发国家如今面临的历史条件截然不同，面对已发展得十分成熟，占据全球大多数资金和技术的发达国家，后发国家不可能再走通"老路"。马克思和恩格斯晚年提出了落后国家可以跨越资本主义制度的"卡夫丁峡谷"这一理论构想。而跨越"卡夫丁峡谷"，就要"注重吸收和占有资本主义制度创造的一切积极成果，包括先进的生产力、管理方法、技术成果等"[①]，进行跨越式发展无疑是唯一的选择。

中国式现代化是以吸收较发达经济体的资金和技术的方式进行跨越式发展的现代化。中国在现代化建设过程中遇到了发达国家现代化过程中未曾遇到的严重问题：一是基础差。长时间遭受侵略掠夺和战乱使得中国在工业化起点上全面落后于西方，生产的社会化、商品化程度相当低，直至新中国成立，我国仍然是一个落后的农业大国，工业基础极差。二是任务重。20世纪80年代之后，信息化浪潮开始席卷全球，中国要在短时间内从农业国转变为工业国，追赶上信息化时代，把握信息革命这一新的机遇，任务繁重。"开创利用外资、引进先进技术的新局面"，"关系到争取时间，较快地克服经济、技术和管理落后的状况"[②]。经过改革开放，中国大陆广阔的市场、低廉的劳动力成本、友好的对外开放政策，迅速吸引国际资本和先进技术，为发展工业和科技提供了资金和技术支持。利用西方资本主义现代化有益成果来实现现代化的跨越式发展，为发展中国家提供了一条新的经济现代化路径。

---

① 李健、陈学明：《跨越"卡夫丁峡谷"与中国式现代化》，《马克思主义与现实》2023年第4期。

② 《十一届三中全会以来重要文献选读》下册，人民出版社1987年版，第735页。

（三）解决贫困问题，避免陷入两极分化

实现全体人民共同富裕是中国式现代化的本质要求之一。在西方资本主义现代化模式带来贫富两极分化的经验教训下，中国共产党带领中国人民走出了一条具有中国特色的反贫困道路，避免在现代化过程中陷入两极分化的困境。

发展中国家的现代化道路应避免现代化因贫困问题陷入未富先衰的局面。许多发达国家一面是富豪享受着派对的狂欢，一面是申领救济的贫困群体越来越壮大。生产社会化和生产资料资本主义私人占有之间的矛盾，使得资本主义在现代化过程中带有不可剔除的剥削本性，这是西方国家虽有比较成熟的福利政策，却无法从根本上消除贫困问题的根本原因，这就使得资本主义现代化成为部分人的现代化。发展中国家的财政尚无法支撑发达国家那样大幅度且长时间的福利政策，如果不从一开始就积极解决贫困问题，极容易陷入还未进入现代化就已经因为两极分化造成现代化动力衰竭的局面。

中国式现代化将贫困问题视为发展道路上必须解决的问题，带领全体人民追求共同富裕。"共同富裕路上，一个也不能掉队"的响亮口号见证了14亿多中国人民在中国共产党的领导下历经千难万苦打赢脱贫攻坚战的决心。中国提前10年实现《联合国2030年可持续发展议程》的减贫目标，创造了人类减贫史上亘古未有的伟大奇迹。党的十八大以来，我们实行精准扶贫、精准脱贫，构建了政府、市场、社会与个人等多元主体参与的全方位扶贫格局，拓展了对扶贫对象进行生活保障和平台保障的扶贫渠道。我们认识到，消除绝对贫困后，仍然要防止脱贫人口返贫以及产生新的贫困人口，因此，要实现巩固拓展脱贫攻坚成果同乡村振兴有效衔接。中国在推进中国式现代化过程中形成了丰富的中国式反贫困理论，探索出有效可行的反贫困制度体系，为世界解决贫困问题贡献了可供参考的脱贫经验，为发展中国家避免两极分化提供了新的

路径选择。

（四）增强现代化动力，推动创新发展

科技进步带来的是生产力的进步，人类现代化进程中，每一次巨大飞跃都伴随着科技革命的发生。中国式现代化立足创新发展，为现代化的持续进行增加了强劲动力。

发展中国家应从科技发展中为自己的现代化道路寻找新的发展动力。西方发达资本主义国家的生产力发展过程无一不是从科技提升开始的，技术创新是工业革命的根本动力。珍妮纺纱机的出现和蒸汽机的普及使得机器生产逐步代替手工操作，大大提高了社会生产力，带动了生产关系的变革，这也成为人类历史上现代化的开端。长期以来，以欧美为代表的西方发达国家很大程度上依赖工业革命以来的科技优势，形成了以西方为中心的现代化模式、以自身为标准的文明理论，在国际分工格局中居主导地位。马克思指出，"资本是以生产力的一定的现有的历史发展为前提的——在这些生产力中也包括科学"[1]。马克思创造性地把科学技术纳入生产力的范畴，将"蒸汽、电力和自动走锭纺纱机"等科学技术的进步形象地比喻为"革命家"。生活实践和社会生产的需要推动着科技发展，科学技术的发现和发明引起了生产力的变革，科学技术推动着社会生产力发展，推动着历史进步。科技发展所带来的生产力提升是发展中国家应把握的现代化动力源泉。

中国式现代化道路立足世界科技发展大趋势和我国科技发展新要求，推动科技创新，增强现代化动力。一是世界科技正在经历新一轮变革，中国式现代化抓住这一机遇就是抓住经济发展的新动力。在过去的五个世纪，世界上大致发生了五次科技革命，人类现代化的历史足以证明，谁能在创新上先行一步，谁就能掌握战略主动权。当前世界正发生

---

[1] 《马克思恩格斯文集》第 8 卷，人民出版社 2009 年版，第 188 页。

以人工智能、大数据、量子计算等为代表的新的科技革命，中国的现代化要在新一轮科技革命中占据科技制高点，才能牢牢掌握发展主动权。二是创新发展已经成为中国式现代化最重要的动力。习近平总书记指出："创新发展注重的是解决发展动力问题。"[1]我国曾作为"世界代工厂"以尽快发展经济，而随着经济社会的高速发展，劳动力价格逐步上升，我国需要实现经济发展方式的动力变革，推动经济发展从"有没有"转向"好不好"。我国要在 2035 年基本实现社会主义现代化，就必须以高水平科技为现代化经济体系注入强大动力。科技始终是一个国家、一个民族繁荣发展的重要动力和引擎。世界正经历新一轮科技革命，发展中国家正站在这一时代风口，中国式现代化为发展中国家的现代化动力开辟了创新突破口。

（五）统筹系统性工程，实现协调发展

中国共产党历来注重系统观念在建设发展中的重要作用。中国式现代化是"并联式"发展过程，"叠加发展"的特征明显，必须坚持系统性思维，避免在现代化进程中出现顾此失彼的现象，保证现代化的可持续性。

发展中国家的现代化应该避免走发展不平衡的老路。列宁指出："在资本主义制度下，各个经济部门和各个国家在经济上是不可能平衡发展的。"[2]资本的逐利性使得资本只会从利润低的部门不断流向利润高的部门，这带来的不仅仅是国家内部部门的不平衡发展、区域之间的不平衡发展，还会带来发展与生态之间的不平衡，物质世界与精神世界的不平衡，最终导致人与人之间不平等。如注重经济发展而不注重保护环境，导致 20 世纪出现八大环境公害事件；极力发展物质财富而忽略了人的精

① 习近平：《把握新发展阶段，贯彻新发展理念，构建新发展格局》，《求是》2021 年第 9 期。
② 《列宁选集》第 2 卷，人民出版社 1995 年版，第 553 页。

神世界，导致价值观危机和虚无主义盛行。发展中国家的现代化在吸取这些教训的基础上，应避免再走"先发展后治理"的老路。

中国式现代化统筹系统性工程，走出了一条协调发展的现代化道路。坚持系统观念是马克思主义唯物辩证法在中国式现代化进程中的生动体现，系统观念决定了系统性工程的重要性。习近平总书记指出，"推进中国式现代化是一个系统工程，需要统筹兼顾、系统谋划、整体推进"①。中国式现代化需要坚持系统观念，进行系统性工程建设，保证协调发展。一是统筹系统性工程可以保证现代化的整体性。建设中国特色社会主义坚持"五位一体"总体布局，系统性工程建设能够保证统筹兼顾又有所侧重，这样才能实现协调的整体发展。二是统筹系统性工程可以保证现代化的均衡性。我国是一个幅员辽阔的大国，经济飞速发展的同时也出现了区域间发展不平衡、物质文明与精神文明发展不平衡等问题，统筹系统性工程强调补齐短板，使各方面的发展能够互相照应，这样才能实现协调的均衡发展，注重社会公平。发展中国家是现代化的"后来者"，"并联式"发展是其常态。中国式现代化统筹系统性工程，防止发展实践中出现顾此失彼、畸重畸轻的现象，这为发展中国家掌握现代化的主动性提供了新路径。

（六）融入经济全球化大潮，实现开放发展

开放发展是中国式现代化的鲜明标识。中国式现代化顺应经济全球化这一世界发展潮流，坚持经济全球化正确方向，扩大高水平对外开放，推动建设开放型世界经济、构建人类命运共同体，为世界现代化进程提供了开放发展新路径。

发展中国家的现代化道路必须顺应经济全球化这一世界发展潮流。

---

① 《习近平在学习贯彻党的二十大精神研讨班开班式上发表重要讲话强调　正确理解和大力推进中国式现代化》，《人民日报》2023 年 2 月 8 日。

马克思主义的"世界历史"理论指出，全球化是由资本主义开创的，"不断扩大产品销路的需要，驱使资产阶级奔走于全球各地。它必须到处落户，到处开发，到处建立联系"①。新航路的开辟，开启了生产和消费的世界性进程。在持续至今的历史进程中，虽遭遇不少挫折，如两次世界大战、1929—1933 年大危机、长达近半个世纪的冷战对抗、当前的反全球化逆流等，但全球化的大趋势不变。随着资本、人才、市场的国际化水平不断提升，经济全球化至今已经同工业化、信息化等交织在一起，任何想要实现现代化的国家都不可能脱离经济全球化，逆全球化或者反全球化就是开历史倒车。

中国式现代化走出了开放发展的新路。翻开几千年的中国史册，中国与世界的交往绵延不绝，如西汉张骞两次出使西域开辟丝绸之路，唐代玄奘前往天竺取经、宋代海外贸易繁盛，等等，当然也有封建社会末期闭关锁国、拒绝与外界交流的教训。从创办经济特区到形成全面对外开放格局，从加入世贸组织到共建"一带一路"，中国式现代化走出了一条融入经济全球化的开放发展新路。同时，中国式现代化的开放发展还在助力世界现代化进程。中国深入参与全球价值链分工，创造的经济成就为世界的经济发展作出了贡献；积极参与全球经济治理体系改革，促进了中国式现代化与世界现代化的良性互动。发展中国家的经济全球化并非一帆风顺，占据价值链高端的发达国家近年来出现保护主义思潮，这使得发展中国家面临着更加复杂的全球化背景。中国式现代化在开放发展中，坚持多边主义、坚持互利共赢，拓展了发展中国家走向现代化的路径选择。

---

① 《马克思恩格斯选集》第 1 卷，人民出版社 2012 年版，第 404 页。

四、中国式现代化为发展中国家走向现代化提供了丰富经验

中国式现代化不但为发展中国家的现代化创造了可供利用的机遇条件，形成了可资借鉴的具体路径，而且提供了饱含中国智慧的丰富经验。

（一）要坚定不移以人民为中心

"现代化的最终目标是实现人自由而全面的发展。现代化道路最终能否走得通、行得稳，关键要看是否坚持以人民为中心。"[①] 以中国式现代化推进中华民族伟大复兴就是要坚持以人民为中心，坚持发展为了人民，发展依靠人民，发展成果由人民共享。以人民为中心，从根本上说是由中国式现代化的社会主义性质决定的。

中国式现代化以人民对美好生活的向往为奋斗目标。中国式现代化坚持以经济建设为中心，深化各领域改革，不断推动经济社会的发展，为满足人民对美好生活的向往提供了坚实的物质基础。从满足14亿多人口的基本温饱需求到满足人民群众日益增长的物质文化需要，再到更深层次地满足人民群众对美好生活的向往，无不彰显着中国共产党全心全意为人民服务的根本宗旨，凸显着中国式现代化的社会主义性质。

中国式现代化以人民群众为依托力量。中国式现代化是人口规模巨大的现代化，庞大的人口既是经济社会发展的挑战，也是推动社会发展的强大力量。人民的力量体现在方方面面：我们依靠人民取得反侵略战争的胜利，让新中国屹立于世界东方；我们依靠人民发掘油田，摘掉"中国贫油"的帽子；我们依靠人民推行家庭联产承包责任制、发展民营经济，开始轰轰烈烈的改革开放；我们依靠人民打赢脱贫攻坚战，用双手创造美好生活……面对中国式现代化进程中的各种新情况和新问题，

---

① 习近平：《携手同行现代化之路——在中国共产党与世界政党高层对话会上的主旨讲话》，《人民日报》2023年3月16日。

我们要积极向人民求教，最大限度激发人民群众的创造热情，利用人民的智慧构筑现代化的大厦。

中国式现代化以人民共享为检验标准。只有少数人分到"蛋糕"的现代化不是中国式现代化，中国式现代化要照顾到不同群体的物质与精神文化需求。人民的生活是否在发展中得到了改善，人民是否共享了发展的成果，成为检验发展成效的标准。随着经济社会稳步发展，人民群众享受到更多的发展红利，切实的物质保障激起了人民群众对于更加美好生活的呼唤。这就要求党在推进中国式现代化的过程中，更加努力实现更平衡和更充分的发展，处理好先富与后富、效率与公平的关系，在做大"蛋糕"的同时要公平地分好"蛋糕"，让人民群众切实感受到各领域发展的红利。

现代化为了谁、依靠谁、由谁享有发展成果，是一个普遍性问题。其他发展中国家虽然大多不是社会主义国家，但是建设"大多数人"的现代化，仍不失为一条十分重要的原则。对于广大发展中国家来说，既不能走西方国家对外扩张式现代化的老路，也不能走西方国家两极分化式现代化的老路。历史和现实证明，只有为了大多数人、依靠大多数人、由大多数人共享发展成果的现代化，才是良性的可持续发展的现代化，这一点对于起点低、困难多、饱受资本主义摧残的发展中国家来说尤为重要。

（二）要坚持走独立自主发展之路

习近平总书记在纪念毛泽东同志诞辰 120 周年座谈会上指出："独立自主是中华民族的优良传统，是中国共产党、中华人民共和国立党立国的重要原则。"[①] 中国共产党的历史就是团结全国各族人民，坚持独立自

① 习近平：《在纪念毛泽东同志诞辰 120 周年座谈会上的讲话》，《光明日报》2013 年 12 月 27 日。

主、自力更生，为实现中华民族伟大复兴而奋斗的历史。中国式现代化既不同于资本主义现代化，也不同于传统社会主义的现代化，更不是依附性的现代化，而是中国共产党带领中国人民独立探索、自主发展的现代化。

走独立自主发展之路是历史的经验之谈。近代以来，中国资产阶级谋求国家独立、民族解放的愿望之所以没有实现，很大原因就是他们总寄希望于西方资本主义国家来帮忙进行现代化建设，而这种丧失了独立自主的依附路径只会导致现代化建设遭遇挫折。中国共产党带领人民坚持独立自主的原则，从国情出发，制定正确的方针政策，取得新民主主义革命的伟大胜利，为实现现代化创造了根本社会条件，奠定了制度基础；社会主义革命和建设时期，我们取得的独创性理论成果和巨大成就，为现代化建设提供了宝贵经验、理论准备、物质基础；改革开放和社会主义现代化建设新时期，我们强调从中国实际出发，走自己的现代化道路，为中国式现代化提供了充满新的活力的体制保证和快速发展的物质条件；中国特色社会主义新时代，我们成功推进和拓展了中国式现代化，为中国式现代化提供了更为完善的制度保证、更为坚实的物质基础、更为主动的精神力量。历史已经证明，独立自主的发展道路是全面建设社会主义现代化国家的正确路径。

走独立自主发展之路是基于当前环境的现实考量。当今世界全球化程度进一步加深，新一轮科技革命方兴未艾，国家间的竞争实际上是以科学技术为基础的综合国力竞争。我国目前在发展核心技术方面同发达国家的差距进一步缩小，科技实力正在从量的积累迈向质的飞跃。然而不可忽视的是，我国在科技领域关键核心技术受制于人的局面并没有得到根本性的改变。这就要求我们始终坚持独立自主、自力更生，解决关键核心技术的"卡脖子"问题，努力实现关键核心技术掌握在自己手中，强化国家科技创新能力。

走独立自主发展之路是发展中国家现代化的普遍性内在要求。不同于西方发达资本主义国家内生型现代化发展模式，亚非拉的一些发展中国家大多为外生型现代化，这就导致许多发展中国家在现代化的过程中通常简单模仿而有意无意地忽视自身的现实发展情况来制定发展战略，导致现代化过程一波三折，难以取得理想的效果。一味照搬照抄西方的现代化模式，最终只会导致画虎不成反类犬，葬送掉国家发展的前途。只有始终坚持扎根本国土壤，汲取养分，才能让现代化的参天大树茁壮成长。中国式现代化始终提倡各国独立自主地探索通往现代化的道路，这一主张助力世界现代化进程，为发展中国家实现独立自主的发展提供了全新方案。

（三）要正确处理改革发展稳定的关系

正确认识和处理改革发展稳定的关系，是我们党领导中国特色社会主义事业不断取得成功的一条基本经验。中国特色社会主义进入新时代，全面深化改革也进入了"攻坚期""深水区"，改革面临的棘手问题更加显著。正确处理改革发展稳定的关系，就要坚持稳中求进的工作总基调，时时刻刻将人民群众的根本利益作为一切工作的出发点和落脚点，推动中国式现代化走向未来。

正确处理改革发展稳定的关系，要坚持稳中求进的工作总基调。在三者的关系中，改革是动力，发展是目的，稳定是前提。"稳"是工作的主基调，工作的方向、战略的部署要稳定，谋定而后动，在守住根基、稳住阵脚的基础上积极进取。"进"要突出工作的重点，根据经济发展的情况和经济环境的变化适时调整经济结构，全面深化改革，确保转变经济发展方式和创新驱动发展取得新成效。"稳"和"进"要相互促进，在"稳"的前提下要在关键领域有所"进"，在把握好度的前提下奋发有为。在新征程上，我们必须守住根基、稳住阵脚，在"进"上多下功夫，全面贯彻新发展理念，加快构建新发展格局，全面推进改革开放，不断提高推动经济高质量发展的能力和水平。

正确处理改革发展稳定的关系，要时刻以人民群众的根本利益为出发点和落脚点。我国社会主要矛盾已经转化为人民日益增长的美好生活需要和不平衡不充分的发展之间的矛盾。[①] 这种发展不平衡主要体现在城乡发展不平衡、区域间发展不平衡、发展数量和质量不平衡等方面，发展不充分的一个重要体现是医疗、教育、养老等领域的社会保障还不是十分到位。这些矛盾如果长期得不到解决，势必影响中国现代化的进程。要想解决这些问题就必须深化结构性改革并将改革落到实处，让人民群众的利益得到切实保证，进而保证国家长治久安、人民幸福安康。

平衡好改革、发展与稳定之间的关系对于发展中国家走向现代化有着特别重要的意义。由于历史与现实、内部与外部一系列因素的影响，发展中国家在改革发展稳定问题上往往顾此失彼。把改革力度、发展速度和社会可承受程度统一起来，把改善人民生活作为正确处理改革发展稳定三者关系的重要结合点，在保持社会稳定中推进改革和发展，进而通过改革和发展促进社会稳定，维护国家的长治久安，是中国式现代化为发展中国家走向现代化提供的一条重要经验。

（四）要在互利共赢中走共同发展之路

习近平总书记在党的二十大报告中指出："当前，世界之变、时代之变、历史之变正以前所未有的方式展开。"[②] 站在时代的紧要关头，中国共产党审时度势，适时提出构建人类命运共同体的倡议，提出世界各国要在互利共赢中走共同发展之路，向世界展示了我国参与全球开放合作、促进世界各国共同发展的中国智慧与中国方案。

合作共赢、共同发展是一条互惠互利之路。2013 年，习近平总书记

---

① 参见习近平《决胜全面建成小康社会　夺取新时代中国特色社会主义伟大胜利——在中国共产党第十九次全国代表大会上的报告》，《人民日报》2017 年 10 月 28 日。

② 习近平：《高举中国特色社会主义伟大旗帜　为全面建设社会主义现代化国家而团结奋斗——在中国共产党第二十次全国代表大会上的报告》，《人民日报》2022 年 10 月 26 日。

提出建设"丝绸之路经济带"和"21世纪海上丝绸之路"的合作倡议。十余年来,"一带一路"始终秉持着推动共建各国基础设施建设、促进各国经济文化交融的核心内涵,促进我国同共建各国在经济贸易和文化交流方面互通有无,使得各方优势互补、互利共赢,开创了新的发展机遇,拓展了新的发展空间。"一带一路"倡议实施十余年来,已吸引世界上超过3/4的国家和30多个国际组织参与,拉动近万亿美元投资规模。大多数国家的广泛参与证明,"一带一路"倡议为共建国家带去了实实在在的效益,合作共赢、共同发展是一条互惠互利之路。

合作共赢、共同发展是应对全球问题的必由之路。当今世界,百年未有之大变局加速演进,国际环境日益复杂。近年来,由于受地缘政治冲突、新冠疫情等多重因素影响,世界经济复苏乏力,全球贸易走势低迷,单边主义、保护主义抬头,困扰世界各国的气候变化、恐怖主义、金融危机等全球性挑战层出不穷。不同于某些国家保护主义、单边主义大行其道,中国始终坚持共商共建共享的发展原则,推动构建人类命运共同体,谋求同世界各国合作,共同应对全球性的风险挑战。

合作共赢、共同发展是广大发展中国家走向未来的机遇之路。广大发展中国家如果被某些发达国家的"小院高墙"论调所迷惑,局限于本国的"小市场",自身的发展就会受限。只有正视各国之间存在的差异,共同依托现代国际合作平台和机制,加快自身发展,进而提升发展中国家在全球治理中的代表性和话语权,才是现代化的正确之路。

(五)要有一个坚强有力的领导集体

党的二十大指出中国式现代化是中国共产党领导的现代化,并强调中国式现代化的首个重大原则是坚持和加强党的全面领导。在当代中国,以中国式现代化全面推进中华民族伟大复兴就是要在全社会全方位坚持中国共产党的领导。

党的领导是中国式现代化的特色。习近平总书记指出:"中国最大的国情就是中国共产党的领导。什么是中国特色？这就是中国特色。"[①]党的十八大以来，无论是始终坚持以经济建设为中心，推动中国持续作为世界第二大经济体的发展奇迹，还是打赢脱贫攻坚战，实现全面建成小康社会这一中华民族的夙愿，抑或擘画全面建设社会主义现代化国家的宏伟蓝图，中国特色社会主义所取得的一切成就都离不开党的领导。近年来，西方世界乱象频发，群体冲突、局部战争、种族歧视等现象层出不穷，社会的稳定性大打折扣。与西方形成鲜明对比的是，中国经济运行总体平稳，社会和谐稳定，居民生活质量稳步提升。这充分证明，国家治理能力的提升、大政方针的稳定持续，均离不开坚强有力的政党领导。

党的领导为中国式现代化锚定前进方向。对现代化建设来说，中国共产党的领导无疑是在掌舵领航，确保中国特色社会主义道路行稳致远。中国共产党人的初心和使命就是为中国人民谋幸福，为中华民族谋复兴。中国特色社会主义进入新时代，在以习近平同志为核心的党中央的坚强领导下，中国共产党进一步明确党的中心任务就是团结带领全国各族人民全面建成社会主义现代化强国、实现第二个百年奋斗目标，以中国式现代化全面推进中华民族伟大复兴。正是在党的领导下，中国人民坚持发扬斗争精神攻坚克难，以前所未有的决心和勇气，搬掉现代化道路上的一块块"拦路石"，取得了举世瞩目的成就，书写了中国式现代化的新篇章。

一个强有力的领导集体，对于发展中国家的现代化来说具有十分重要的意义。对于广大发展中国家来说，即使不是共产党领导的社会主义国家，要保持社会稳定、经济增长，一个政治相对清明、领导比较有

---

① 中共中央文献研究室：《习近平关于社会主义政治建设论述摘编》，中央文献出版社2017年版，第28页。

力的领导集体也是不可或缺的。一方面，西方国家出现的种种社会问题同样也反映在深受西方式现代化影响的发展中国家身上；另一方面，广大发展中国家解决突出问题的能力通常十分薄弱。这就容易导致本国人民的实际需求没有办法得到充分满足，社会矛盾进一步加深，进而诱发各种社会动乱，经济发展迟滞甚至停滞。中国式现代化的经验昭示广大发展中国家建设强有力的领导集体的重要性。只有拥有这样一个领导集体，发展中国家才有可能将发展的主动权牢牢掌握在自己手中，坚持不懈斗争，正视和解决发展道路上内部的和外部的、自然的和社会的、长期的和突发的问题，推动本国现代化发展。

第八章

中国式现代化推动世界社会主义运动新发展

　　中国式现代化的人类贡献体现在推动世界社会主义运动向前发展上。2018 年 1 月 5 日，习近平总书记在新进中央委员会的委员、候补委员和省部级主要领导干部学习贯彻习近平新时代中国特色社会主义思想和党的十九大精神研讨班开班式上强调："科学社会主义在中国的成功，对马克思主义、科学社会主义的意义，对世界社会主义的意义，是十分重大的。"① 中国共产党的事业从一开始就是国际共产主义运动和世界社会主义运动事业的一个组成部分。中国式现代化是中国共产党领导的社会主义现代化，体现着科学社会主义的先进本质，对世界社会主义运动的发展具有重大意义。习近平总书记在党的二十大报告中指出："中国式现代化为人类实现现代化提供了新的选择，中国共产党和中国人民为解决人类面临的共同问题提供更多更好的中国智慧、中国方案、中国力量，为人类和平与发展崇高事业作出新的更大的贡献！"② 中国式现代化的成功实践，不仅深刻改变着中国，也深刻影响着世界，不断推动世界社会主义运动向前发展，为人类追求更加美好的生活贡献了中国智慧。为此，俄罗斯联邦共产党中央委员会主席久加诺夫指出："事实证明，社

---

① 《习近平谈治国理政》第 3 卷，外文出版社 2020 年版，第 70 页。
② 习近平：《高举中国特色社会主义伟大旗帜　为全面建设社会主义现代化国家而团结奋斗——在中国共产党第二十次全国代表大会上的报告》，《人民日报》2022 年 10 月 26 日。

会主义中国已成为人类发展的'火车头'和'指路明灯'。"① 问题在于，中国式现代化究竟如何推动世界社会主义运动新发展？

一、宣告"历史终结论"等错误思潮破产

中国式现代化的成功实践逐步打破了萦绕在世界社会主义运动周围的思想舆论阻力。自从科学社会主义诞生以来，马克思主义、社会主义、共产主义等就不断遭受来自资本主义力量的联合批判、责难和丑化，尤其是世界上第一个社会主义国家成立以来，西方对社会主义的打压和封锁从未停止。苏联解体、东欧剧变是 20 世纪国际共产主义运动遭遇的重大历史挫折，国际共产主义运动由此进入了低潮期，这为资本主义攻击马克思主义理论和社会主义理想提供了"契机"，"历史终结论""共产主义失败论""马克思主义过时论"等错误思潮粉墨登场，对社会主义和共产主义产生了极大的冲击，造成了国际共产主义运动力量的彷徨、思想的混乱与迷失，形成了萦绕在世界社会主义运动上空的"阴霾"。更为严重的是，这种思想上的"阴霾"伴随着苏联解体、东欧剧变等客观事实的发生，似乎具备了历史的"合理性"。正如墨西哥劳动党全国执委何塞·罗宁所指出的，"随着 20 世纪 80 年代和 90 年代'后现代主义'盛行、1989 年至 1991 年间社会主义阵营瓦解和苏联解体，以及之后资产阶级发动意识形态宣传攻势，世界大部分公众舆论认为，作为革命理论和实践指导的马克思主义已经失败或被击败了"②。在这一过程中，许多国家的共产党纷纷改旗易帜，摇身一变，转变为社会民主党甚至资本主义政党，还有一些共产党组织虽然能够在历史的挫折和错

---

① 刘建超：《中国共产党与世界马克思主义政党论坛实录》，当代世界出版社 2022 年版，第 11 页。

② 刘建超：《中国共产党与世界马克思主义政党论坛实录》，当代世界出版社 2022 年版，第 98 页。

误思潮的"洗礼"中坚持政治本色，但依然面临着来自国际、国内的多重压力与挑战。在回顾这一段历史时，智利共产党前主席吉列尔莫·泰列尔也坦陈："谁也无法回避这样一个事实，苏联的崩溃在许多共产党内部产生了意识形态的混乱和深刻的危机，并为资本主义和野蛮的新自由主义提供了机会，这在拉丁美洲和加勒比地区的国家中产生了深刻的负面影响。拉美许多共产党曾经历法西斯独裁统治，这意味着我们要付出更大努力实现党的重建。在几十年的独裁统治期间，共产党遭到孤立，反共浪潮汹涌，社会主义作为一种制度备受责难。"①

面对苏联解体、东欧剧变的巨大冲击，中国共产党敢于直面压力和挑战，高举社会主义旗帜，宣布继续走中国特色社会主义道路，得到了许多国外共产党人的高度认可。每次危机爆发的时刻，都是考验一个国家、一个政党政治素养和战略抉择能力的契机。我国宋末政治家、文学家文天祥在《正气歌》中曾讲"时穷节乃见"，中国共产党这一行动显示其坚持社会主义道路的"一身正气"。正如俄罗斯联邦共产党中央委员会主席久加诺夫所指出的，"在那个对社会主义而言非常艰难的时期，中国不但挺住了，还接过了从兄弟般的苏共手中掉落的旗帜，成为通往共产主义社会道路上的领导者"②。中国式现代化的不断成功吹散了萦绕在世界社会主义运动上空的"阴霾"。

（一）中国式现代化以无可辩驳的经济社会发展成就宣告"历史终结论"等错误思潮破产

"历史终结论""共产主义失败论"等错误思潮粉墨登场对国际共产主义运动和世界社会主义运动造成了恶劣的影响，苏联解体、东欧剧变

① 刘建超：《中国共产党与世界马克思主义政党论坛实录》，当代世界出版社 2022 年版，第 70—71 页。
② 姜辉：《共同见证百年大党：百位国外共产党人的述说》，当代中国出版社 2021 年版，第 121 页。

带来的冲击让西方营造了世界社会主义运动彻底失败的舆论氛围，进一步加剧了国际共产主义运动低潮期所面临的困难。澳大利亚共产党全国主席莫利纳指出："悲剧性的苏东剧变以来，人们普遍认为国际共产主义运动已陷入低潮。"①1989年，日裔美籍学者福山在美国国际事务杂志《国家利益》夏季号上发表《历史的终结》一文，这是"历史终结论"的论证起点。福山在文章中指出，自由民主政体作为一种政府体制来说，它的合法性在过去的时间里已经得到了高度的认可，因为它战胜了世袭君主制、法西斯主义和晚近的共产主义等与之竞争的意识形态，自由民主政体可能构成"人类意识形态进化的终点"和"人类政府的最终形式"，并由此成为"历史的终结"。1992年，基于这篇文章的《历史的终结及最后之人》一书正式出版，福山再次论证，随着冷战格局的终结和苏联的解体，人类历史似乎突然走进了新篇章，人类社会最终将终结于资本主义自由民主制度。而世界经济的发展趋势并未像福山所预料的那样往前演进。前民主德国统一社会党总书记埃贡·克伦茨指出："中国的经验表明：现实存在过的社会主义的历史，并未因为1991年苏联被击垮和欧洲社会主义的沦亡而终结。过于草率地断言社会政治大变局已经定局、资本主义已经最终统治整个世界、马克思主义已经死亡、社会主义已被最终战胜，显然是忽视了中华人民共和国的*存在*。"②

中国式现代化以无可辩驳的经济社会发展成就宣告"历史终结论""共产主义失败论""马克思主义过时论"破产。改革开放40多年来，我国成功实现从高度集中的计划经济体制到充满活力的社会主义市场经济体制、从封闭半封闭到全方位开放的伟大历史转折，生产力得到前所

---

① 宋涛：《外国政党政要、各界代表祝贺中国共产党成立100周年贺电（函）汇编》，当代世界出版社2021年版，第667页。

② ［德］埃贡·克伦茨：《我看中国新时代》，王建政译，世界知识出版社2019年版，第10页。

未有的大解放，综合国力显著增强，人民生活明显改善，国际影响力大幅提升，一个拥有十几亿人口的发展中国家走出了一条摆脱贫困、迈向富强的崭新道路。尤其是新时代十年的伟大变革，在党史、新中国史、改革开放史、社会主义发展史、中华民族发展史上都具有里程碑意义。新时代十年伟大变革和伟大成就属于当代世界社会主义运动的重要组成部分，是 21 世纪以来世界社会主义运动最耀眼的"成绩单"。世界各国共产党人高度评价改革开放以来尤其是新时代以来中国共产党带领中国人民所取得的历史性成就和发生的历史性变革，认为中国特色社会主义的伟大变革和伟大成就是 21 世纪世界社会主义运动的重大变化，进一步坚定了世界社会主义运动的信心。新时代这十年，我国经济总量突破110 万亿元大关，书写了经济快速发展和社会长期稳定两大奇迹新篇章；建成世界上规模最大的教育体系、社会保障体系、医疗卫生体系，人民生活全方位改善，共同富裕取得新成效；国家文化软实力和中华文化影响力大幅提升，全党全国各族人民文化自信明显增强，物质富足和精神富有更加相得益彰；生态环境保护发生历史性、转折性、全局性变化，我们的祖国天更蓝、山更绿、水更清，绿色发展之路越走越宽广；推动构建人类命运共同体，倡导践行真正的多边主义，中国国际影响力、感召力、塑造力显著提升。习近平总书记指出："历史总是按自己的逻辑向前演进。中国特色社会主义在中国取得巨大成功表明，社会主义没有灭亡，也不会灭亡，而且焕发出蓬勃生机活力。"[1] 新时代这十年，中国共产党领导中国人民坚持和发展中国特色社会主义，取得非凡成就，以无可辩驳的事实彰显了科学社会主义的旺盛生命力和蓬勃生机。中国式现代化建设取得新的历史性成就，这在社会主义发展史上具有里程碑意义，标志着"历史终结论""共产主义失败论"等错误思潮破产。为此，

---

[1]　习近平：《坚持和发展中国特色社会主义要一以贯之》，《求是》2022 年第 18 期。

美国共产党国际部在致中联部的贺电中指出："中国特色社会主义市场经济不断取得成功，并在中国共产党和习近平总书记领导下向更高水平进发，戳穿了资本主义世界关于社会主义将随着苏联及华沙条约的解体而消亡的弥天大谎。"①

（二）中国共产党不断推进马克思主义中国化时代化，宣告"历史终结论"等错误思潮破产

英国学者特里·伊格尔顿曾在《马克思为什么是对的》英文版出版前言中指出："马克思对他所生活的那个时代中一些重要问题的真知灼见足以使'马克思主义者'成为一个令无数人心向往之的标签。"②百余年来，中国共产党一直是马克思主义的忠诚信奉者、坚定实践者和勇敢捍卫者。"马克思主义过时论"是萦绕在世界社会主义运动上空的"阴霾"，是西方资本主义攻击社会主义的又一说辞，并且不断改头换面。在谈到这一点时，美国学者理查德·D.沃尔夫指出："苏联一解体，马克思主义的敌人就改变了他们的攻击方式。在 1989 年之前，他们把马克思主义理论描绘为'弥漫着失败、叛逆的实践的一种错误理论'。在 1989 年之后，他们更是将马克思主义视为'不值得让现代人严肃对待的一种黯淡的历史遗物'，认为资本主义已经赢得了与社会主义的斗争。"③随着苏联解体、东欧剧变，西方学者和政要将苏联模式中教条式、机械式运用马克思主义而导致的失败归结为马克思主义本身的失败，宣称"苏联解体标志着马克思主义的失败""马克思主义已经落后于时代""马克思主义将进入历史的垃圾堆"。苏联解体、东欧剧变的一条重要的教训是教条

---

① 宋涛：《外国政党政要、各界代表祝贺中国共产党成立 100 周年贺电（函）汇编》，当代世界出版社 2021 年版，第 1498 页。

② ［英］特里·伊格尔顿：《马克思为什么是对的》，李杨、任文科、郑义译，新星出版社 2011 年版，第 1 页。

③ ［美］理查德·D.沃尔夫：《在资本主义危机中重新发现马克思》，载［意］马塞罗·默斯托《今日马克思》，孙亮、杨小峰译，中国人民大学出版社 2019 年版，第 163 页。

式理解马克思主义或者放弃马克思主义的指导地位，这给国际共产主义运动造成了巨大的伤害。俄罗斯学者亚历山大·季诺维耶夫就曾把苏联解体的原因归结为苏共对马克思主义的背叛。他说："现实社会主义的变形总是同马克思主义的教条化或对马克思主义的背弃一起开始的。这两种情况都是苏联现实社会主义所特有的。如果说在其发展的第一阶段是教条主义盛行的话，那么在其最后年代，则是苏共领导开始疏远马克思主义，并用各种各样的自由主义和改良主义思想偷换马克思主义。"① 关于这一点，前南斯拉夫社会主义联邦共和国联邦议会主席拉伊夫·迪兹达雷维奇也这么认为。他指出："社会主义思想的创新实践，在东欧陷入了危机，并且遭遇了重大打击，最终成了这些社会主义国家消失的重要原因之一。"② 事实上，苏联解体、东欧剧变绝不是马克思主义、社会主义的失败，而是理论教条主义、专制主义的失败；不是社会主义制度的历史性终结，而是僵化的社会主义模式的历史性终结。

2022 年 7 月 28 日，习近平总书记在给中国共产党与世界马克思主义政党论坛的贺信中指出："继续推进马克思主义本土化时代化，用真理的光芒照亮人类前行之路，是马克思主义政党共同的责任。"③ 总书记的这一段话，既是一种经验的分享，也是一种国际倡议，因为成功实现马克思主义本土化时代化是一件非常艰难的事情。从目前来看，世界范围内只有极少数国家和马克思主义政党真正实现了马克思主义的理论创新。各国马克思主义政党在推进马克思主义本土化时代化上遭遇挫折、世界社会主义运动持续陷入低谷的一个重要原因是教条式理解和运用马

---

① 郭德钦：《苏联解体：马克思主义意识形态建设上的沉痛教训》，《红旗文稿》2018 年第 2 期。

② 姜辉、辛向阳主编，李瑞琴、于海青副主编：《再看中国新时代：原苏东地区领导人及知名人士谈中国新时代》，当代中国出版社 2022 年版，第 104 页。

③ 《习近平向中国共产党与世界马克思主义政党论坛致贺信》，《人民日报》2022 年 7 月 29 日。

克思主义的现象依然存在，直接导致一些国家的共产主义运动和斗争陷入困境而难以破解。为此，秘鲁共产党（红色祖国）主席阿尔贝托·莫雷诺·罗哈斯深刻指出："遗留的教条主义严重阻碍了我们从唯物主义和辩证法中获取力量，以认清现实并采取行动。导致的后果就是，理论要么被低估，要么被局限在缺乏变革性实践的学术领域中。如果我们没有能力在各方面开展思想斗争，没有能力建立起替代政权，没有决心赢得政治领导权——即人民的信任，还有人民对变革进程的积极参与，那我们就不可能赢得一席之地，也不可能击败我们的对手。"① 另一个重要原因是许多国家的共产党或马克思主义政党缺乏真正的理论家、政治家。其中一些共产党领导人具有一定的宣传、组织和动员群众的能力，但是缺乏深厚的马克思主义理论素养和自强不息的创新精神，加上在资本主义制度体系内开展政治活动的局限性，导致党的理论创新能力严重不足，本国的马克思主义本土化时代化进程缓慢、创新成果有限，革命或运动成果难以扩大。相比之下，通过吸收正反两方面的教训，经过长期努力，中国共产党逐步解决了教条化理解马克思主义的问题。党的十九届六中全会通过的《中共中央关于党的百年奋斗重大成就和历史经验的决议》指出："党之所以能够领导人民在一次次求索、一次次挫折、一次次开拓中完成中国其他各种政治力量不可能完成的艰巨任务，根本在于坚持解放思想、实事求是、与时俱进、求真务实，坚持把马克思主义基本原理同中国具体实际相结合、同中华优秀传统文化相结合，坚持实践是检验真理的唯一标准，坚持一切从实际出发，及时回答时代之问、人民之问，不断推进马克思主义中国化时代化。"②

---

① ［秘鲁］阿尔贝托·莫雷诺·罗哈斯：《百年征程 百年荣光——中国共产党为社会主义奋斗的光荣之路》，楼宇译，《世界社会主义研究》2021 年第 7 期。
② 《中共中央关于党的百年奋斗重大成就和历史经验的决议》，人民出版社 2021 年版，第66—67 页。

　　以毛泽东、邓小平、江泽民、胡锦涛、习近平同志为主要代表的中国共产党人在领导中国革命、建设、改革的长期实践中，坚持把马克思主义基本原理同中国具体实际相结合、同中华优秀传统文化相结合，不断推动马克思主义中国化实现飞跃。习近平总书记在党的二十大报告中指出："中国共产党为什么能，中国特色社会主义为什么好，归根到底是马克思主义行，是中国化时代化的马克思主义行。"[①] 中国共产党推进马克思主义中国化时代化，创立了习近平新时代中国特色社会主义思想，以伟大的成就和变革，不断彰显着马克思主义的真理性、科学性和时代价值。中国共产党不断推进马克思主义中国化时代化，使作为当代中国马克思主义、21 世纪马克思主义、中华文化和中国精神的时代精华的习近平新时代中国特色社会主义思想产生了巨大的国际影响力和感召力。"作为大党大国领袖的习近平总书记的国际政治影响力和关注度不断提升，国外'习近平研究'蔚然成风，并迅速成为一门时代显学，全球出现一波'习近平研究热'"[②]，习近平新时代中国特色社会主义思想成为 21 世纪创新性发展马克思主义理论的"国际典范"。《习近平谈治国理政》第 4 卷入选英国共产主义青年团推荐的"2023 年圣诞节 10 本'红色'书籍"，推荐词指出："无论你是否从根本上支持中国，这部作品集将帮助你可靠地了解中国共产党的革命思想和行动，而不是西方媒体所描绘的那样。"[③] 俄罗斯联邦共产党中央委员会主席久加诺夫认为："习近平新时代中国特色社会主义思想为丰富马克思主义宝库作出了创造性贡献，是在 21 世纪创造性运用马克思、恩格斯和列宁理论成果

---

① 习近平：《高举中国特色社会主义伟大旗帜　为全面建设社会主义现代化国家而团结奋斗——在中国共产党第二十次全国代表大会上的报告》，《人民日报》2022 年 10 月 26 日。

② 禚明亮：《国外新时代中国特色社会主义研究的最新进展、主要特点及重要启示——基于海外出版主要著作分析》，《观察与思考》2023 年第 10 期。

③ Joe Weaver：*Top 10 "Red" books for Christmas 2023*，https：//challenge-magazine.org/2022/11/30/top-10-red-books-for-christmas-2023/.

的生动实践！"①伊拉克共产党总书记拉伊德·法赫米强调："习近平新时代中国特色社会主义思想同中国的现实紧密结合，成为中国特色社会主义的重要名片。"②

事实上，近年来，学界、政界的一批人士纷纷撰文批判"马克思主义过时论"的谬误与政治动机。在英国著名历史学家霍布斯鲍姆看来，马克思主义理论并没有"过时"，马克思再次成为一位"21世纪的思想家"。他指出："如果你把马克思的名字输入 Google 进行搜索，就会发现他仍然是搜索量最大的伟大思想家之一，只有达尔文和爱因斯坦超过他，但却远远高于亚当·斯密和弗洛伊德。"③ 国际人士指出，不断宣传"马克思主义过时论"，绝不是为了学术研讨，而是带有特殊的政治目的，是西方国家攻击社会主义的伎俩之一。伊拉克库尔德斯坦共产党总书记马哈德茂指出："近年来，反社会主义的帝国主义宣传机器诬称马克思主义已经过时，属于诡辩术和社会说教范畴，而非理性、系统的思想理论。中国共产党在不同历史条件下的斗争历程证明，上述说法是错误的，是针对共产主义者所开展的斗争及其认知工具所发动的攻势的一部分。"④

二、推动人类社会发生重大转变

党的十八大以来，以习近平同志为核心的党中央统筹"两个大局"，

---

① 刘建超：《中国共产党与世界马克思主义政党论坛实录》，当代世界出版社 2022 年版，第 13 页。

② 宋涛：《百年恰是风华正茂：全球百党政要及知名人士谈中共百年》，当代世界出版社 2021 年版，第 170 页。

③ ［英］埃里克·霍布斯鲍姆：《如何改变世界：马克思和马克思主义的传奇》，吕增奎译，中央编译出版社 2014 年版，第 5 页。

④ 宋涛：《外国政党政要、各界代表祝贺中国共产党成立 100 周年贺电（函）汇编》，当代世界出版社 2021 年版，第 888 页。

对当代世界社会主义运动发展现状和未来趋势作出了两次重大的政治判断。一次是在 2018 年 4 月 23 日十九届中央政治局第五次集体学习时，习近平总书记就《共产党宣言》及其时代意义发表讲话："由于中国特色社会主义不断成功，冷战结束后世界社会主义万马齐暗的局面得到很大程度的扭转，社会主义在同资本主义竞争中的被动局面得到很大程度的扭转，社会主义优越性得到很大程度的彰显。"[①]另外一次是党的十九届六中全会通过《中共中央关于党的百年奋斗重大成就和历史经验的决议》，其中指出："马克思主义中国化时代化不断取得成功，使马克思主义以崭新形象展现在世界上，使世界范围内社会主义和资本主义两种意识形态、两种社会制度的历史演进及其较量发生了有利于社会主义的重大转变。"[②]上述重大政治判断是以习近平同志为核心的党中央对新时代中国特色社会主义事业世界贡献的最新认识成果。这些认识成果的取得基于对百年未有之大变局下两种制度、两种意识形态的较量和未来走向的动态把握、审慎分析与科学展望。

（一）中国式现代化使世界各国人民再次萌生了对社会主义的"向往"

习近平总书记指出："历史发展从来不是笔直的，而是充满曲折和波折。上个世纪 80 年代末 90 年代初，苏联解体、苏共垮台、东欧剧变，不仅导致第一个社会主义国家和东欧社会主义国家不复存在，而且对向往社会主义的广大发展中国家带来严重冲击，很多发展中国家被迫走上了照搬西方制度模式的道路。世界社会主义遭受严重曲折，正所谓'万花纷谢一时稀'。"[③]1989—1992 年，苏联和东欧 8 个社会主义国家执政的

[①]　习近平：《学习马克思主义基本理论是共产党人的必修课》，《求是》2019 年第 22 期。

[②]　《中共中央关于党的百年奋斗重大成就和历史经验的决议》，人民出版社 2021 年版，第 63—64 页。

[③]　习近平：《坚持和发展中国特色社会主义要一以贯之》，《求是》2022 年第 18 期。

共产党或工人党先后失去政权，放弃社会主义制度，向资本主义制度急剧转变。苏联解体和东欧剧变，使得世界力量对比发生有利于美国等西方国家的巨大变动，全球政治格局朝着美国一家独大的"单极"体制严重倾斜，并演变为后来"单极"与"多极"的激烈斗争。北约经过三次东扩，基本上将东欧国家纳入其势力范围。社会主义在东欧国家整体退场，世界社会主义事业遭受重创，国际共产主义运动进入了暂时的低谷期。由此，世界社会主义运动进入了"各显神通"、独立探索社会主义道路及在低潮中积蓄力量的发展阶段，而且取得了较为丰硕的理论和实践成果。这些成果包括共产党组织作为执政党的"国家探索道路"（主要是中国、朝鲜、越南、老挝、古巴等五个社会主义国家）、以欧洲共产党为代表的"议会斗争道路"（也包括亚洲、拉美、非洲地区的共产党组织）、作为地区执政党的"地方执政探索道路"［如印度共产党（马克思主义）在喀拉拉邦的地方执政、奥地利共产党人埃尔克·卡尔在格拉茨的市长履职等］和通过议会选举成功上台全国执政的探索道路（主要是指摩尔多瓦共产党人党的短期执政），以及作为"非法政党"的"暴力革命道路"［如菲律宾共产党、印度共产党（毛主义）等］等所积累的经验。在各自独立探索社会主义之路的过程中，显然取得最耀眼的成就的是中国共产党和中国特色社会主义事业。党的十一届三中全会以来，中国共产党不断推进马克思主义中国化时代化，带领中国人民成功推进改革开放，开办经济特区，建立社会主义市场经济体制，全面建成小康社会，开创中国式现代化道路，不断创造人类文明新形态，取得了历史性的伟大成就，开启全面建设社会主义现代化国家、实现中华民族伟大复兴的新征程，引发世人关注。中国共产党的国际影响和世界贡献逐渐成为当代世界社会主义话语讨论的中心议题之一，打破了"万马齐喑""万花纷谢一时稀"的不利局面。正如秘鲁共产党（红色祖国）主席阿尔贝托·莫雷诺·罗哈斯所指出的，"社会主义的发展并非一潭死水，而是充满运动和变化的汪洋大海，要始终以运动和全局的眼光看待和分析问题"①。

苏联解体、东欧剧变 30 多年以来，国际共产主义运动的重大变化和最大的"生长点"是中国特色社会主义。正所谓"三十年河东，三十年河西"。30 多年前我们的判断是苏联解体、东欧剧变之后，国际共产主义运动进入低潮，世界上只剩下 5 个社会主义国家；而在当前时期，判断国际共产主义运动处于高潮还是低潮的标准不是共产党执政国家数量的多少，而是现有社会主义国家所产生的国际影响力和对人类未来发展的引领力，从根本上说是由质量来决定的。准确地说，当前国际共产主义运动总体形势是整体低潮和局部高潮并存。其中，"局部高潮"就是新时代中国特色社会主义伟大成就的取得。中国特色社会主义是科学社会主义在当代中国的成功实践，社会主义在世界人口大国成功开创了中国式现代化新道路，创造了人类文明新形态，鲜明地展现了社会主义的优越性，标志着世界社会主义正在开拓新的历史征程，也可以称为以中国共产党为引领的探索复兴的新阶段。

在此背景下，世界各国人民再一次萌生了对社会主义的"向往"和对中国特色社会主义的赞赏。习近平总书记指出："据统计，目前世界上约有 100 多个国家中 130 多个政党仍保持共产党名称或坚持马克思主义性质。广大发展中国家对中国投以羡慕的眼光，纷纷表示要向中国学习治国理政经验。"② 在中国共产党成立 100 周年之际，170 多个国家的 600 多个政党和政治组织等发来 1500 多封贺电贺函，指出："习近平新时代中国特色社会主义思想是中国共产党百年理论创新的集大成者，是 21 世纪的马克思主义，为社会主义发展开辟了新境界，为世界政党政治发展

---

① 宋涛：《百年恰是风华正茂：全球百党政要及知名人士谈中共百年》，当代世界出版社 2021 年版，第 382 页。

② 习近平：《坚持和发展中国特色社会主义要一以贯之》，《求是》2022 年第 18 期。

注入了新动力，为人类迈向现代化探寻了新路径，为国际关系发展指明了新方向。"① 来自东欧地区的亚美尼亚共产党中央委员会代理第一书记卡扎良指出："苏联解体后，强大的中国成了社会主义旗手。在思想政治层面，这不仅令亚美尼亚共产党人，也令全世界的共产主义者们感到自豪。"② 秘鲁共产党（红色祖国）中央委员会指出，"世界社会主义运动曾在 20 世纪末遭遇严重挫折，但今天中国共产党和中国人民的经验和成就表明，社会主义不仅令人信服，而且是拯救我们时代的旗帜"③。尼泊尔共产党（马列）总书记、前政府总理梅纳利指出："中国共产党领导下的中国特色社会主义已成为共产主义运动的典范、照亮世界的灯塔、和平发展的'压舱石'。"④

（二）中国式现代化使"东升西降"发展态势日趋凸显

当前，百年未有之大变局下"东升西降"态势不断凸显。人类历史的发展是螺旋式上升的过程。苏联解体、东欧剧变以来的 30 多年是两种制度、两种意识形态的竞争关系发生剧变的历史过程，是资本主义和社会主义两种力量此消彼长的历史过程。一方面，中国式现代化不断推进取得彪炳史册的伟大成就；另一方面，处于衰退阶段的资本主义制度使"东升西降"发展态势日趋凸显。

21 世纪以来西方资本主义遭遇的两次危机，使西方式现代化遭遇前所未有的信任危机和现实考问。历史规律表明，每逢资本主义遭遇重大

---

① 中共中央对外联络部研究室：《从国际社会致贺中国共产党成立 100 周年看习近平新时代中国特色社会主义思想的世界意义》，《当代世界》2021 年第 8 期。
② 宋涛：《外国政党政要、各界代表祝贺中国共产党成立 100 周年贺电（函）汇编》，当代世界出版社 2021 年版，第 300 页。
③ 宋涛：《外国政党政要、各界代表祝贺中国共产党成立 100 周年贺电（函）汇编》，当代世界出版社 2021 年版，第 1017 页。
④ 宋涛：《外国政党政要、各界代表祝贺中国共产党成立 100 周年贺电（函）汇编》，当代世界出版社 2021 年版，第 871 页。

危机时，都是资本主义左翼政党和学者反思资本主义制度和生产方式的难得机遇，也是社会主义和共产主义思潮重新活跃的时机。在资本主义系统性危机中，整个西方重燃对马克思主义的兴趣。关于这一点，西方左翼人士也不得不承认："在一再发生的危机中，资本主义紊乱的强度更加刺激着上述兴趣"[①]，"当全球资本主义正在经历自 20 世纪 30 年代初以来最严重的动荡和危机时，马克思不可能退出公众的视野"[②]。21 世纪以来，西方资本主义的发展历史至少给人们提供了两次难得的"时机"。第一次是由 2008 年华尔街金融危机引发的世界性资本主义危机，引起声势浩大的"占领"运动，由此提出了 99% 对 1% 的人的"关键考问"。第二次则是新冠疫情危机。两次反思之间又存在着较大的差异。相比于 2008 年的世界金融危机，这一次大家明显感觉到不同的是，这一轮资本主义左翼政党和学者的反思是在中国等社会主义国家利用自身制度优势和人民力量有效遏制病毒传播，以及以美国为代表的发达资本主义国家在新冠疫情危机面前"疲于应付""一败涂地"的强烈对比之下进行的。此次反思恰逢中国特色社会主义完成全面建成小康社会的历史任务、开启全面建设社会主义现代化国家新征程，中国共产党迎来建党百年的重要时间节点。黎巴嫩美国大学经济学系教授加桑·迪别将其概括为资本主义面临的"六大挑战"，分别是经济全球化危机、资本主义普遍性危机、技术变革危机、收入和财富不平等的程度加剧、民主与资本主义的关系瓦解，以及生态危机。[③]几乎每一场资本主义危机都会导致政治撕裂和人民生活水平下降，而且资产阶级政党往往相互推诿，无力为解决

[①]　[意] 马塞罗·默斯托：《今日马克思》，孙亮、杨小峰译，中国人民大学出版社 2019 年版，第 161 页。

[②]　[英] 埃里克·霍布斯鲍姆：《如何改变世界：马克思和马克思主义的传奇》，吕增奎译，中央编译出版社 2014 年版，第 5—6 页。

[③]　参见 [黎巴嫩] 加桑·迪别《资本主义危机与社会主义前景》，唐芳芳译，《世界社会主义研究》2021 年第 1 期。

资本主义危机提供有效方案，进而将国内矛盾转移到国外。美国经济学家理查德·D. 沃尔夫就曾指出，21 世纪前 20 年美国资本主义已经爆发了"三次经济崩溃"（2000 年、2008 年和 2020 年），极大地动摇了资本主义制度，"不仅削弱了帝国的基础，而且使其未来面临巨大的挑战。财富和收入不平等日益加剧"，"共和党和民主党不仅互相指责和攻讦，而且还将矛头对准其他国家：共和党将矛头指向中国，民主党则指向俄罗斯。攻讦和责难随处可见，但两党却都没有找到解决方案"。① 究其缘由，意大利罗马大学历史文化与宗教学系教授亚历山德拉·恰蒂尼与巴勒莫大学社会文化系教授马可·A. 皮罗内认为，新自由主义的生产消费方式及其对福利国家的侵蚀，是如今资本主义世界陷入多重危机的深层原因，强调"如果我们继续坚持资本主义的竞争和利润最大化模式，就会危及人类文明本身，带来诸如山林大火、冰盖融化、洪水、动物病毒的人际传播等随时可引发大型灾难的现象"②。

（三）中国式现代化使中国在诸多领域呈现出越来越多的主动性

首先，中国式现代化使中国的综合国力大幅提升，国际范围内社会主义在同资本主义竞争中的被动局面得到很大程度的扭转。巴勒斯坦人民党总书记巴萨姆·萨利希认为："中国共产党始终秉持科学社会主义理念，推动中国生产力不断发展并持续领导这一进程，正在实现中华民族的伟大复兴，创造了任何人都无法否认的经济奇迹。"③ 具体来说，从发展速度上看，2013—2021 年，我国经济年均增长 6.6%，远远高于 2.6% 的同期世界平均增速，也高于 3.7% 的发展中经济体平均增速，经济增

---

① 邢文增：《美国资本主义体系的危机与马克思主义替代方案——访美国马克思主义经济学家理查德·沃尔夫》，《世界社会主义研究》2022 年第 9 期。
② 李凯旋：《新冠肺炎疫情下新自由主义资本主义的多重危机——意大利左翼学者访谈》，《马克思主义与现实》2021 年第 4 期。
③ 刘建超：《中国共产党与世界马克思主义政党论坛实录》，当代世界出版社 2022 年版，第 136 页。

长率居世界主要经济体前列。2013—2021 年，我国对世界经济增长的平均贡献率达到 38.6%，超过七国集团贡献率的总和，是推动世界经济增长的第一动力。从经济总量上看，我国经济总量与美国的差距明显缩小，且远远高于日本等世界主要经济体。2021 年我国 GDP 相当于美国的 77.1%，比 2012 年提高 24.6 个百分点，是日本的 3.6 倍、印度的 5.6 倍。从 GDP 总量上看，根据国际货币基金组织（IMF）资料，2022 年，中国大陆 GDP 总量是美国的 71.1%。若将中国大陆和港澳台合并计算，则 GDP 合计 19.2 万亿美元，是美国的 75.6%。中国大陆 GDP 已达到世界第三名日本的 4.3 倍，且超过日、德、印、英、法之和。2022 年，欧盟 27 国 GDP 合计 16.6 万亿美元，低于我国。从对外贸易总额上看，中国对外贸易总额居世界第一位。2020 年我国对外贸易总额由 2012 年的 4.4 万亿美元升至 5.3 万亿美元，首超美国成为全球第一大贸易国。2021 年，我国对外贸易总额增至 6.9 万亿美元，继续保持世界第一。从民生指标上看，我国人民生活水平大幅提高，人均国民收入居世界位次大幅跃升，主要民生指标优于中等偏上收入国家平均水平，提前 10 年实现《联合国 2030 年可持续发展议程》减贫目标，为世界减贫事业作出了巨大贡献。正如伊拉克共产党总书记拉伊德·法赫米所指出的，"中国从所谓的'东亚病夫'一跃成为世界第二大经济体，取得飞跃性、前所未有的发展，在经济、科技等领域走在世界前列，在全球范围内的地位和影响力不断提升"[①]。

其次，中国式现代化使中国的国际影响力、感召力、塑造力大幅提升。党的二十大报告指出，十年来，"我们全面推进中国特色大国外交，推动构建人类命运共同体，坚定维护国际公平正义，倡导践行真正的多

[①]　刘建超：《中国共产党与世界马克思主义政党论坛实录》，当代世界出版社 2022 年版，第 124—125 页。

边主义，旗帜鲜明反对一切霸权主义和强权政治，毫不动摇反对任何单边主义、保护主义、霸凌行径。我们完善外交总体布局，积极建设覆盖全球的伙伴关系网络，推动构建新型国际关系。我们展现负责任大国担当，积极参与全球治理体系改革和建设，全面开展抗击新冠肺炎疫情国际合作，赢得广泛国际赞誉，我国国际影响力、感召力、塑造力显著提升"①。

随着中国综合国力和国际影响力、感召力、塑造力大幅提升，中国在诸多领域呈现出越来越多的主动性，全方位展现了大党大国的担当精神和国际责任。

第一，积极主动地在全球治理格局和治理体系中贡献中国智慧和中国方案。中国式现代化推动中国成为国际公共产品的提供者、国际广泛共识的凝聚者以及全球治理体系的深度融入者、建设者和引领者，为解决人类重大问题贡献了中国智慧。"一带一路"倡议、人类命运共同体、全人类共同价值、全球发展倡议、全球安全倡议、全球文明倡议等的提出和践行，不断赢得国际认可和赞誉。正如巴西共产党中央委员会委员、国家政治委员会（政治局）成员何塞·雷纳尔多·卡瓦略所指出的，"在中国共产党成立一百周年的今天，世界正在经历一个充满不确定性和不稳定性的历史时期"②。百年未有之大变局的一个重要特征是世界充满着"不确定性"和"不稳定性"，如果处理不好，就会丧失难得的历史机遇和发展机会。在这个"不确定"的世界里，一些国家选择了"本国利益至上"，陷入了"单边主义""保护主义"的泥潭，拼凑"小圈子"，搞意识形态对抗。难能可贵的是，中国共产党是目前能够给

---

① 习近平：《高举中国特色社会主义伟大旗帜　为全面建设社会主义现代化国家而团结奋斗——在中国共产党第二十次全国代表大会上的报告》，《人民日报》2022 年 10 月 26 日。
② ［巴西］何塞·雷纳尔多·卡瓦略：《中共一百年：建设伟大国家　捍卫世界和平》，刘鑫鑫译，《光明日报》2021 年 6 月 10 日。

予"不确定"的世界更多"确定性"的关键性力量。中国共产党的稳定性和确定性源于对马克思主义的信仰、对中国特色社会主义道路的笃定和对共产主义理想信念的坚守，也源于党的集中统一领导，确保党的路线方针政策不变形、不走样、不变色。在"充满不确定性和不稳定性的历史时期"，中国共产党始终秉持"计利当计天下利"的义利观，贡献中国智慧和中国方案，为全球各国发展和后疫情时代世界经济的复苏带来了"稳定剂"和"定心丸"。尤为重要的是，中国共产党向国际社会贡献中国智慧和中国方案是基于平等和自愿原则，这一点得到国际人士的高度评价。正如原德国左翼党元老委员会主席汉斯·莫德罗所指出的，"中国出口很多东西，但是有一点例外：不输出他们对社会主义的设想！"[1]中国智慧和中国方案等不断赢得更多国际认可。例如，中国共产党提出的"人类命运共同体"理念深得世界关注和赞誉。俄罗斯联邦共产党中央委员会副主席德米特里·诺维科夫将其界定为世界三大"全球化思想"之一，他认为世界上"目前主要有三类关于全球化的思想：习近平'人类命运共同体'理念、依靠某种特殊精神的宗教全球主义（一些伊斯兰国家）和反全球化思想（特朗普领导下的美国）"，但是他指出，只有"'人类命运共同体'理念强调公平正义，不把自己的意志强加于他国，旨在实现'各美其美，美人之美，美美与共，天下大同'的美好世界，是人类未来发展的方向"。[2]

第二，积极抢占全球科技前沿阵地，在建设创新型国家上主动作为。新时代以来，我国走出了一条从人才强、科技强到产业强、经济强、国家强的发展道路。全社会研发投入从 2012 年的 1.03 万亿元增长

---

[1]　[德]汉斯·莫德罗等：《点赞中国：国外学者看中国共产党的伟大成就》，王建政译，中央编译出版社 2022 年版，第 245 页。

[2]　姜辉、辛向阳主编，李瑞琴、于海青副主编：《再看中国新时代：原苏东地区领导人及知名人士谈中国新时代》，当代中国出版社 2022 年版，第 247 页。

到 2021 年的 2.79 万亿元，研发投入强度从 1.91% 增长到 2.44%；全球创新指数排名中，中国从 2012 年的第 34 位上升到 2021 年的第 12 位。中国在全球创新版图中的地位和作用发生了新的变化，既是国际前沿创新的重要参与者，也是共同解决全球性问题的重要贡献者。从科技创新来看，昆山杜克大学前常务副校长、中国事务高级顾问丹尼斯·西蒙表示，2023 年，中国经历了重要的战略转型期，在新能源汽车、太空探索、人工智能等领域不断取得突破，在全球供应链体系中占据更加主动的地位。

第三，党的十八大以来，中国共产党举办多场具有全球影响力的主场外交活动，积极主动为世界社会主义运动的交流合作搭建"中国平台"，促进了各国共产党之间的认识和沟通，推动中国共产党在世界社会主义运动中的影响力和辐射力大幅提升。例如，承办中国共产党与世界政党高层对话会、中国共产党与世界马克思主义政党论坛，邀请世界共产党理论干部考察团和美大北欧地区共产党干部联合考察团来访等，加强党际交流和合作。在这些主场外交活动中，中国共产党以更加自信、积极、主动、有为的态度和形象昂首屹立在全球政党舞台的中央，国际影响力和号召力大幅提升，积极引领国际话语体系朝着有利于广大发展中国家的方向发展，使各国共产党的理论和主张在国际上传播，进一步提振了世界社会主义运动的信心。

（四）中国式现代化指引人类文明的未来发展方向

中国式现代化还探索出一条社会主义的现代化新道路，使实现中华民族伟大复兴进入了不可逆转的历史进程，深刻影响着世界现代化的历史进程，拓展了发展中国家走向现代化的途径，开辟了人类历史发展新境界，指引人类文明的未来发展方向。实现现代化是世界各国人民的普遍期待，苏联解体、东欧剧变曾使苏联式现代化道路饱受质疑，在较长的时间里，西方式现代化道路仿佛成为人类现代化的唯一一条"康庄大道"和"普适之路"。正如习近平总书记所指出的,"上个世纪80年代末90年代初,苏联解体、苏共垮台、东欧剧变,不仅导致第一个社会主义国家和东欧社会主义国家不复存在,而且对向往社会主义的广大发展中国家带来严重冲击,很多发展中国家被迫走上了照搬西方制度模式的道路"①。然而,百年未有之大变局下资本主义危机不断,衰败迹象日趋明显,西方式现代化道路光辉不再。国际人士指出,现阶段全球资本主义的基本时代特征是遭遇经济危机、政治危机、社会危机、生态危机、文明危机等"多重危机",资本主义呈现出明显的剥削性、压迫性、侵略性和掠夺性。对于21世纪前20年世界资本主义的基本走向,国际左翼人士深刻指出,资本主义在与社会主义制度和文明的鲜明对比和较量中呈现越来越明显的颓势,西方式现代化走向衰败的迹象日渐明朗。这导致的结果是世界经济中心转移,德国波茨坦世界潮流国际政治研究所执行所长埃尔哈德·克罗默在《世界体制中的中国》一文中援引美国政治学家帕拉格·康纳的观点指出:"21世纪国际形势发展的特点是世界经济的重心向亚洲转移。这不仅意味着美国权力开始糜烂,而且意味着西方的整体衰退。"②

中国式现代化既有各国现代化的共同特征,更有基于自己国情的鲜明特色。中国式现代化丰富了人类社会现代化的路径选择,获得了越来越多的国际认同。白俄罗斯共产党中央委员会第一书记阿列克谢·索科尔认为:"得益于中共的经验,基于始终追求社会公平和不断前进的中国发展模式的成功,左翼政党、工人党将在全世界发挥更大作用,吸引更

---

① 习近平:《坚持和发展中国特色社会主义要一以贯之》,《求是》2022年第18期。
② 转引自[德]汉斯·莫德罗等《点赞中国:国外学者看中国共产党的伟大成就》,王建政译,中央编译出版社2022年版,第76页。

多新的追随者。"①

中国式现代化的鲜明特色之一是走和平发展道路，指引人类文明的"和平性"发展方向，对人类社会和平发展与进步事业作出了巨大贡献。中国是当代国际体系的参与者、建设者、贡献者，中国将坚定不移走和平发展道路，坚定不移在和平共处五项原则基础上发展同世界各国的友好合作，坚定不移奉行互利共赢的开放战略。为此，匈牙利工人党主席蒂尔默·久洛指出："中国是一个认识到世界发展已经到了关键时刻的国家。中国呼吁国际社会继续致力于多边主义和互利合作，建设一个更加美好的世界，为世界和平与发展作出了巨大贡献。"② 比利时劳动党副主席戴维·佩斯蒂奥指出："中国有一套维护稳定与和平的方法，即珍视多元主义、相互尊重、国际法与诚实合作，从而有助于建造起一道反对军国主义、武装冲突和外国干涉的防波堤。"③ 在巴拿马共产党总协调员卡拉斯基利亚看来，"中国将成为第一个没有通过压迫和奴役其他民族和国家而成为世界强国的国家"④。埃及社会主义党总书记艾哈迈德·沙班指出："中国制定任何政策，不管在哪个层面，都不是为了独享进步与稳定，都不会牺牲他国利益而诉诸武力"，"美国和中国代表着两种截然相反的做法：一种是在国家和民族之间挑动战争，散播仇恨；另一种是建设和平，主张和谐，为人类文明进步和各国人民和睦相处开辟新道路。

---

① 刘建超：《中国共产党与世界马克思主义政党论坛实录》，当代世界出版社 2022 年版，第 65 页。

② 姜辉：《共同见证百年大党：百位国外共产党人的述说》，当代中国出版社 2021 年版，第 233 页。

③ 姜辉：《共同见证百年大党：百位国外共产党人的述说》，当代中国出版社 2021 年版，第 433 页。

④ 宋涛：《外国政党政要、各界代表祝贺中国共产党成立 100 周年贺电（函）汇编》，当代世界出版社 2021 年版，第 708 页。

孰优孰劣，一目了然”。①

中国式现代化本质上是社会主义性质的，是通往共产主义道路的现代化之路，向世界各国人民展现完全不同于资本主义现代化的未来图景。伊拉克共产党总书记拉伊德·法赫米强调：“全世界共产主义者、马克思主义者和进步人士，以及全世界为反抗帝国主义和资本主义之恶而奋斗的人民和工人都高度关注中国特色社会主义取得的光辉成就、未来的广阔前景和面临的挑战阻碍，因为中国特色社会主义的实践为发展中国家实现发展开辟了一条光明的道路，在资本主义道路之外提供了一项具有广阔前景的选择。”②

中国式现代化代表着“一种新的社会与文明模式”正在形成。资本主义现代化是以追求资产阶级私利为核心的。正如哈萨克斯坦人民党副主席奈利·赛富林所指出的，“以谋取自身利益逻辑为基础的经济模式终将走向灭亡的必然结局，当前世界局势证明了这一点。社会分化、饥荒、贫困、失业、前景无望等均是现代资本主义全球经济模式和新殖民主义政策的后果”③。为此，德国左翼学者霍斯特·波尔德拉克深刻指出：“许多迹象表明，人类再一次处于历史的一个时代转折点。两条宽广的发展支线正在相互交叉，迄今为止的权力与进步中心正在出现地缘政治上的转移，一种新的社会与文明模式正在诞生，这种模式将改变整个世界。原先的中心正在转移，以越来越快的速度转向亚洲区域，尤其是转

---

① 刘建超：《中国共产党与世界马克思主义政党论坛实录》，当代世界出版社 2022 年版，第122—123 页。

② 刘建超：《中国共产党与世界马克思主义政党论坛实录》，当代世界出版社 2022 年版，第128 页。

③ 刘建超：《中国共产党与世界马克思主义政党论坛实录》，当代世界出版社 2022 年版，第86 页。

向中国。……中国在世界上的角色将再一次发生根本性的转变。"①那么，将是什么样的文明模式呢？土耳其爱国党主席多乌·佩林切克认为："新兴文明是以公共为中心、以人为本的，是崇尚人道主义、倡导共享、充分发挥个人主动性以服务社会利益的。"②正如白俄罗斯前副总理阿纳托利·托济克所指出的，"当今时代的特征之一就是，没有繁荣的中国，世界也绝不会繁荣，世界历史上第一次出现了大国与人类的战略利益和目标相一致的情况"③。这一"文明模式"的特质是将"全人类的利益"置于至高无上的地位，将中华民族的利益与全人类的利益高度统一起来，这是世所罕见的大国胸怀与担当，具有伟大的人类历史意义。

中国式现代化引领人类文明新秩序的形成。在中国式现代化稳步推进的过程中，当代中国共产党人从中华民族历经5000余年漫长历史创造的辉煌灿烂的中华文明中汲取营养，将中华民族独到的宇宙观、天下观、社会观、道德观及其所推崇的天下为公、民为邦本、为政以德、革故鼎新、任人唯贤、天人合一、自强不息、厚德载物、讲信修睦、亲仁善邻等理念传承下来，通过创造性转化和创新性发展，变成自身独特的世界观、价值观、历史观、文明观、民主观、生态观，为中华民族在现代化潮流中既把握时代又站稳脚跟、既引领时代又兼济天下提供了深厚的文明底蕴，从而为建设更加美好的世界和创造人类文明新秩序提供助力。芬兰共产党主席尤哈-佩卡·瓦伊萨宁指出："中国与世界的关系进入了一个新的阶段。这个新阶段十分关键，可以说通往两种不同的未来。一种充斥着战争和互相干涉他国内政的丑恶景象；另一种是人类共

---

① ［德］汉斯·莫德罗等：《点赞中国：国外学者看中国共产党的伟大成就》，王建政译，中央编译出版社2022年版，第155—156页。

② 刘建超：《中国共产党与世界马克思主义政党论坛实录》，当代世界出版社2022年版，第146页。

③ 姜辉、辛向阳主编，李瑞琴、于海青副主编：《再看中国新时代：原苏区地区领导人及知名人士谈中国新时代》，当代中国出版社2022年版，第152页。

同建设更美好未来，从而迈向真正的人民民主、平等、和平与社会主义的美好前景。"① 摩尔多瓦共产党人党主席、前总统沃罗宁认为："中华人民共和国光荣地经受住了国内外诸多考验，成为世界发展引领者及为人类谋福祉的全球决策中心"，"社会主义中国正在向所有国家和人民展示一条通向未来的崭新道路，并致力于构建一个没有政治制裁、经济压迫、新帝国主义和新殖民主义容身之地的世界新秩序"。②

三、引领世界社会主义走向复兴

中国式现代化是世界上最大的马克思主义执政党所领导的最大的社会主义国家的现代化伟业。中国共产党的事业一开始就是国际共产主义运动和世界社会主义运动的重要组成部分，两者之间是相互依存、相互促进的关系。中国共产党自成立之日起就高举"共产主义"的伟大旗帜，有着明确的政治定位，一百多年来，中国共产党领导的新民主主义革命、社会主义革命和建设及改革开放都是国际共产主义运动和世界社会主义运动的重要组成部分。中国共产党时刻保持着为解放全人类而奋斗的初心，致力于为人民谋幸福、为民族谋复兴、为世界谋大同的伟大事业和伟大斗争。"中国共产党的成长史也是世界社会主义运动由低谷向复兴迈进的奋斗史。"③ 当前，世界社会主义运动进入了以中国共产党为引领的探索复兴的新阶段，中国式现代化正成为引领世界社会主义走向复兴的动力引擎，主要表现为：中国式现代化进一步坚定了世界社会主义运动的信心、壮大了世界社会主义的主体力量、为世界社会主义复

①　宋涛：《百年恰是风华正茂：全球百党政要及知名人士谈中共百年》，当代世界出版社 2021 年版，第 573 页。
②　宋涛：《外国政党政要、各界代表祝贺中国共产党成立 100 周年贺电（函）汇编》，当代世界出版社 2021 年版，第 421 页。
③　姜辉：《共同见证百年大党：百位国外共产党人的述说》，当代中国出版社 2021 年版，第 218 页。

兴提供方法论指导等。

（一）信心重塑：中国式现代化进一步坚定了世界社会主义运动的信心

近年来，当代世界社会主义运动涌现出许多科学阐释、论证和展望21世纪社会主义发展前景的标志性主张，其中一个就是秘鲁共产党（红色祖国）主席阿尔贝托·莫雷诺·罗哈斯在2021年的一篇文章中提出的观点或者说是建议。他说："毋庸置疑，当今世界格局正在经历巨大的变化。中国特色社会主义的成功势必会使社会主义获得更大的声望，并在全球范围内扩大社会主义的影响力。全世界的共产党人和革命者必须高度重视、观察和研究这一历史趋势。"[①] 这一论断包含对中国特色社会主义榜样力量和影响力的信心与期待。

当前，中国式现代化成为世界社会主义力量关注的焦点，成为世界共产党人探讨的"热词"。中国作为世界上最大的社会主义国家，中国共产党作为最大的马克思主义执政党和有着巨大全球影响力的世界第一大政党，以中国式现代化全面推进中华民族伟大复兴，推动党和国家事业取得历史性成就、发生历史性变革，是国际共产主义运动低潮期的鲜亮颜色和美丽花火，给予了全球共产党人强劲的信心。意大利共产党中央委员弗朗切斯科·马林焦（有时被译为"马林乔"）指出："在面对困难和沮丧的时刻，中国共产党人投身共产主义事业的榜样力量，以及中共为传播社会主义思想所作出的巨大贡献，对我们来说是极大的鼓舞，激励着意大利共产党人在困难时刻仍然不放弃社会主义道路和社会主义理想信念。"[②]

世界主要社会主义力量对中国特色社会主义为世界社会主义运动作

---

① ［秘鲁］阿尔贝托·莫雷诺·罗哈斯：《百年征程　百年荣光——中国共产党为社会主义奋斗的光荣之路》，楼宇译，《世界社会主义研究》2021年第7期。

② 宋涛：《百年恰是风华正茂：全球百党政要及知名人士谈中共百年》，当代世界出版社2021年版，第660页。

出更大贡献饱含期待。意大利左翼学者、《中国式现代化：路径、成就与挑战》一书作者弗斯科·贾尼尼指出："随着中国的崛起，小康社会的全面建成和社会主义现代化进程的全面开启，中国之于世界社会主义运动的意义不宜再被低估，也不会因中国共产党的谦虚和低调而被忽视。"[①]孟加拉国共产党主席伊斯兰姆·塞利姆和总书记沙阿·阿拉姆也指出："中国共产党提出的建设富强民主文明和谐美丽的社会主义现代化强国的目标，激励着全世界所有共产主义者和进步力量。"[②]

（二）力量重构：中国式现代化进一步壮大了世界社会主义的主体力量

"壮大世界社会主义力量"是 2023 年习近平以中共中央总书记和国家主席双重身份出访越南时提出的一个重要论断，是实现世界社会主义力量重构的根本途径。世界社会主义的主体力量主要是各国的共产党组织，壮大世界社会主义力量即壮大各党的自身实力。根据相关统计，"全球当前有 950 多个共产党组织，来自 130 多个国家"[③]，主要分为执政、参政、在野、非法政党等类型。其中，作为世界社会主义力量的"火车头"和"主力军"，现有社会主义国家和作为执政党而存在的共产党组织应当承担起延续和推进世界社会主义发展的时代重任。

对于中国共产党之于世界社会主义运动的重大意义，习近平总书记强调："中国特色社会主义正成为 21 世纪科学社会主义发展的旗帜，成为振兴世界社会主义的中流砥柱，我们党有责任、有信心、有能力为科学社会主义新发展作出更大历史贡献。"[④]这一论断得到了世界许多共产

① ［意］弗斯科·贾尼尼：《中国式现代化：路径、成就与挑战》，李凯旋、李赛林译，当代中国出版社 2024 年版，第 114 页。
② 宋涛：《外国政党政要、各界代表祝贺中国共产党成立 100 周年贺电（函）汇编》，当代世界出版社 2021 年版，第 182 页。
③ 禚明亮、谭国清：《论十八大以来中国共产党对国际共产主义运动的重大贡献》，《科学社会主义》2023 年第 2 期。
④ 习近平：《坚持和发展中国特色社会主义要一以贯之》，《求是》2022 年第 18 期。

党组织的认同和支持。例如，新英国共产党总书记布鲁克斯认为，"中国共产党已成为世界共产主义运动的一面旗帜"①。俄罗斯联邦共产党中央委员会主席久加诺夫表示："今天，在全世界范围内，社会主义的成就很大程度上取决于中国共产党接下来的成就。"②德国的共产党主席帕特里克·科伯勒也指出："中国共产党是国际共产主义运动的中流砥柱。中国社会主义革命和建设对世界社会主义进步事业具有重大意义，不仅为其他国家社会主义运动提供了重要借鉴，而且推动社会主义力量发展壮大，从而削弱了帝国主义在国际政治中的主导作用。"③

此外，面对美国等西方国家近年来对中国共产党和中国政府形象的抹黑和打压，许多国家共产党组织坚决反对，并采取实际行动在国际上传播中国声音，讲好中国故事，捍卫中国共产党的国际形象。近段时间，国外共产党频频为中国政府和中国共产党正面发声：英国共产党撰文反驳"中国新殖民主义论"和"武汉实验室病毒泄露论"，加拿大共产党严厉谴责西方国家对华发动新冷战并曾多次呼吁释放孟晚舟女士，美国争取社会主义和解放党谴责西方的"中国新疆强迫劳动论"，巴西共产党通过支持中华人民共和国反对帝国主义威胁的决议，等等。英国共产党总书记罗伯特·格里菲斯强调："世界各国的共产党都有责任反击美国、英国和澳大利亚等国的资本势力和国家机构对中国共产党发起的虚假和敌对宣传战。此类宣传使这些国家的政府更易推行反华政策，因此不能低估其对上述国家民意的影响。"④

---

① 宋涛：《外国政党政要、各界代表祝贺中国共产党成立100周年贺电（函）汇编》，当代世界出版社2021年版，第943页。

② 陈爱茹、李鑫、石月等：《外国共产党总书记论中国共产党》，《炎黄春秋》2021年第7期。

③ 宋涛：《百年恰是风华正茂：全球百党政要及知名人士谈中共百年》，当代世界出版社2021年版，第547页。

④ 宋涛：《百年恰是风华正茂：全球百党政要及知名人士谈中共百年》，当代世界出版社2021年版，第656页。

（三）方法重建：中国式现代化为推动世界社会主义伟大复兴提供了方法论指导

推动世界社会主义伟大复兴既需要有利的客观条件，也离不开科学方法论的指导。推动世界社会主义伟大复兴，需要做到以下几点：

第一，世界社会主义运动要始终坚持党的领导，不断加强党的建设。马克思曾指出："即使在最有利的政治条件下，工人阶级要取得任何重大的胜利，都有赖于培养和集中工人阶级力量的那个组织的成熟程度。"[①] 这就意味着各个共产主义政党首先要从加强自身力量做起，壮大领导共产主义运动的"主体力量"。因此，世界社会主义实现伟大复兴的关键在于党。芬兰共产党主席尤哈－佩卡·瓦萨宁指出："中国共产党通过举办政治对话与研讨会等务实举措，搭建了世界共产党与工人党交流合作网络，壮大了各国政党，激励学生、媒体和民众努力改变现状、追求更美好未来。中国共产党用实际行动证明，在同反人类、反和平、反民主的思想观念和攻击暴行作斗争的进程中，共产党不可或缺。"[②] 2019 年 4 月 30 日，中共中央总书记、国家主席习近平在同老挝人民革命党中央总书记、国家主席本扬会谈时指出："作为中老两国的领导核心，中老两党必须增强战略自信和忧患意识，坚持党的领导，确保国家长治久安，为社会主义事业发展作出新贡献。"[③] 而从反面教训来看，俄罗斯联邦共产党中央委员会主席久加诺夫指出："苏联的惨痛教训表明，共产党若放弃领导地位，则将不可避免地使社会陷入混乱，导致资本主

---

① 《马克思恩格斯全集》第 16 卷，人民出版社 1964 年版，第 365 页。

② 宋涛：《外国政党政要、各界代表祝贺中国共产党成立 100 周年贺电（函）汇编》，当代世界出版社 2021 年版，第 916 页。

③ 《习近平同老挝人革党中央总书记、国家主席本扬举行会谈》，求是网 2019 年 4 月 30 日，http://www.qstheory.cn/yaowen/2019–04/30/c_1124440403.htm.

义复辟。"①

第二，各国马克思主义政党要不断推进马克思主义理论创新和实践创新，推进马克思主义本土化时代化。1895 年 3 月 11 日，恩格斯在致韦尔纳·桑巴特的信中指出："马克思的整个世界观不是教义，而是方法。它提供的不是现成的教条，而是进一步研究的出发点和供这种研究使用的方法。"② 长期以来，中国共产党一直主张活学活用马克思主义，反对教条式理解和运用马克思主义。中国共产党领导中国式现代化不断开辟科学社会主义发展新境界的一个重要方法是不断推进马克思主义中国化时代化，用马克思主义最新理论成果指导实践。马克思主义中国化时代化具有显著的世界意义，为各国共产党有效克服教条主义和僵化思想作出了重要贡献。巴西共产党副主席、国际关系书记瓦尔特·索伦蒂诺指出："对全世界共产主义者和期待在腐朽堕落资本主义制度之外找到其他道路的探索者而言，中国特色社会主义理论和实践经验无疑是最重要的灵感源泉。其中，坚持中国共产党领导、全心全意为人民服务、与时俱进、反对教条主义和将马列主义与中国实践相结合等经验尤为重要。"③ 美国共产党联合主席罗莎娜·康布隆指出："作为马列主义者，我们知道马列主义的工具虽然是普遍适用的，但在具体应用上却因国、因地而异，不能进行简单的'复制粘贴'。"④ 意大利共产党人、《21 世纪的马克思》期刊主编安德烈·卡托内指出："中国共产党开创了走向社会主义的中国特色社会主义道路，创立了中国特色社会主义理论，这是中国

---

① 刘建超：《中国共产党与世界马克思主义政党论坛实录》，当代世界出版社 2022 年版，第 12 页。
② 《马克思恩格斯文集》第 10 卷，人民出版社 2009 年版，第 691 页。
③ 宋涛：《百年恰是风华正茂：全球百党政要及知名人士谈中共百年》，当代世界出版社 2021 年版，第 367 页。
④ 刘建超：《中国共产党与世界马克思主义政党论坛实录》，当代世界出版社 2022 年版，第 48 页。

共产党对马克思主义和国际共产主义运动的发展所做的重要贡献。由于世界各国不同的历史进程，各国的具体国情具有不同的特征。中国特色社会主义的开创，在坚持共同的国际主义目标的同时，承认各国共产党有权自主选择适合本国国情的社会主义实现方式，这为克服教条主义和僵化思想做出了巨大贡献。"①

中国共产党推进马克思主义中国化时代化的成功经验具有十分重要的国际意义，赢得了世界上许多共产党组织的高度关注。正如瑞士共产党总书记马西米利亚诺·阿伊所指出的，"尽管中国共产党的经验首先是立足于中国国情的，但在世界范围内对理解、研究和发展新时代的马克思主义也具有重要意义"②。在澳大利亚共产党总书记安德鲁·欧文看来，"共产主义者的一项重要任务就是要分清普遍性和特殊性。中国共产党灵活、动态地运用社会主义建设的普遍规律，将其同现代中国的实际相结合，为我们树立了榜样"③。意大利共产党中央委员弗朗切斯科·马林焦指出："马克思主义中国化（不仅与马克思主义有关）是随着时间的流逝而不断演进的，是根据国家的物质和精神的变化而对马克思主义和列宁主义原理的持续创造性应用。"④

第三，准确把握时代发展趋势，统筹国内和国际两个大局，处理好本国事业和共同事业的关系。世界社会主义运动走向复兴要运用马克思主义唯物论和辩证法分析时代、把握时代。正如尼泊尔共产党（毛主义

---

① ［意］安德烈·卡托内：《中国共产党的百年历程：改变了中国命运、丰富和发展了马克思主义》，李淑清编译，《世界社会主义研究》2021 年第 2 期。

② ［瑞士］马西米利亚诺·阿伊：《中国共产党建党百年是引领未来的历史大事件》，李凯旋译，《世界社会主义研究》2020 年第 10 期。

③ 刘建超：《中国共产党与世界马克思主义政党论坛实录》，当代世界出版社 2022 年版，第110 页。

④ 姜辉：《共同见证百年大党：百位国外共产党人的述说》，当代中国出版社 2021 年版，第304 页。

中心）政治局常委、外事部副部长拉姆·卡尔基所指出的，"马克思主义者必须善于辨别一般与具体、国内与国际、普遍性与特殊性之间的关系"①。各国社会主义力量必须统筹国内和国际两个大局，处理好本国事业和世界社会主义共同事业的关系。2023年，中共中央总书记、国家主席习近平同越共中央总书记阮富仲会谈时指出"中越两党作为世界前两大执政的共产党……更应该从壮大世界社会主义力量和确保各自社会主义建设事业行稳致远的高度，把握中越关系的特殊战略意义，扎实推进中越命运共同体建设"②，提出了本国事业与世界社会主义共同事业之间的关系问题。中国式现代化深刻把握"我们依然处在马克思主义所指明的历史时代"这一重要论断，强调统筹国内和国际两个大局，正确处理"实现中华民族伟大复兴的战略全局和世界百年未有之大变局"之间的辩证关系，为世界社会主义伟大复兴提供了方法论参考。

对于已经由共产党执政的社会主义国家来说，"本国事业"是指"各自的社会主义建设事业"。现有社会主义国家的"社会主义建设事业"是推进世界社会主义力量发展壮大的重要基础。确保"各自的社会主义建设事业"行稳致远的根本在于始终坚持党的领导，以加强党的全面领导为统领，牢牢把握社会主义的发展方向。此外，还要处理好世界社会主义共同事业和本国事业之间的关系，要处理好本国社会主义独立探索与世界社会主义力量交流合作之间的关系。比利时劳动党国际部长德贝尔德指出："每个马克思主义政党都应独立思考和行动。但是，如果不从他国尝试和努力中吸取教训，我们将无法在我们国家制定资本主义替代方案"，"在各国马克思主义政党加强团结与合作方面，我们建议本着相互理解、相互学习的精神，以开放心态和多种形式，深入交流、加强

---

① 刘建超：《中国共产党与世界马克思主义政党论坛实录》，当代世界出版社2022年版，第133页。
② 《习近平同越共中央总书记阮富仲举行会谈》，《人民日报》2023年12月13日。

对话，促进务实合作、开展共同行动，为建设一个社会进步、可持续发展、人民民主、公正团结与和平的世界而奋斗"。①

对于尚未上台执政或暂时与资本主义政党联合执政的马克思主义政党来说，"本国事业"主要是指各自的社会主义斗争或运动，"世界社会主义共同事业"是指各党之间加强团结与合作，共同壮大世界社会主义主体力量，推动世界社会主义伟大复兴。关于这一点，古巴共产党中央委员会第一书记、国家主席迪亚斯－卡内尔认为："世界的现状证明了马克思主义政党团结起来面对共同挑战的必要性和紧迫性，只有基于多样性的团结才能确保胜利。"②阿根廷共产党中央委员会委员马塞洛·罗德里格斯认为："面对帝国主义敌人，我们认为所有共产主义者要在尊重各国特点的前提下共同努力，加强斗争协调，增进国际主义解放者间的情谊，继续改变力量对比，使天平向被压迫的大多数倾斜。"③此外，德国的共产党主席帕特里克·科伯勒也指出："各国共产党必须加强协调合作，从而更好地汇聚共产主义力量。"④

---

① 刘建超：《中国共产党与世界马克思主义政党论坛实录》，当代世界出版社 2022 年版，第 119 页。

② 刘建超：《中国共产党与世界马克思主义政党论坛实录》，当代世界出版社 2022 年版，第 9 页。

③ 刘建超：《中国共产党与世界马克思主义政党论坛实录》，当代世界出版社 2022 年版，第 62—63 页。

④ 宋涛：《百年恰是风华正茂：全球百党政要及知名人士谈中共百年》，当代世界出版社 2021 年版，第 548 页。

第九章

中国式现代化推动构建人类命运共同体

　　构建人类命运共同体已经成为引领时代前进的光辉旗帜。推动构建人类命运共同体，也是中国式现代化的重要任务和目标。2023年4月21日，习近平主席向在上海"世界会客厅"举办的"中国式现代化与世界"蓝厅论坛致贺信指出："实现现代化是近代以来中国人民的不懈追求，也是世界各国人民的共同追求。一个国家走向现代化，既要遵循现代化的一般规律，更要符合本国实际、具有本国特色。中国共产党团结带领全国各族人民，经过长期艰辛探索找到了符合中国国情的发展道路，正在以中国式现代化全面推进强国建设、民族复兴。中方愿同各国一道，努力以中国式现代化新成就为世界发展提供新机遇，为人类探索现代化道路和更好社会制度提供新助力，推动构建人类命运共同体。"①中国式现代化坚持把中国人民的命运同各国人民的命运紧密联系起来，努力以中国发展新成就为世界发展提供新机遇，为构建人类命运共同体不断作出新贡献。

---

① 中共中央党史和文献研究院：《习近平关于中国式现代化论述摘编》，中央文献出版社2023年版，第301—302页。

一、中国式现代化推动"东升西降"

改革开放以来，特别是党的十八大以来，中国式现代化取得了举世瞩目的辉煌成就，推动形成"东升西降""南长北消"的全球性趋势，对世界格局产生了深远影响。

（一）新时代中国特色社会主义取得历史性成就

中华民族是世界上伟大的民族，有着 5000 多年绵延不断的文明历史，为人类发展进步作出了不可磨灭的贡献。中国古代四大发明，即造纸术、指南针、火药和印刷术，是中国古代科学技术成就最突出的标志。马克思和恩格斯曾经多次提到这些发明，并高度评价它们对世界文明作出的重大贡献，特别是对欧洲科学技术和生产力的发展以及社会的变革所发挥的巨大推动作用。著名学者李约瑟的《中国科学技术史》全面系统地论述了中国古代科学技术的辉煌成就及其对世界文明作出的重大贡献。按照英国学者安格斯·麦迪森的计算，公元元年中国 GDP 占全球的 26%，公元 1500 年中国还是世界第一大经济体。他认为："在相当长的时期内，中国一直是世界数一数二的经济体，但是它发展的节奏同世界通常的模式有着截然的不同。在宋朝的末期，中国无疑是这个世界上的领先经济。同亚洲的其他部分或中世纪的欧洲相比，它有着更为密集的城市化程度和更高的人均国民收入。……在 1820 年时中国的总产出仍位居世界第三位，而它在世界人口中的比重还会更高一些。按照世界的标准，它的人均收入水平仍然是令人钦佩的。"① 但是，1840 年鸦片战争以后，随着西方帝国主义入侵，封建统治日益腐朽，中国逐步成为半殖民地半封建社会，中华民族遭受了前所未有的劫难。从那时候起，实

---

① ［英］安格斯·麦迪森:《世界经济千年史》，伍晓鹰、许宪春、叶燕斐等译，北京大学出版社 2003 年版，"中文版前言"第 5 页。

现现代化、实现中华民族伟大复兴，就成为中国人民矢志奋斗的目标。

1921 年，中国共产党一经诞生，就把为中国人民谋幸福、为中华民族谋复兴确立为自己的初心使命。一百多年来，中国共产党团结带领人民以"为有牺牲多壮志，敢教日月换新天"的大无畏气概，建立了新中国，开展社会主义革命和建设，实行改革开放，实行社会主义市场经济体制，实现了中国经济总量跃居世界第二的历史性突破，实现了人民生活从温饱不足到总体小康再到全面小康的历史性跨越。特别是党的十八大以来，在以习近平同志为核心的党中央坚强领导下，在习近平新时代中国特色社会主义思想科学指引下，中国共产党团结带领人民推动党和国家事业取得历史性成就、发生历史性变革，成功推进和拓展了中国式现代化。在中国共产党领导下，中国仅用几十年时间就走完发达国家几百年走过的工业化历程，创造了经济快速发展和社会长期稳定两大奇迹。中华民族巍然屹立于世界东方。

新时代十年的伟大变革，在党史、新中国史、改革开放史、社会主义发展史、中华民族发展史乃至人类现代化历史上都具有里程碑意义。第一，从经济方面看，2013—2022 年，国内生产总值从 59.3 万亿元增长到 121 万亿元，年均增长 6% 以上，按年平均汇率折算，经济总量达 18 万亿美元，稳居世界第二位。人均 GDP 从 43497 元增长到 85698 元，形成了超 4 亿人的世界上规模最大、最具成长性的中等收入群体。其中 2020 年，我国是全球唯一实现经济正增长的主要经济体。2013—2022 年，我国社会消费品零售总额从 23.8 万亿元增长至 44 万亿元，稳居全球第二大消费市场、第一大网络零售市场和全球第二大进口市场。我国经济总量占世界经济的比重从 12.3% 上升到 18% 以上。[①]2023 年，居民人均

[①] 参见齐中熙、魏玉坤、申铖等《十组数据见证新时代伟大成就》，《新华每日电讯》2023 年 12 月 12 日。

可支配收入增长 6.1%，城乡居民收入差距继续缩小。国内生产总值超过 126 万亿元，增长 5.2%，增速居世界主要经济体前列。2024 年预计增长 5%，那就是 6.3 万亿元，这比世界大多数国家一年的国内生产总值还要高。特别是 2023 年全国粮食总产量达到 13908.2 亿斤，创历史新高，增产 177.6 亿斤，粮食产量连续 9 年稳定在 1.3 万亿斤以上。第二，从科技方面看，我国全社会研发经费从 2012 年的 1 万亿元增加到 2022 年的 3.09 万亿元；基础研究投入占全社会研发经费比重由 4.8% 提升至 6.3%；研发人员总量稳居世界首位。2022 年中国创新指数达到 155.7，比 2021 年增长 5.9%。世界知识产权组织发布的《2022 年全球创新指数报告》显示，中国排名第 11 位，连续 10 年稳步提升，位居 36 个中高收入经济体之首。2013—2022 年，我国科技创新实力从量的积累迈向质的飞跃，载人航天、探月探火、深海深地探测、超级计算机、卫星导航、量子信息、核电技术、新能源技术、大飞机制造、生物医药等取得重大成果，我国进入创新型国家行列。[①] 第三，在生态文明建设方面，污染治理成效继续显现。2022 年，全国 339 个地级及以上城市细颗粒物（$PM_{2.5}$）年平均浓度比上年下降 3.3%。地表水环境继续改善，3641 个国家地表水考核断面中，水质优良（Ⅰ至Ⅲ类）断面比例为 87.9%，上升 3 个百分点。生态安全屏障继续巩固，坚持山水林田湖草沙系统性治理，加强生态系统保护修复，推进大规模国土绿化行动。2013—2022 年，全国累计完成造林 10.2 亿亩，人工林面积稳居世界第一。[②]2023 年，我国可再生能源发电装机规模历史性超过火电，全年新增装机超过全球一半。过去十多年来，中国在生态文明建设和绿色发展领域取得举世瞩目的成就，为全球

---

① 参见齐中熙、魏玉坤、申铖等《十组数据见证新时代伟大成就》，《新华每日电讯》2023 年 12 月 12 日。
② 参见齐中熙、魏玉坤、申铖等《十组数据见证新时代伟大成就》，《新华每日电讯》2023 年 12 月 12 日。

生态保护贡献力量，也为其他国家提供了有益经验。

2023 年 7 月以来，习近平总书记在四川、黑龙江、浙江、广西等地考察调研时，提出要整合科技创新资源，引领发展战略性新兴产业和未来产业，加快形成新质生产力。2024 年 1 月 31 日，习近平总书记在二十届中央政治局第十一次集体学习时强调，发展新质生产力是推动高质量发展的内在要求和重要着力点。在 2024 年全国两会期间，习近平总书记又强调要牢牢把握高质量发展这个首要任务，因地制宜发展新质生产力。以新质生产力发展推进中国式现代化，对于推动我国经济社会高质量发展，推动构建人类命运共同体必将产生巨大而深远的影响。

（二）发达经济体占世界经济比重处于下降趋势

在一个相当长的时期内，西方国家在世界经济中占据很大比重。美国学者斯塔夫里阿诺斯的《全球通史：从史前史到 21 世纪》一书，将人类历史的演进划分成两个基本阶段，即公元 1500 年以前全球各地区相对孤立的世界和公元 1500 年以后西方兴起并占优势的现代世界。从 18 世纪后半期至 19 世纪中叶，始于英国的欧洲工业革命促进了生产力的极大解放，推动了资本主义制度的确立和现代化进程的开启。马克思和恩格斯早在 1848 年《共产党宣言》中就明确指出："资产阶级在它的不到一百年的阶级统治中所创造的生产力，比过去一切世代创造的全部生产力还要多，还要大。"[①] 但是，近年来，西方发达国家债务屡创新高。国际金融协会（IIF）在《全球债务监测》报告中表示，2023 年全球债务再创历史新高，达到了 313 万亿美元，增幅超过 15 万亿美元。而在发达国家中，主要由美国推动。美国政府的公共债务规模全球第一，截至 2023 年底，其总额已突破 34 万亿美元。据新华社报道，美国债务规模占 GDP 比例已超 120%。2023 年 8 月 1 日，国际

---

① 《马克思恩格斯选集》第 1 卷，人民出版社 2012 年版，第 405 页。

评级机构惠誉将美国长期外币发行人违约评级从 AAA 下调至 AA+。有专家认为："近几年美国占世界经济比重回升，但由于其他发达经济体增长放慢甚至出现负增长，因此并没有改变发达经济体占比下降、新兴和发展中经济体占比上升的趋势。美国大幅度快节奏提高利率、拉升美元汇率，使得一些发达国家汇率出现大幅度贬值，其 GDP 折算为美元也出现下降。例如，2022 年美国占世界 GDP 比重上升 1.3 个百分点，但受美元汇率升值等因素的影响，日元贬值幅度较大，加上日本经济本身增长缓慢，使得日本 GDP 占全球的比例出现下降。就七国集团来看，相比 2021 年，2022 年虽然美国占比有所提高，但其他六个国家 GDP 占世界的比重下降了 1.9 个百分点，下降幅度大于美国占比提高的幅度，导致七国集团 GDP 占世界的比重整体下降 0.6 个百分点。"[①] 目前，西方发达国家经济占世界的比重呈现出明显的下降趋势。

与之形成鲜明对比的是，发展中国家特别是新兴经济体的世界影响力不断上升。2023 年 9 月 27 日，世界知识产权组织发布的 2023 年全球创新指数（GII）显示，过去 10 年来，印度尼西亚与中国、土耳其、印度、越南、菲律宾和伊朗一道，成为 GII 排行榜上攀升最快的中等收入经济体。中国是 GII 前 30 名中唯一的中等收入经济体，排名第 12 位。2023 年 GII 表明，与发展水平相比，共有 21 个经济体的创新表现超出预期，其中大多数位于撒哈拉以南非洲和东南亚、东亚及大洋洲。[②]2024 年 1 月 16 日，俄罗斯《消息报》刊登玛丽亚·科洛博娃的文章《孰强孰弱：到 2026 年，发展中国家占全球 GDP 的比重将超过 60%》。文章认为：到 2026 年初，发展中国家在全球 GDP 中所占份额将超过 60%（按购买力平价计算）。俄经济发展部新闻局证实，全球经济的矢量越来越多地

① 张永军：《唱衰中国，难阻东升西降大势》，《光明日报》2024 年 2 月 25 日。
② 参见操秀英《新兴经济体全球排名不断攀升》，《科技日报》2023 年 9 月 28 日。

由发展中国家决定。发展中国家经济在未来 10 年的年增长率将达到 4%。与此同时，发达国家的增长率将不超过 1.7%，七国集团为 1.6%。根据预测，2030 年，金砖国家中的五国（中国、印度、俄罗斯、巴西和南非）在全球 GDP 中占比将超过 50%。俄罗斯普列汉诺夫经济大学副教授叶连娜·沃龙科娃认为，发展中国家在全球 GDP 中的份额将继续增长，原因之一是其市场的投资吸引力。它们对结构转型持开放态度，有前景的行业潜力巨大，并拥有丰富资源。此外，发展中国家积累了大量国际储备，其中避险资产黄金的占比很高。这有助于保持宏观经济的稳定发展，并加强这些国家对全球进程的影响力。[①]另外，国内外机构预测："中国 GDP 的实际增长率将达到 5% 左右，叠加价格因素后名义增长率将达 6% 左右。假定人民币兑美元汇率基本持平，2024 年中国 GDP 折算为美元后将增长 6% 左右，高于世界 GDP 美元额的增长率，中国 GDP 占世界的比重将出现回升。根据 2023 年 10 月国际货币基金组织发布的《世界经济展望报告》，预计 2024 年—2028 年，美国 GDP 占世界的比重将呈现下降趋势，而中国 GDP 占世界的比重将呈现回升的趋势。"[②]以上事实充分说明，西方发达国家对广大发展中国家颐指气使、随意掠夺的时代，已经一去不复返了。

（三）西方现代化道路已经出现致命危机

从世界发展历史来看，人类社会先后经过三次具有划时代意义的深刻变革：第一次是由智人演化为原始人，由此进入原始社会；第二次是从原始社会迈入农业社会；第三次就是农业社会经由现代化过程进入工业社会。罗荣渠将现代化模式分为三类：西方资本主义现代化，即资本

---

① 参见《俄媒预测：发展中国家占全球 GDP 的比重将超过 60%》，中国经济网 2024 年 1 月 17 日，http://intl.ce.cn/sjjj/qy/202401/17/t20240117_38870477.shtml.

② 张永军：《唱衰中国，难阻东升西降大势》，《光明日报》2024 年 2 月 25 日。

主义私有制＋自由市场＋分权型或集权型现代国家机构；苏联式社会主义现代化，即社会主义公有制＋计划指令与有限市场结合＋集权型现代国家机构；第三世界发展中国家的混合式现代化，即混合经济＋自由市场＋集权或分权型现代国家机构。① 西方国家先走上了现代化之路，逐渐形成了以西方文明为中心的世界现代化图景，把西方资本主义现代化道路视为发展中国家实现现代化的唯一途径，形成了"现代化＝西方化"的话语霸权和道路"迷雾"。例如，美国学者罗斯托认为，从人类经济社会发展的规律来看，一个国家的经济成长一般要经过六个阶段，即传统社会阶段、起飞准备阶段、起飞阶段、走向成熟阶段、大众高消费阶段和追求生活质量阶段。② 这一假说，是一种单线式的现代化理论，并没有普遍性。

　　西方现代化进程，在推动社会发展的同时，也是各种矛盾不断积累、深化和显现的过程。艾森斯塔德在《现代化：抗拒与变迁》一书中认为："现代化需要社会所有主要领域产生持续变迁这一事实，意味着它必然因接踵而至的社会问题、各种群体间的分裂和冲突，以及抗拒、抵制变迁的运动，而包含诸种解体和脱节的过程。"③ 美国往往被视为西方现代化的"标杆"。2023 年 12 月，美国《华尔街日报》刊文总结 2023年的美国政治有多么糟糕。在共和党方面：共和党人于 2023 年 1 月控制了国会众议院，最终，历经 4 天 15 轮投票，时任众议院共和党领袖凯文·麦卡锡才当选议长。然而，仅仅 10 个月后，他就被赶下台。此后，

---

① 参见罗荣渠《现代化新论——世界与中国的现代化进程》，北京大学出版社 1993 年版，第 151—157 页。

② 参见［美］W.W. 罗斯托《经济增长的阶段：非共产党宣言》，郭熙保、王松茂译，中国社会科学出版社 2001 年版，第 4—16 页。

③ ［以］S.N. 艾森斯塔德：《现代化：抗拒与变迁》，张旅平、沈原、陈育国等译，中国人民大学出版社 1988 年版，第 23 页。

由于共和党党内争执，该党先后推出的 3 名议长候选人均未在众议院投票中当选，导致众议院连续三周"瘫痪"，直到第四轮投票才选出新议长。众议员乔治·桑托斯被起诉，罪名是身份盗窃和滥用竞选资金，最终遭众议院投票驱逐。在民主党方面：参议员罗伯特·梅嫩德斯和妻子被指控受贿。亨特·拜登因枪支和税务相关指控遭到起诉，成为首位遭到刑事起诉的美国在任总统子女。美国人对政治体系的信任已经跌入谷底。《华尔街日报》2023 年 8 月份的一项民意调查显示，2/3 的受访者认为美国总体上正朝着错误的方向前进。[①] 另外，美国住房和城市发展部2023 年 12 月 15 日发布的 2023 年度报告显示，美国无家可归者人数超过 65 万人，创 2007 年开始统计这一数据以来新高。有学者认为，当下西方已经出现了现代性文明危机，具体表现为：金融资本的剥夺能力日益增强，社会的分化和对立无法克服，右翼民粹主义重新崛起，经济全球化进程遭遇逆流，形式自由本身遭遇否定。[②] 事实上，"西方的种种现代化理论并不能从根本上解决资本主义所固有的经济危机顽症，甚至很多西方国家至今仍然一筹莫展，没有走出经济危机的阴影。不仅如此，一些发展中国家照搬西方的政治制度和政党制度，也没有带来福音，而是陷入了政治动荡、经济停滞、社会分裂、民族冲突、战乱频仍之中。正反两方面的经验充分说明，西方的种种现代化发展理论解释力低下，并没有把握现代化发展的本质，它既不能为西方的发展开出良方，也不能为发展中国家提供切实可行的指导，更不能解释中国"[③]。许多国家也逐渐认识到，要想发展起来就必须找到适合自己的现代化道路，共同建

---

① 参见《美媒总结 2023 年美国政治：乱象频出，糟糕透顶！》，中国日报 2023 年 12 月 19日，https://cn.chinadaily.com.cn/a/202312/19/WS65815147a310c2083e413978.html.
② 参见宋朝龙《西方现代化价值的嬗变及其现代性文明危机》，《人民论坛》2023 年第 10 期。
③ 陈志刚：《中国式现代化及其规律性和多样性》，《马克思主义理论学科研究》2021 年第5 期。

设一个更加美好的世界。

中国之治与西方之乱，形成鲜明对比。英国学者马丁·雅克指出："迄今为止，西方主流观点认为，随着国家逐渐现代化，任何国家都会变得像西方国家一样。总体来说，西方主流观点认为只有一种类型的现代化，那就是西式的现代化。这在我看来大错特错，我认为现代化不仅是技术、市场和竞争的产物，同样也是历史和文化的产物。"①2008 年世界金融危机使得越来越多的人认识到："与冷战结束初期许多国家改行资本主义道路时相比，如今西方长期引以为傲并不遗余力向别国推销的制度的光环愈加黯淡，吸引力越来越小。……而中国理念和价值观全面进入各国人民视野，影响力不断上升。中国特色社会主义为世界开辟了一条成功道路，对未来世界社会主义的发展将产生重要引领作用。"②中国式现代化是现代化道路的一种全新选择，是一个具有世界性的重大历史事件。

二、中国式现代化弘扬全人类共同价值

和平、发展、公平、正义、民主、自由是各国人民的共同追求。中国式现代化坚持弘扬全人类共同价值，中国式现代化的推进和拓展有助于摆脱和超越西方现代化理论的历史局限，破解西方现代化难以逾越的困境：在个体与社会的关系上，破解西方自由主义的两极分化困境；在民族与世界的关系上，破解西方霸权主义的零和博弈困境；在人类与自然的关系上，破解资本主义现代化的人与自然对立困境。③有学者认为：

---

① 解读中国工作室：《读懂中国——海外知名学者谈中国新时代》，天津人民出版社 2019 年版，第 4 页。

② 柴尚金：《当今世界社会主义发展的新形势新特点》，《中国浦东干部学院学报》2021 年第 2 期。

③ 参见张晓萌、周鼎《现代化理论创新的中国贡献》，《光明日报》2023 年 5 月 30 日。

"认识现代化过程中的失误现象，对正在追求现代化目标的国家来说是至关重要的。现在，一切现代化都是在国家推进下的现代化，人为操作往往起关键作用，在制定实行现代化的规划时，若不有意识地避免别人的失误，那么同样的错误在自己这里出现，几乎是不可避免的。"① 西方现代化的失误就给我们提供了镜鉴。当然，中国式现代化的提出和推进，并不是针对西方现代化，而是中国共产党领导中国人民艰辛探索的必然选择，是对西方现代化模式的批判、扬弃与超越。

（一）以和平发展超越战争掠夺

习近平总书记指出："西方国家的现代化，充满战争、贩奴、殖民、掠夺等血腥罪恶，给广大发展中国家带来深重苦难。中华民族经历了西方列强侵略、凌辱的悲惨历史，深知和平的宝贵，决不可能重复西方国家的老路。"② 中国式现代化与西方现代化，本质上是不同的。

资本主义发展离不开战争，西方现代化也和战争密不可分。马克思主义经典作家曾明确指出，资本源于血腥的原始积累。对内，资本用最残酷无情的野蛮手段进行剥削；对外，资本则通过黑奴贸易、殖民侵略以及瓜分世界市场带来的频繁战争等方式，到处搜刮财富，不断制造一系列人间惨剧。以英国为例。"在英国，一种不同的革命（技术和工业的革命）将军事和非军事方面可能达到的极限，提高到人类前所不能梦到也想不到的程度。"③ 到 19 世纪 30—40 年代，各主要工业部门都采用机器，大机器生产在纺织业中已占主导地位。"1860 年前后，英国也许已相对地达到鼎盛时期，其生铁产量占世界的 53%，煤和褐煤的产量占世界的 50%，消费的原几（应为棉——编者注）占世界原棉产量的

---

① 钱乘旦、杨豫、陈晓律：《世界现代化进程》，南京大学出版社 1997 年版，第 13 页。
② 习近平：《中国式现代化是强国建设、民族复兴的康庄大道》，《求是》2023 年第 16 期。
③ ［美］麦尼尔：《竞逐富强——西方军事的现代化历程》，倪大昕、杨润殷译，学林出版社1996 年版，第 186 页。

50%。……英国之所以强大，无可匹敌，在于它拥有生产财富的现代工业及由此产生的一切利益。"[①]19世纪的西方列强，"他们的资源是从海外来的，他们利用工业或革命后的科学技术，配合向外剥削资源而富强起来"[②]。英国从农业国发展成为世界上首屈一指的工业强国，开始猛烈对外扩张。1840年鸦片战争前，中国仍是一个独立自主的封建制国家。1842年，第一次鸦片战争后，英国人从中国夺走了香港岛。1856年，英国提出修改中英《南京条约》，清政府拒绝。英国借此挑起了第二次鸦片战争，英法联军出兵侵略中国。1860年，英法联军再度攻占天津，接着洗劫并焚毁了北京西郊举世闻名的皇家园林圆明园，并强迫清政府签订《北京条约》。1900年，帝国主义国家发动八国联军侵华战争，英国也是其中之一。1901年9月7日，清政府与英国、俄国、德国、法国、美国、日本、意大利、西班牙、荷兰、比利时、奥地利等11国签订中国近代史上赔款数目最庞大、主权丧失最严重的《辛丑条约》。该条约标志着清政府完全成为帝国主义统治中国的工具，中国彻底沦为半殖民地半封建社会。发生在20世纪的两次世界大战，更暴露了资本主义国家的战争本性。2022年美国发布的《国家安全战略》再次宣称西方世界正处于塑造未来国际秩序的战略竞争之中。而2023年《慕尼黑安全报告》再次提出相互对立的愿景冲突变成了残酷而致命的现实。针对这些情况，我们必须清醒地认识到，第二次世界大战之后，资本主义国家看起来"和平共处"，其实是为了向全世界推销资本主义现代化模式，为了攫取更多利益，维护其强权地位。同时，资本主义国家之间貌合神离，背后相互拆台。当他们的矛盾激化到一定程度，就会为了各自利益而选择战争手段，这是历史的结论也是必然的结果。

---

① ［美］保罗·肯尼迪：《大国的兴衰》，蒋葆英等译，中国经济出版社1989年版，第188—190页。

② ［新加坡］李光耀：《李光耀40年政论选》，现代出版社1994年版，第131页。

新中国成立以来，我们从未主动挑起过一场战争，始终是世界和平的坚定维护者。环顾全球，当今世界并不太平。百年变局加速演进，国际政治纷争和军事冲突多点爆发……如何破解全球安全困境，维护世界和平，是全人类共同面对的课题。2022年4月，习近平主席在参加博鳌亚洲论坛年会时首次提出全球安全倡议，即"要坚持共同、综合、合作、可持续的安全观，共同维护世界和平和安全；坚持尊重各国主权、领土完整，不干涉别国内政，尊重各国人民自主选择的发展道路和社会制度；坚持遵守联合国宪章宗旨和原则，摒弃冷战思维，反对单边主义，不搞集团政治和阵营对抗；坚持重视各国合理安全关切，秉持安全不可分割原则，构建均衡、有效、可持续的安全架构，反对把本国安全建立在他国不安全的基础之上；坚持通过对话协商以和平方式解决国家间的分歧和争端，支持一切有利于和平解决危机的努力，不能搞双重标准，反对滥用单边制裁和'长臂管辖'；坚持统筹维护传统领域和非传统领域安全，共同应对地区争端和恐怖主义、气候变化、网络安全、生物安全等全球性问题"[①]。2023年2月，我国发布《全球安全倡议概念文件》，强调维护国际和平安全、促进全球发展繁荣，应该成为世界各国的共同追求。总之，新时代以来，我国全面推进中国特色大国外交，推动构建人类命运共同体，国际影响力、感召力、塑造力显著提升。2023年，习近平总书记等党和国家领导人出访多国。我国成功举办中国—中亚峰会、第三届"一带一路"国际合作高峰论坛等重大主场外交活动，在解决国际和地区热点问题中发挥积极建设性作用。另外，从2016年起，中国国防费预算连续9年保持个位数增长，而美国、日本、印度等国防预算增幅都保持在两位数以上。其中美国2024财年国防经费达8860亿美

[①] 习近平：《携手迎接挑战，合作开创未来——在博鳌亚洲论坛2022年年会开幕式上的主旨演讲》，《人民日报》2022年4月22日。

元，已经超过了排在其后面 9 个国家军费的总和，约占全球军费总额的
40%。拿国内生产总值占比来说，中国国防费常年维持在占比百分之一
点几，远低于世界平均水平，而美国这一比例在 3% 以上。按人均军费
开支算，美国则是中国的 15 倍多。[①] 作为负责任的大国，在联合国维和
行动中，我国是派遣维和人员最多的安理会常任理事国。这些卓有成效
的行动，为实现世界持久和平与发展作出了重大贡献。

（二）以公平正义超越两极分化

从现代化的历史来看，虽然资本主义生产方式在人类历史上曾起过
进步作用，但以资本家占有生产资料和雇佣劳动为基础的经济制度，使
资本以榨取剩余价值和最大限度地获取利润为目的，资本主义世界中的
一切关系都屈从于以资本为主导的发展逻辑，导致劳动的异化和人的异
化，社会贫富两极分化，社会发展成果落入少数人的口袋中，国家机构
沦为资本利益的保护伞。以英国工业革命时期为例。1759 年英国基尼系
数为 0.52，1801 年上升为 0.59。1801 年，1.1% 最富有的人占有国民总
收入的 25%，到 1812 年，1.2% 最富有的人就取得 35% 的国民总收入。
1867 年，2% 最富有的人所聚敛的财富占国民总收入的 40%。据估计，
在整个工业革命时期，有 1/3 左右的工人家庭始终处于贫困状态。[②] 第二
次世界大战以后，资本主义世界的贫富差距继续扩大。在美国，按全部
家庭分五个等级来统计，最低收入的 20% 家庭占全部家庭收入的比例，
1935—1936 年占 4.1%，1947 年占 5.1%，1966 年占 5.6%，1972 年占 5.4%。
1947—1972 年，最低的 20% 家庭收入为 5% 左右，是最高的 20% 家庭
收入（占 41%—43%）的 12%。1985—1995 年世界银行对美国收入分配
中五类 20% 家庭收入或消费的百分比额及最高的 10% 家庭所作的统计

---

① 参见《炒作中国国防费增长的套路为何总是那么熟悉？》，中国军网 2024 年 3 月 8 日，
http：//www.81.cn/zt/2023nzt/jzpgzs_244884/16292228.html.

② 参见郭家宏《19 世纪上半期英国的贫富差距问题及其化解策略》，《学海》2007 年第 6 期。

显示：1980 年最低的 20% 家庭占 5.3%，第二类 20% 家庭占 11.9%，第三类 20% 家庭占 17.9%，第四类 20% 家庭占 25.0%，第五类 20% 家庭占 39.9%，最高的 10% 家庭占 23.3%。1985 年则分别占 4.7%、11.0%、17.4%、25.0%、41.9%、25.0%。这些情况表明 1980—1985 年社会财富向有利于富人方面转化。[①]另据统计，1976 年美国贫困人口为 4180 万人，1980 年为 4110 万人。严重的两极分化导致了资本主义社会的深刻危机。美联储数据显示，截至 2021 年 6 月，美国收入排在中间 60% 的所谓"中产阶级"所拥有的财富，在国家总财富中占比已经跌至 26.6%，创 30 年来新低。同时，美国虽然拥有全世界最雄厚的技术力量、最先进的医疗手段和最丰富的医疗资源，但美国人的平均预期寿命远远落后于其他发达国家。"世界卫生组织最新公布的 2020 年世界各国平均寿命的数据显示，美国的平均预期寿命仅为 79.3 岁，世界排名仅为第 31 位。也就是说，收入两极分化严重的美国，其人均预期寿命也明显低于两极分化相对轻微的其他发达国家。……日益加剧的收入两极分化势必引发高犯罪率，引发司法腐败、政治腐败、社会腐败，引发社会动荡，从而危及国计民生。"[②]众所周知，西方发达国家对外主要是依靠盘剥、掠夺第三世界国家才发展到今天。目前，世界范围内南北差距依然巨大。世界银行负责人警告，2021 年发达经济体人均收入增长 5%，而低收入国家人均收入仅增长 0.5%。特别是随着生成式人工智能技术的迅速发展，发达经济体将更快受益，而低收入国家步伐滞后，可能会进一步扩大南北之间的经济和技术鸿沟。

共同富裕是中国式现代化的重要特征，也是社会公平正义的重要体现。社会主义的本质是解放生产力，发展生产力，消灭剥削，消除两极

---

① 参见黄安年《战后美国的贫困、贫困结构和贫困线》，《史学月刊》1997 年第 4 期。
② 刘玉安：《西方社会贫富分化现象透视》，《人民论坛·学术前沿》2022 年第 24 期。

分化，最终达到共同富裕。从党的二十大报告看，"中国式现代化"出现了 11 次，"公平""公正""正义"和"公平正义"等词语出现 20 余次。改革开放以来，特别是党的十八大以来，我国完成脱贫攻坚、全面建成小康社会的历史任务，实现第一个百年奋斗目标。"全国居民人均可支配收入从 2012 年的 16510 元增长到 2022 年的 36883 元；全国居民恩格尔系数从 2012 年的 33% 下降到 2022 年的 30.5%；中等收入群体比重持续增加。"[①] 从世界范围看，一些发达国家到现在仍未解决共同富裕问题，两极分化越来越严重。一些发展中国家也没有解决好两极分化、阶层固化等问题，有的甚至掉进了"中等收入陷阱"。新时代以来，我国着眼于解决世界难题，维护国际公平正义，也在不断拓展构建人类命运共同体的实践领域。"例如，面对肆虐的新冠疫情，中国提出构建人类卫生健康共同体；面对混乱失序的全球网络空间治理，中国提出构建网络空间命运共同体，积极参与联合国网络安全进程，支持联合国在网络空间全球治理中发挥核心作用；面对核安全全球治理的根本性问题，中国提出打造核安全命运共同体；面对日益复杂的海上问题，中国提出构建海洋命运共同体，始终致力于通过对话协商和平解决领土主权和海洋权益争端；面对日益严峻的全球气候挑战，中国先后提出构建人与自然生命共同体、地球生命共同体等重要理念。"[②] 2017 年，第七十一届联合国大会通过关于"联合国与全球经济治理"决议，将中国提出的共商共建共享原则纳入其中。2021 年 9 月，习近平主席在第七十六届联合国大会一般性辩论上提出全球发展倡议。全球发展倡议的核心要义为"六个坚持"，即坚持发展优先、坚持以人民为中心、坚持普惠包容、坚持创新驱动、坚持人与自然和谐共生、坚持行动导向。总之，中国式现代化坚持以人

---

① 袁红英：《新时代推动共同富裕的科学指南》，《经济日报》2024 年 1 月 2 日。
② "共同体视域下的国家治理体系和治理能力现代化研究"课题组：《深刻把握构建人类命运共同体思想的科学体系》，《人民论坛》2024 年第 4 期。

民为中心的发展思想，着力解决发展不平衡不充分的问题和人民群众急难愁盼的问题，不断满足人民日益增长的美好生活需要，实现全体人民共同富裕。同时，坚持和完善社会主义基本经济制度，发展社会主义市场经济，依法规范和引导资本健康发展，坚决防止两极分化，为解决世界上很多国家出现的财富鸿沟、跳出"中等收入陷阱"提供了中国智慧和中国方案。

（三）以民主自由超越政治极化

在人类政治发展的历史长河中，诞生了许多政治制度和政治理论。其中，民主理论更是异彩纷呈、错综复杂。从社会制度类型来看，有奴隶制民主理论、封建制民主理论、资本主义民主理论、社会主义民主理论等。从历史发展时段来看，有古典民主理论、现代民主理论、当代民主理论等。具体到某一历史时期，又有很多理论。例如，在当代西方民主理论中就有代议民主、共和民主、审议民主、多元民主、精英民主、参与民主、竞争民主、共识民主、论辩民主、强势民主、企业民主、家庭民主、理性民主、激进民主、情感民主等多种理论形态。当然，这些理论是西方各种社会矛盾的具体映现，其中有很多并没有转化为明确的实践形态，出现民主理论与实践的脱节，也就没有产生大的社会影响和社会效果。但是，民主政治已经成为当今世界上范围最广、最有代表性的政治"标签"。也就是说，绝大多数国家都选择了民主制度。当然，由于不同的国家和民族有着不同的历史文化、不同的发展环境、不同的社会条件，其民主政治往往呈现出不同的形态。即便同样是西方发达资本主义国家，英国的民主制度、美国的民主制度、法国的民主制度、德国的民主制度等，也存在很大的不同。但是，在相当长的一段时期内，也包括当下，西方国家都一直试图强行推广他们的那一套所谓的"民主、自由、平等"的政治制度。然而，将西方民主制度硬性嫁接到某些发展中国家身上，不仅产生了民主制度陷阱，也带来了诸多社会乱象，国家和人民陷入发展困境。实际上，在资本主义私有制的条件下，民主只能意味着资产阶级的民主。近年来，特别是新冠疫情暴发以来，西方资本主义民主出现政党恶斗、社会撕裂、政治极化、决策短视、民主吸引力下降等严重问题，已经沦落为资产阶级政客们周期性的政治表演，不断上演一场场政治闹剧、丑剧。

自由是人类的共同追求，但是资本主义国家的自由只是表面上的，根本没有保证。唯物史观认为物质生产才是整个现存的感性世界的基础，只有在生产力高度发展的情况下，人们才能够从物质贫困中摆脱出来，才能够为满足人的自由全面发展的需要提供物质基础。马克思和恩格斯在《德意志意识形态》中从发生学的角度揭示出，人们最基本的实践活动即物质生活资料的生产是"一切人类生存的第一个前提"，是人的"第一个历史活动"，是"一切历史的一种基本条件"，并将这一基本事实提升为唯物主义历史观的基本原则。在此基础上，他们进一步提出实现"人的解放"的现实手段也只能是实践。因此，"只有通过大工业所达到的生产力的极大提高，才有可能把劳动无例外地分配给一切社会成员，从而把每个人的劳动时间大大缩短，使一切人都有足够的自由时间来参加社会的公共事务——理论的和实际的公共事务"[1]。这时候，更高层次的自由与解放运动才真正开始。唯物史观强调，随着人的需要不断发展，人会越来越走向自由与解放。在马克思、恩格斯所设想的未来共产主义的图景中，人类"将合理地调节他们和自然之间的物质变换，把它置于他们的共同控制之下，而不让它作为一种盲目的力量来统治自己"[2]。因此，在共产主义社会，人们将会平等地享有自由时间，更加善于控制周围环境，使自身的需要得到满足。对于人类世界的未来，马克

---

[1] 《马克思恩格斯文集》第 9 卷，人民出版社 2009 年版，第 189—190 页。
[2] 《马克思恩格斯文集》第 7 卷，人民出版社 2009 年版，第 928 页。

思主义是充满信心的，认为人的发展的最高境界是人的自由全面发展。

民主与自由，是社会主义核心价值观。发展全过程人民民主是人民当家作主、实现人的自由全面发展的重要保证。2019 年 11 月 2 日，习近平总书记在上海考察时强调，我们走的是一条中国特色社会主义政治发展道路，人民民主是一种全过程的民主，所有的重大立法决策都是依照程序、经过民主酝酿，通过科学决策、民主决策产生的。2021 年 3 月，《中华人民共和国全国人民代表大会组织法》对全国人大代表新增了"充分发挥在全过程民主中的作用"的要求。同年 7 月 1 日，习近平总书记在庆祝中国共产党成立 100 周年大会上的重要讲话中，明确提出"发展全过程人民民主"[①]。同年 11 月，党的十九届六中全会审议通过的《中共中央关于党的百年奋斗重大成就和历史经验的决议》指出，"必须坚持以人民为中心的发展思想，发展全过程人民民主"[②]。全过程人民民主的重大理念，是新时代中国共产党人在继承民主政治建设经验、深刻把握民主政治发展规律基础上的伟大创造。2021 年 12 月 4 日，国务院新闻办公室发表《中国的民主》白皮书，系统介绍了中国民主价值理念、发展历程、制度体系、参与实践和成就贡献，为评价民主制度提供了一个重要的参考体系，引发了国际社会的广泛关注。无论从理论还是实践来看，中国的全过程人民民主都是高活力、高质量、高绩效的民主。

当然，世界上不存在完全相同的政治制度，也不存在适用于一切国家的政治制度模式。全过程人民民主，是贯穿民主参与、民主选举、民主协商、民主决策、民主管理、民主监督等环节的全链条民主，是蕴含民主执政、民主立法、民主行政、民主监察、民主司法、民主守法、民主治理、民主自治等方面的全方位民主，是包括经济文明、政治文明、

---

① 习近平：《在庆祝中国共产党成立 100 周年大会上的讲话》，人民出版社 2021 年版，第 12 页。
② 《中共中央关于党的百年奋斗重大成就和历史经验的决议》，人民出版社 2021 年版，第 24 页。

文化文明、社会文明、生态文明等内容的全覆盖民主，是致力于过程民主和成果民主、程序民主和实质民主、直接民主和间接民主有机结合的全层次民主，具有人民参与的广泛性、实践内容的整体性、制度操作的协同性、时空运转的连续性等鲜明特点。总之，全过程人民民主是推进中国式现代化的重大成果，是中国共产党领导中国人民对人类政治文明作出的原创性贡献。

近年来，越来越多的人看清了西方资本主义民主的本质，西方国家的影响力和吸引力急剧下降。以美国为例。2022 年 6 月 6 日，第九届美洲峰会在美国洛杉矶开幕，这是时隔 28 年美国再次成为东道主。这场在美国召开的美洲峰会，场面却十分尴尬。35 个美洲国家中，缺席比例达到 1/3，这是美洲峰会历史上出席国家最少的一次。此次峰会的主题是"建设可持续、有弹性、讲公正的未来"，向外界展示的却是"空洞"与"分裂"。有专家甚至直言：本届美洲峰会"既不公开透明，也可以说是专制和傲慢的"。2024 年 3 月 18 日至 20 日，由美国主导的所谓第三届"民主峰会"在韩国举行。自 2021 年 12 月首届所谓的"民主峰会"召开以来，不仅空喊一些不切实际的口号，还因其浓厚的冷战色彩备受国际社会批判，所谓的"民主行动年"也无疾而终。巴基斯坦伊斯兰堡和平与外交研究所主任穆罕默德·阿西夫·努尔于 2024 年 3 月 18 日在《中国日报》撰文称，中国的治理模式不同于西方，其所践行的是全过程人民民主。中国的治理模式倡导民主多样性，尊重各国主权和发展道路，挑战了西方民主是唯一合法的民主形式的陈旧观念。归根结底，"民主峰会"意在扩大美国的影响力，与真正的民主形成鲜明对比。

三、中国式现代化推动构建美好新世界

在现代化发展道路上，中国始终胸怀天下，提出构建人类命运共同体理念、共建"一带一路"倡议、全球发展倡议、全球安全倡议、全球

文明倡议，为解决人类面临的共同问题贡献了中国智慧、中国方案、中国力量。我们相信："中国是世界上最大的社会主义国家，中国式现代化以其伟大创造将载入世界社会主义现代化的史册；中国是世界上最大的发展中国家，中国式现代化以其伟大奇迹撰写出人类现代化的新篇章；当中国建成社会主义现代化强国、成为世界上第一个不是走资本主义道路而是走社会主义道路成功建成的现代化强国时，中国式现代化的伟大世界意义会更加鲜明、亮丽，更加耀眼、辉煌。"[1]

（一）共建"一带一路"产生巨大世界影响

构建人类命运共同体，是对建设一个什么样的世界、怎样建设这个世界给出的中国方案。2013 年 10 月，习近平总书记在周边外交工作座谈会上发表重要讲话，指出"让命运共同体意识在周边国家落地生根"；2014 年在中央外事工作会议上正式提出"打造周边命运共同体"的要求。近年来，中国提出了一系列构建地区命运共同体的理念，如"中非命运共同体""中拉命运共同体""中阿命运共同体""中越命运共同体""亚洲命运共同体""亚太命运共同体"等。其中，共建"一带一路"是构建人类命运共同体的重要平台和实践路径。

习近平总书记明确指出："我提出'一带一路'倡议，就是要实践人类命运共同体理念。"[2]在提出人类命运共同体理念的同一年，即 2013 年，习近平主席于 9 月和 10 月在访问哈萨克斯坦、印度尼西亚期间先后提出共同建设"丝绸之路经济带"与"21 世纪海上丝绸之路"两大倡议。2013 年 11 月，党的十八届三中全会通过的《中共中央关于全面深化改革若干重大问题的决定》指出："加快同周边国家和区域基础设施互联互通建设，推进丝绸之路经济带、海上丝绸之路建设，形成全方位开放新

---

[1] 辛向阳：《中国式现代化》，江西教育出版社 2022 年版，第 170 页。

[2] 习近平：《携手建设更加美好的世界——在中国共产党与世界政党高层对话会上的主旨讲话》，《人民日报》2017 年 12 月 2 日。

格局。"①2023 年 10 月 10 日，国务院新闻办公室发布的《共建"一带一路"：构建人类命运共同体的重大实践》白皮书指出，共建"一带一路"已经成为深受欢迎的国际公共产品和国际合作平台，"不仅给相关国家带来实实在在的利益，也为推进经济全球化健康发展、破解全球发展难题和完善全球治理体系作出积极贡献，开辟了人类共同实现现代化的新路径，推动构建人类命运共同体落地生根"②。在"硬联通"方面：中老铁路、雅万高铁、匈塞铁路、比雷埃夫斯港等一批标志性项目陆续建成并投运，中欧班列开辟了亚欧陆路运输新通道，"丝路海运"国际航线网络遍及全球，"六廊六路多国多港"的互联互通架构基本形成。在"软联通"方面：与共建国家持续深化规则标准等领域合作，《区域全面经济伙伴关系协定》已对 15 个签署国全面生效，我国与 28 个国家和地区签署了 21 份自贸协定等。在"心联通"方面：教育、文化、体育、旅游、考古等领域合作不断深化，已与 45 个共建国家和地区签署高等教育学历学位互认协议，与 144 个共建国家签署文化和旅游领域合作文件等。在贸易投资方面：与共建国家积极发展互利共赢的贸易投资合作关系，基本形成长期、稳定、可持续、风险可控的投融资体系。③2023 年 10 月 18 日，习近平主席在第三届"一带一路"国际合作高峰论坛开幕式上的主旨演讲指出：提出共建"一带一路"倡议的初心，"是借鉴古丝绸之路，以互联互通为主线，同各国加强政策沟通、设施联通、贸易畅通、资金融通、民心相通，为世界经济增长注入新动能，为全球发展开辟新空间，为国际经济合作打造新平台"。习近平主席还宣布中国支持高质量共建

---

① 中共中央文献研究室：《十八大以来重要文献选编》上，中央文献出版社 2014 年版，第 526 页。

② 中华人民共和国国务院新闻办公室：《共建"一带一路"：构建人类命运共同体的重大实践》，《人民日报》2023 年 10 月 11 日。

③ 参见刘志强《有关部门介绍解读〈共建"一带一路"：构建人类命运共同体的重大实践〉白皮书——"一带一路"，从愿景到现实》，《人民日报》2023 年 10 月 11 日。

"一带一路"的八项行动：构建"一带一路"立体互联互通网络；支持建设开放型世界经济；开展务实合作；促进绿色发展；推动科技创新；支持民间交往；建设廉洁之路；完善"一带一路"国际合作机制。[①] 这八项行动的提出，标志着共建"一带一路"进入高质量发展的新阶段，将开启共建"一带一路"的第二个金色十年。据世界银行测算，"一带一路"框架下有关交通项目的全部实施，到 2030 年有望使全球收入增加 0.7% 至 2.9%，使 760 万人摆脱极端贫困、3200 万人摆脱中度贫困。事实证明，共建"一带一路"是一条真正的和平之路、繁荣之路、开放之路、绿色之路、创新之路与文明之路，会给世界各国人民带来真正的福祉。

（二）倡导文明交流互鉴，丰富人民精神世界

倡导文明交流互鉴，是推进中国式现代化的重要内容之一。2023 年 3 月 15 日，习近平总书记在出席中国共产党与世界政党高层对话会时提出了全球文明倡议。全球文明倡议的核心理念包括四个"共同倡导"，即共同倡导尊重世界文明多样性，共同倡导弘扬全人类共同价值，共同倡导重视文明传承和创新，共同倡导加强国际人文交流合作。2023 年 9 月 14 日，习近平主席向 2023 北京文化论坛致贺信指出："中华民族具有悠久的优秀传统文化，自古就有开放包容、兼收并蓄的文化胸怀，中华文明历来赞赏不同文明间的相互理解和尊重。北京历史悠久，文脉绵长，是中华文明连续性、创新性、统一性、包容性、和平性的有力见证。中国将更好发挥北京作为历史古都和全国文化中心的优势，加强同全球各地的文化交流，共同推动文化繁荣发展、文化遗产保护、文明交流互鉴，践行全球文明倡议，为推动构建人类命运共同体注入深厚持久的文化力量。"[②] 全球文明倡议的提出，为促进人类文明交流互鉴注入了

---

① 参见习近平《建设开放包容、互联互通、共同发展的世界——在第三届"一带一路"国际合作高峰论坛开幕式上的主旨演讲》，《人民日报》2023 年 10 月 19 日。

② 《习近平向 2023 北京文化论坛致贺信》，《人民日报》2023 年 9 月 15 日。

强大动力，对于推动人类社会现代化进程、繁荣世界文明百花园具有不可替代的重要作用。

党的十八大以来，在以习近平同志为核心的党中央坚强领导下，我国的对外文化交流，推动文明交流互鉴，不断提升中华文化国际影响力，为世界文明发展进步作出了新的历史性贡献。习近平总书记在文化传承发展座谈会上的讲话中指出："经过长期努力，我们比以往任何一个时代都更有条件破解'古今中西之争'，也比以往任何一个时代都更迫切需要一批熔铸古今、汇通中西的文化成果。我们必须坚持马克思主义中国化时代化，传承发展中华优秀传统文化，促进外来文化本土化，不断培育和创造新时代中国特色社会主义文化。"①2014 年 3 月 27 日，习近平主席在法国巴黎出席中法建交 50 周年纪念大会并发表重要讲话，提到欣赏米勒、马奈、德加、塞尚、莫奈、罗丹等人的艺术作品，以及赵无极中西合璧的画作。2024 年是中法建交 60 周年。2023 年 9 月，"大道无极——赵无极百年回顾特展"在浙江杭州中国美术学院美术馆开幕。该展览是杭州第 19 届亚运会文化项目和 2024 中法文化旅游年项目。新时代以来，习近平总书记高度重视、亲自部署、亲自推动对外文化交流，讲好中国故事，国家文化软实力和中华文化影响力日益提高。《习近平谈治国理政》多语种版在海外引发热烈反响，为各国读者开启一扇扇观察和感知中国的窗口；《中国共产党的历史使命与行动价值》《中国新型政党制度》白皮书、《中国的民主》白皮书等文献向世界展示真实、立体、全面的中国；京剧、昆曲等洋溢着"中国风"的演出不断亮相国际舞台，国产影视剧海外热播，舞蹈、杂技、美术以及民间文艺接连走出国门；"感知中国""欢乐春节""四海同春"等品牌活动在全世界掀起中华文化魅力热潮；北京冬奥会、杭州亚运会、成都大运会惊艳世界，向全球展现中

---

① 习近平：《在文化传承发展座谈会上的讲话》，《求是》2023 年第 17 期。

华文化兼纳百川、包容四海的雍容气度；中非合作论坛、上海进博会、亚洲文明对话大会等一系列主场外交向世界讲述中国故事、介绍中国经验……[①]2022年，经国务院同意，商务部、中央宣传部、文化和旅游部、广电总局等27个部门联合印发了《关于推进对外文化贸易高质量发展的意见》，提出要"大力发展数字文化贸易"，推进对外文化贸易高质量发展，更好服务构建新发展格局和文化强国建设。政策支持下，文化贸易展现出蓬勃发展的态势。据商务部统计，2023年，我国服务贸易稳中有增，规模创历史新高。全年服务进出口总额65754.3亿元（人民币，下同），同比增长10%。知识密集型服务贸易较快增长。2023年，知识密集型服务进出口27193.7亿元，同比增长8.5%。知识密集型服务贸易顺差3676.7亿元，同比扩大423.5亿元。另外，近年来，影视剧、网络游戏、网络文学、短视频等数字产品成为数字文化贸易发展的新亮点。中华文化绽放出新的时代光芒，推动中华文明与各国文明美美与共、和谐共生，让可信、可爱、可敬的中国形象更加真实可感，奏响了和平、发展、合作、共赢的华美乐章。

推动文明交流互鉴，对于西方国家的人民来说，也可以从中受益。"西方文化是西方人为适应自然与人文环境所创造出来的生活方式的总和，其功能在确保西方人的生存与发展。"[②]在资本主义制度下，很多人的精神世界十分空虚。福山在《历史的终结及最后之人》中指出，"自由民主创造了由一种欲望和理性组合而成但却没有抱负的人"[③]。因此，"最后之人"在现实中是萎靡颓唐的。他们的这种状态恰恰就是资本主义自

① 参见张晓松、朱基钗、王子铭等《铸就中华文化新辉煌——以习近平同志为核心的党中央引领宣传思想文化事业发展纪实》，《人民日报》2023年10月7日。
② 王曾才：《西方文化要义》，江苏教育出版社2006年版，第12页。
③ ［美］弗朗西斯·福山：《历史的终结及最后之人》，黄胜强、许铭原译，中国社会科学出版社2003年版，"代序"第13页。

由民主制度造就的。今天，人们已经深刻认识到："西方资本主义国家的现代化先天性地包含着资本主义制度本身无法克服的局限性。这种以资本为驱动的现代化在带来经济社会发展的同时，也造成了贫富悬殊、两极分化、精神空虚等一系列问题。"①福山提出的抽象的"最后之人"实则是一种毫无根基的空想，其承诺的幸福多停留于虚幻的观念层面，永远不能引导现实的人获得真正的幸福。"最后之人"的概念，实际上就是希望以满足人性获得认可的欲望来粉饰现实生活中的不平等，麻痹大众，以达到维护资本主义制度的目的。

唯物史观认为，人作为社会实践的主体，没有"最后之人"，只有不断发展着的人。马克思在《资本论》中就明确提出，共产主义社会是以每个人的自由而全面的发展为基本原则的社会形态。因此，推动人的自由全面发展，是马克思主义的基本价值追求，也是科学社会主义的重要价值目标。中国共产党始终把推动人的自由全面发展作为自己的奋斗目标。习近平总书记在文化传承发展座谈会上指出："我们的社会主义为什么不一样？为什么能够生机勃勃、充满活力？关键就在于中国特色。中国特色的关键就在于'两个结合'。"②党的十八大以来，以习近平同志为核心的党中央坚持以人民为中心的发展思想，持续推动人的自由全面发展。中国式现代化作为一种人类历史上从来没有过的现代化形态，不仅要实现物质财富的极大丰富，也要实现精神财富的极大丰富，促进人的自由全面发展，创造人类文明新形态。人类文明新形态的世界历史贡献集中体现在四个方面：第一，它发展了马克思和恩格斯的世界历史理论；第二，它占据了百年未有之大变局的世界历史方位制高点；第三，它引领了推动构建人类命运共同体的世界历史潮流；第四，它推进了科

---

① 陈晋：《不断推进和拓展中国式现代化（认真学习宣传贯彻党的二十大精神）》，《人民日报》2023 年 2 月 23 日。

② 习近平：《在文化传承发展座谈会上的讲话》，《求是》2023 年第 17 期。

学社会主义的世界历史进程。① 今天，在新时代中国，中国共产党坚持把马克思主义基本原理同中国具体实际相结合、同中华优秀传统文化相结合，正在造就并将继续造就一大批具有坚定的共产主义理想、担当民族复兴重任、德智体美劳全面发展、具有全球视野和世界眼光的社会主义新人。

（三）为地区和全球发展繁荣作出重要贡献

在应对新冠疫情方面。人类是一个命运共同体。新冠疫情暴发后，国际社会高度关注中国怎样应对、应对的效果如何。我国在疫情防控中展现的中国力量、中国精神、中国效率，展现的负责任大国形象，得到国际社会高度赞誉。我国秉持人类命运共同体理念，既对本国人民生命安全和身体健康负责，也对全球公共卫生事业尽责，与世界各国加强防控合作，维护地区和全球公共卫生安全。在抗击新冠疫情的过程中，"越来越多的发展中国家对西方体制产生怀疑，西方主宰世界的地位开始动摇。拥有共产党坚强领导的政治体系和强大自我更新能力的中国，被认为已在经济和价值观两方面向西方发起挑战。全球抗疫斗争是检验各国制度效能和政府能力的试金石。中国倡导人类命运共同体与美国奉行'美国优先'、东方之治与西方之乱在疫情全球大流行期间形成鲜明对比。'向东看'已成潮流，'东升西降'趋势明显"②。中国在新冠疫情防控方面取得了重大胜利，创造了人类文明史上一个人口众多的国家成功摆脱疫情的奇迹，为维护全球公共卫生安全作出了重大贡献，也为世界经济复苏注入了强大动力。另外，2023 年是中国援外医疗队派遣 60 周年。60 年来，一代又一代援外医疗队队员牢记党和祖国的重托，为推动构建人类卫生健康共同体、推进人类和平与发展崇高事业作出重要贡献，赢

---

① 参见吴宏政《"人类文明新形态"的世界历史贡献》，《马克思主义研究》2022 年第 3 期。
② 柴尚金：《当今世界社会主义发展的新形势新特点》，《中国浦东干部学院学报》2021 年第 2 期。

得国际社会广泛赞誉。

在应对气候变化方面。《联合国气候变化框架公约》于 1992 年 5 月 9 日通过，并于 1994 年 3 月 21 日正式生效。作为世界上最大的发展中国家，我国克服自身经济、社会等方面的困难，实施一系列应对气候变化的战略、措施和行动，参与全球气候治理。党的十八大以来，在习近平生态文明思想指引下，我国贯彻新发展理念，将应对气候变化摆在国家治理更加突出的位置，以最大努力提高应对气候变化的力度，推动经济社会发展全面绿色转型，建设人与自然和谐共生的现代化。2020 年 9 月 22 日，习近平主席在第七十五届联合国大会一般性辩论上郑重宣示：中国将提高国家自主贡献力度，采取更加有力的政策和措施，二氧化碳排放力争于 2030 年前达到峰值，努力争取 2060 年前实现碳中和。中国正在为实现这一目标而付诸行动。2021 年 10 月 27 日，国务院新闻办公室发表《中国应对气候变化的政策与行动》白皮书，介绍我国应对气候变化进展，分享我国应对气候变化的实践和经验。为全面有效落实《联合国气候变化框架公约》及其相关决议的要求，2023 年 12 月，我国正式向《联合国气候变化框架公约》秘书处提交《中华人民共和国气候变化第四次国家信息通报》和《中华人民共和国气候变化第三次两年更新报告》。两份报告全面反映了我国"十三五"期间应对气候变化政策行动以及取得的进展成效，介绍了"十四五"期间我国应对气候变化的重点目标和任务，展现了中国作为负责任大国在应对气候变化全球治理中作出的积极贡献。

中国式现代化不仅让中国人民获得了实实在在的红利，也将为地区和全球发展繁荣作出贡献。改革开放 40 多年来，中国数亿人口摆脱贫困，对全球减贫贡献率超过 70%；新时代十年，中国对世界经济增长的年均贡献率超过 30%。2023 年 4 月 18 日至 20 日，"读懂中国·湾区对话"专题论坛在广州越秀国际会议中心举行。与会人士围绕"中国式现代化与世界新机遇"主题，共同探讨中国式现代化的深刻内涵和中国发展为世界带来的新机遇。论坛上，与会嘉宾从新发展格局与全球经济平衡协调包容发展、中国统一大市场建设与全球发展新动能、推进更高水平对外开放等角度，畅谈中国在推进中国式现代化进程中为全球发展所作贡献，坚信中国式现代化将为世界带来新机遇。美国库恩基金会主席罗伯特·库恩表示，中国是世界第二大经济体，是140多个国家和地区的主要贸易伙伴，是推动经济全球化的重要力量。比利时前首相伊夫·莱特姆表示，中国在实现自身发展的同时，也加强了同世界上许多国家的贸易往来，带动了有关地区的经济社会发展。相信中国在推进现代化建设的进程中，有能力促成更多国际合作，在应对全球性挑战方面发挥更重要作用。与会人士一致认为，中国理念和行动符合时代潮流和国际共识，有助于促进国际社会各领域合作交流，有效应对全球性挑战，共同开创人类美好未来。^① 同年9月5日，中国国际发展知识中心在北京正式发布《全球发展报告二〇二三》。《全球发展报告二〇二三》以"处在历史十字路口的全球发展"为主题，从减贫、粮食安全、公共卫生、发展融资、能源转型、工业化、数字化等7个方面分析了当前全球发展面临的重大问题，并提出了应对思路。该报告表示，中国全面建成小康社会，既是中国人民的福祉，也为全球发展作出重要贡献、注入信心和力量，为发展中国家提供了全新选择，为世界各国发展提供了机遇。^② 总之，中国式现代化是中国的，也是世界的；是现在的，也是未来的。随着时代发展，它一定会为解决人类面临的共同问题，推动建设更加美好的世界作出新的更大贡献。

---

① 参见罗艾桦、龚鸣、王骁波等《共享中国式现代化机遇 共建更加美好的世界》，《人民日报》2023年4月23日。

② 参见俞懿春、吴刚、王婧瑜《〈全球发展报告二〇二三〉正式发布——推动构建全球发展共同体》，《人民日报》2023年9月6日。

主要参考文献

一、马克思主义经典著作类

1.《马克思恩格斯选集》第1—4卷，人民出版社2012年版。

2.《马克思恩格斯文集》第1—10卷，人民出版社2009年版。

3.《列宁选集》第1—4卷，人民出版社1995年版。

4.《列宁专题文集》，人民出版社2009年版。

5.《列宁全集》第36—43卷，人民出版社2017年版。

6.《毛泽东选集》第1—4卷，人民出版社1991年版。

7.《毛泽东文集》第1—2、3—5、6—8卷，人民出版社1993、1996、1999年版。

8.《邓小平文选》第1、2、3卷，人民出版社1994、1994、1993年版。

9.《邓小平文集》上、中、下，人民出版社2014年版。

10.《邓小平年谱（1975—1997）》，中央文献出版社2004年版。

11.《江泽民文选》第1—3卷，人民出版社2006年版。

12.《胡锦涛文选》第1—3卷，人民出版社2016年版。

13.《习近平谈治国理政》第1—4卷，外文出版社2018、2017、2020、2022年版。

14.《习近平著作选读》第 1—2 卷，人民出版社 2023 年版。

15. 中共中央党史和文献研究院：《习近平关于中国式现代化论述摘编》，中央文献出版社 2023 年版。

16. 中共中央文献研究室：《习近平关于全面依法治国论述摘编》，中央文献出版社 2015 年版。

17. 习近平：《论坚持全面依法治国》，中央文献出版社 2020 年版。

18. 习近平：《论科技自立自强》，中央文献出版社 2023 年版。

二、党和国家重要文献类

1. 中共中央文献研究室、中央档案馆：《建党以来重要文献选编（1921—1949）》第 1—26 册，中央文献出版社 2011 年版。

2. 中央档案馆、中共中央文献研究室：《中共中央文件选集（一九四九年十月～一九六六年五月）》第 1—50 册，人民出版社 2013 年版。

3. 中共中央文献研究室：《建国以来重要文献选编》第 1—3、4—7、8—10、11、12—13、14—17、18—20 册，中央文献出版社 1992、1993、1994、1995、1996、1997、1998 年版。

4. 中共中央文献研究室：《三中全会以来重要文献选编》上、下，人民出版社 1982 年版。

5. 中共中央文献研究室：《十二大以来重要文献选编》上、中、下，人民出版社 1986、1986、1988 年版。

6. 中共中央文献研究室：《十三大以来重要文献选编》上、中、下，人民出版社 1991、1991、1993 年版。

7. 中共中央文献研究室：《十四大以来重要文献选编》上、中、下，人民出版社 1996、1997、1999 年版。

8. 中共中央文献研究室：《十五大以来重要文献选编》上、中、下，人民出版社 2000、2001、2003 年版。

9. 中共中央文献研究室:《十六大以来重要文献选编》上、中、下，中央文献出版社 2005、2006、2008 年版。

10. 中共中央文献研究室:《十七大以来重要文献选编》上、中、下，中央文献出版社 2009、2011、2013 年版。

11. 中共中央文献研究室:《十八大以来重要文献选编》上、中、下，中央文献出版社 2014、2016、2018 年版。

12. 中共中央党史和文献研究院:《十九大以来重要文献选编》上、中、下，中央文献出版社 2019、2021、2023 年版。

13. 中共中央党史和文献研究院:《二十大以来重要文献选编》上，中央文献出版社 2024 年版。

三、学术著作类

1. 中共中央党史和文献研究院:《中国共产党的一百年》，中共党史出版社 2022 年版。

2.《中国共产党简史》编写组:《中国共产党简史》，人民出版社、中共党史出版社 2021 年版。

3.《改革开放简史》编写组:《改革开放简史》，人民出版社、中国社会科学出版社 2021 年版。

4.《中华人民共和国简史》编写组:《中华人民共和国简史》，人民出版社、当代中国出版社 2021 年版。

5.《社会主义发展简史》编写组:《社会主义发展简史》，学习出版社、人民出版社 2021 年版。

6. 蒋廷黻:《中国近代史》，上海古籍出版社 2006 年版。

7. 王伟光:《改革开放与中国特色社会主义道路》，中国言实出版社 2019 年版。

8. 蔡昉等：《中国式现代化：发展战略与路径》，中信出版社 2022 年版。

9. 辛向阳：《中国式现代化》，江西教育出版社 2022 年版。

10. 洪银兴：《中国式现代化论纲》，江苏人民出版社 2023 年版。

11. 唐爱军：《中国式现代化道路研究》，商务印书馆 2023 年版。

12. 沈传亮编：《中国式现代化》，人民出版社 2023 年版。

13. ［美］乔治·萨顿：《科学史和新人文主义》，陈恒六、刘兵、仲维光译，华夏出版社 1989 年版。

14. ［英］欧文：《欧文选集》第 1 卷，柯象峰、何光来、秦果显译，商务印书馆 1979 年版。

15. ［美］赫伯特·马尔库塞：《审美之维》，李小兵译，广西师范大学出版社 2001 年版。

16. ［美］丹尼尔·贝尔：《资本主义文化矛盾》，严蓓雯译，江苏人民出版社 2012 年版。

17. ［德］马克斯·韦伯：《新教伦理与资本主义精神》，于晓、陈维纲等译，生活·读书·新知三联书店 1987 年版。

18. ［美］L.S. 斯塔夫里阿诺斯：《全球通史——1500 年以后的世界》，吴象婴、梁赤民译，上海社会科学院出版社 1999 年版。

四、学术论文类

1. 辛向阳：《科学把握中国式现代化的本质要求》，《理论视野》2022 年第 11 期。

2. 辛向阳：《中国共产党的领导与中国式现代化》，《马克思主义研究》2022 年第 10 期。

3. 辛向阳：《中国式现代化推进中华民族伟大复兴的路径》，《教学与研究》2022 年第 10 期。

4. 秦宣：《中国式现代化是中国共产党领导的社会主义现代化》，《教学与研究》2022 年第 10 期。

5. 秦宣：《中国式现代化的历史逻辑探析》，《当代中国史研究》2022 年第 2 期。

6. 姜辉：《中国成功走出了一条人类历史上现代化新路——深入学习中共十九届五中全会精神》，《当代中国史研究》2021 年第 1 期。

7. 韩喜平：《中国式现代化对人类文明的历史性贡献》，《人民论坛》2023 年第 10 期。

8. 袁祖社：《后全球化时代的生存境遇与人类命运共同体思想的原创性贡献及其意义》，《教学与研究》2023 年第 2 期。

9. 党锐锋、李斌：《构建人类命运共同体理念对于创造人类文明新形态的原创性贡献和方法论启示》，《宁夏社会科学》2022 年第 3 期。

10. 陈锡喜：《把握中国式现代化新道路对人类文明新形态贡献的方法论研究》，《思想理论教育导刊》2022 年第 3 期。

11. 陈曙光、蒋永发：《中国共产党对人类进步事业的伟大贡献》，《北京大学学报（哲学社会科学版）》2021 年第 1 期。

12. 彭劲松：《现代化本质内涵和实践路径的科学洞察——中国式现代化蕴含的独特世界观》，《人民论坛·学术前沿》2023 年第 8 期。

13. 唐爱军：《马克思主义文明观视域中的人类文明新形态》，《马克思主义与现实》2023 年第 2 期。

14. 燕连福、赵莹：《中国式现代化蕴含生态观的丰富内涵、理论贡献及实践路径》，《自然辩证法通讯》2024 年第 2 期。

15. 张云飞：《中国式现代化中蕴含的独特生态观的内涵和贡献》，《东南学术》2024 年第 1 期。

16. 杨振闻：《从"文明蒙尘"到"人类文明新形态"——中国式现代化道路的文明旨归》，《求索》2022 年第 1 期。

17. 赵昌文:《中国式现代化道路对人类文明的主要贡献》,《红旗文稿》2021 年第 24 期。

18. 王公龙、付星博:《世界历史视野下的中国式现代化道路》,《思想理论教育》2022 年第 1 期。

后　记

中国式现代化是人口规模巨大、全体人民共同富裕、物质文明和精神文明相协调、人与自然和谐共生、走和平发展道路的现代化，打破了"现代化＝西方化"的迷思，破除了资本主义现代化模式独霸全球的神话，克服了资本主义现代化固有的先天性弊端，拓展了发展中国家走向现代化的途径，展现了社会主义现代化的光明前景，创造了一种新型现代化发展道路。《中国式现代化的人类贡献》一书坚持大历史观和全球视野，立足世界百年未有之大变局和人类文明演进的整体趋势，深入阐释中国式现代化理论体系的丰富内涵、内在逻辑、原创价值、世界意义，以期全景展现中国式现代化发展演进的独特逻辑和重大贡献。

书稿付印之际，借此机会对江西人民出版社社长、总编辑梁菁同志，副总编辑王一木同志以及责任编辑章虹、王园园同志表示真挚感谢，他们为本书的顺利出版提供了大力支持，付出了辛勤劳动。中国社会科学院马克思主义研究院刘须宽同志、陈建波同志、禚明亮同志、杨彬彬同志，山东大学马克思主义学院蒯正明、陈华娟同志，兰州大学马克思主义学院朱大鹏同志，首都师范大学马克思主义学院韩文乾同志，中国社会科学院大学吕耀龙同志等，在书稿的撰写过程中，协助做了收集资料、编辑整理等具体细致的工作，在此一并表示感谢。

由于作者学术视野、研究水平有限，书中难免存在不足之处，诚请有关领域专家学者及读者批评指正。

辛向阳

2024 年 8 月于北京